绩效管理与薪酬设计实务

诸葛剑平 主编

浙江工商大学出版社
ZHEJIANG GONGSHANG UNIVERSITY PRESS
·杭州·

图书在版编目(CIP)数据

绩效管理与薪酬设计实务 / 诸葛剑平主编. —杭州：浙江工商大学出版社，2016.2(2024.1 重印)

ISBN 978-7-5178-1532-7

Ⅰ.①绩… Ⅱ.①诸… Ⅲ.①企业绩效—企业管理—研究②企业管理—工资管理—研究 Ⅳ.①F272.5 ②F272.92

中国版本图书馆 CIP 数据核字(2016)第 008300 号

绩效管理与薪酬设计实务

诸葛剑平 主编

责任编辑 吴岳婷 刘 韵
封面设计 元石设计
责任印制 包建辉
出版发行 浙江工商大学出版社
(杭州市教工路 198 号 邮政编码 310012)
(E-mail:zjgsupress@163.com)
(网址:http://www.zjgsupress.com)
电话:0571-88904980,88831806(传真)
排　　版 杭州朝曦图文设计有限公司
印　　刷 广东虎彩云印刷有限公司绍兴分公司
开　　本 787mm×1092mm 1/16
印　　张 13
字　　数 333 千
版 印 次 2016 年 2 月第 1 版 2024 年 1 月第 4 次印刷
书　　号 ISBN 978-7-5178-1532-7
定　　价 38.00 元

前　言

人们给予我们所处的这个时代各种各样的命名：信息时代、网络时代、IT 时代、知识经济时代，最“酷”的莫过于 e 时代。这是一个容易产生激动人心的变化的时代，常听人们说游戏规则在不断的改写或者重新洗牌之类的言论。当传统的商业竞争优势如资金、技术等不断受到质疑的时候，人们不得不思考，e 时代的商业组织以什么作为竞争优势？也许有人会说是创意、是思想（Idea），诸如此类。我们越来越发现，现代企业的竞争优势与“人”的因素联系得如此紧密。于是，对人力资源管理的重视程度达到了前所未有的水平。人力资源的职能远远超出了传统意义上的服务、支持的职能，目前在这一领域中所提出的目标是让人力资源管理成为企业的业务伙伴（Business Partner）或者战略伙伴（Strategic Partner），也就是依靠人力资源管理的工具提高企业的价值和生产力。如何有效地调动员工的积极性，其中，绩效管理和薪酬设计是人们高度关注的焦点。

绩效管理中非常重要的工作就是绩效评估，我们希望绩效评估能够带给我们更好的绩效，带给我们生产力和价值。然而，当我们将目光转向现实中的绩效评估的时候，不难发现绩效评估的实施并不像我们所期待的那样。卷入到绩效评估过程中的人们往往不喜欢它，因为它是一个容易给人带来焦虑和压力的过程，所以就会有人尽可能地回避它。我们不能从绩效评估中获得较大的回报和收益的很重要的一个原因，就是没有将绩效评估放在整个绩效管理的系统中进行考虑，而是孤立地看待绩效评估，忽视了与之相关的环节，这里很关键的一点就是忽视了与绩效评估有关的持续沟通的过程以及为提高绩效所付出的努力。

薪酬设计及管理作为人力资源管理的一项最基本、最重要的职能，既是影响激励机制的核心部分，也是员工最为关心的问题。如何利用薪酬管理，合理切分组织利益的蛋糕，稳定优秀员工、激发优秀员工积极性，是人力资源管理面临的迫切问题。薪酬系统是否科学合理，给予员工的福利是否让员工满意，不仅关系到员工个人的切身利益，也将直接影响到组织的人力资源效率和劳动生产率，从而进一步影响到组织战略目标的实现。薪酬其实是一把“双刃剑”：使用得当能够吸引、留住和激励人才，卓有成效地提高组织的实力和竞争力，使用不当又会给组织带来危机。要使薪酬发挥其应有的作用，组织在设计薪酬系统时应坚持公平性原则、竞争性原则、经济性原则、合法性原则、战略性原则。

本书从系统的视角展现了绩效管理的全过程，即从绩效管理的基础性工作、绩效指标设定、绩效计划、绩效实施与管理、绩效评估到绩效反馈面谈和绩效改进计划的各个环节的核心工作，帮助读者从绩效管理系统的角度理解绩效评估。本书针对薪酬设计，综合分析了其中存在的常见误区，结合有关岗位绩效工资设计、薪酬职等划分、薪酬等级表设计、激励性薪酬和福利设计等帮助读者从整个薪酬体系的角度理解薪酬设计。

本书在撰写中呈现出以下特色：

1. 系统性。系统地介绍绩效管理和薪酬设计的全过程，并且注意澄清绩效管理和薪酬设计的定位和角色，使读者从整个绩效管理和薪酬设计循环系统中理解各个环节的作用。

2.可操作性。本书用大量的篇幅介绍绩效管理与薪酬设计的操作性活动，立足于让读者知道如何去做。在各个章节中都使用了大量实例，而且还用专门的章节来介绍实例。

3.可读性。本书作者力求使用通俗、生动的语言，使读者易于理解，并避免枯燥。

本书是浙江树人大学的应用型教材，得到学校和浙江省红石梁实践教育基地经费支持，撰写过程中，浙江工商大学出版社刘韵编辑提供了大量的支持与帮助，在此表示衷心的感谢。另外，也感谢浙江树人大学的同事们与我在工作中共同探讨绩效管理和薪酬设计的有关问题，使我有机会从应用型教材的角度进行深入的思考，提高了系统的可操作性。

作者深知，任何一套管理系统都不可能适用于所有复杂的管理环境，因此，在实际运用绩效管理薪酬设计时还需要结合实际的情境做出适应性的选择与调整。本书仅仅提供了一些可选择的参考性信息，在很多方面尚需在各种管理情境中加以完善。管理问题的解决能力来自于管理实践，因此衷心希望与从事绩效管理和薪酬设计的工作者共同探讨完善这一领域的管理方法，也欢迎大家对本书中的观点提出不同见解。

目　录

上篇　绩效管理实务

下篇 薪酬设计实务

上篇　绩效管理实务

第一章　人力资源管理系统中的绩效管理

绩效是组织的使命、核心价值观、愿景和战略的重要表现形式，也是决定组织竞争成败和可持续发展的关键因素。因此，如何利用科学的理论、工具和方法对绩效进行计划、监控、评价和反馈，不断提升绩效水平，从而实现组织既定的战略，始终是管理学界热衷的话题。为了更好地认识绩效管理，本章对绩效评估重新进行思考，从而全面理解人力资源管理系统中的绩效管理。

第一节　重思绩效评估

一、绩效评估：出了什么问题

谈到绩效管理，人们首先想到的就是对绩效的评估。每年的年终，许多不同的公司都在上演着相同或相似的一幕，那就是在忙忙碌碌中进行年终绩效评估工作。下面我们可以到一些公司去看一看几个典型的场景：

案例 1："匆匆过客"般的绩效评估

W 公司开始了一年一度的绩效评估工作，人力资源部顺其自然地充当这项工作的组织者与协调员。人力资源部会将一些固定的表格发放给各个部门的经理，各个部门的经理则需要在规定的时间内填完这些表格，交回人力资源部。于是各个部门的经理们忙得不亦乐乎地在这些表格中圈圈勾勾，再加上一些轻描淡写的评语，然后就表中的内容同每位下属谈话十几分钟，最后在每张评估表中签上名。这次评估工作就算是完事大吉了。每个人又回到现实工作当中，至于那些表格去哪里发挥作用了，也就不了了之，也没有人关心它们了。

案例 2：业绩、苦难与奖金

Y 公司是一家以销售为主的公司，对业务部门的绩效评估完全就是以销售业绩为依据，奖金也是直接与销售业绩挂钩。因此年终的评估相对来说比较简单，就是对销售额完成情况的统计和回顾，没有复杂的表格。业务三部负责的是华东地区的业务，由于今年夏天华东地区遭受了史无前例的洪水灾害，使销售额受到了严重影响。尽管部门上下齐心合力，费尽千辛万苦还是没能完成销售任务，可其他部门全都是超额完成任务，这样，大家今年的奖金算是泡汤了。

案例3:强迫分布的结果

H公司又到了年终绩效评估的时候,从主管到员工每个人都悄悄不安。由于F公司采用的是强迫分布法,即每个部门中A、B、C、D、E 5个等级各自所占的比例是一定的,因此主管人员就需要按照给定的比例将部门内的员工分配到各个档次上去。这是令主管人员非常头疼的事情,特别是该把谁评为E等确实很难办,需要煞费苦心斟酌许久。结果往往还要向员工解释一番:"其实今年我们部门大家表现得都很不错,只是上面规定每个部门必须要有15%的人被评为E等,上一次开全体大会时只有你迟到了,所以这一次只好委屈你了,我也是没有办法。"员工们更是在内心猜测着自己会被评为几等,甚至于会对主管人员察言观色。如果看到这段时间主管对自己总是笑容可掬的,心里就会猜想自己的评估结果应该不会差了;如果看到主管人员总是对自己板着脸,那自己说不定就成了E等的牺牲品。

绩效评估,是我们所熟悉的一个词语。在不同的组织中,我们都在进行着绩效评估。有时它可能一点儿都不重要,人们对此敷衍了事,走走过场;有时它似乎又变得命运攸关,晋升、奖金、出国培训的机会,所有的好事都与它联系到一起,甚至有时它还会成为激发矛盾的导火索。人力资源部门在设计、策划和组织绩效评估的过程中煞费苦心,而最终的结果是不得不去反复催促那些部门经理们交回评估表格,对评估的效果根本不敢期待。而部门经理和员工们则尽可能地去回避这件事情,不愿意花费时间去做这件事情。由于绩效评估而引起的争执、纠纷、抱怨也愈来愈多,摆在面前的事实使我们不得不去思考,绩效评估,到底出了什么问题?很显然,许多事实已经表明,绩效评估的结果已经远悖于我们的初衷。为什么会这样呢?我们需要对绩效评估进行重新反思。

二、人们为什么不喜欢绩效评估

如果说绩效评估是一件很容易做的事情,或者说是一件让人喜欢的事情,那么我们不必花费太多的力气就可以让企业从这件事情中受益。而事实是管理者和员工从心里都不太喜欢这件事情,绩效评估是一件容易让人引起焦虑的事情。因为当一个人知道自己将要被别人评价时,或者当一个人评价别人时,往往会感到有些焦虑,而绩效评估就是一个评价与被评价的过程,所以由此而产生的焦虑就是不可避免的。这种焦虑有时会引起对评估的回避,甚至偷懒。

卷入到绩效评估中的不同群体都会对评估产生焦虑,但他们感到焦虑的原因有所不同。被评估者是最容易感到焦虑的群体,另外评估者也会对绩效评估感到焦虑。

人们不喜欢绩效评估的另一个原因是他们没有意识到这件事情的必要性与重要性。许多管理者对绩效评估持怀疑态度,他们始终在问:绩效评估对我们到底有什么用?包括被评估者也常常不清楚绩效评估的作用。当人们不清楚一件事情对自己有什么好处的时候,他就很难喜欢这件事情,尤其是这件事情要花费很多时间和精力而又不能确定这件事情给自己带来什么好处时,人们通常采取的行动就是回避。

(一)被评估者的焦虑

绩效评估对于被评估者来说常常是引起焦虑的一件事情,这往往是由人的一些心理观念决定的。例如,人们的内心常常处于一种矛盾的状态中,既想成为"第一",又害怕由于杰出的绩效而遭受打击,俗话说,"枪打出头鸟"。人们也常常担心一次不良的绩效记录不仅会带来目前的惩罚,往往还会在自己的主管心目中形成不良的印象,会影响对自己将来绩效的评估,甚至会影响整个个人职业生涯。

被评估者的焦虑常常表现在几个方面：

1.由于蒙在鼓里而带来的担心。在很多企业的绩效评估当中，被评估者常常感到自己对工作的要求并不十分清楚，并且也不知道衡量工作绩效的标准，没有机会了解到自己的工作结果，也没有人同被评估者沟通对其完成该项工作的期望。这就让被评估者感觉自己是否能在绩效评估中取得好的成绩完全不是自己所能控制的，绩效评估的标准是捉摸不定，不知道自己到底该做到什么程度才算好。

2.对批评或惩罚的焦虑。很多员工害怕评估，主要是因为担心评估的后果。平常可能有些事情做得并不能够让经理完全满意，因此到了评估的时候就担心主管人员会来个秋后算账。很多员工都有不愉快的评估经历。例如，有个公司的评估标准几乎完全是采用倒扣分形式的。对员工绩效的每个方面，并没有给出做得好是什么样标准，而给的全是怎样做是不好的标准，如一次没有按时交计划扣一分，迟到一次扣一分等。结果是按照扣分的情况进行罚款或扣奖金。这样员工就会对绩效评估的不愉快的后果倍感焦虑。

3.害怕自己的弱点暴露出来。即使没有惩罚的后果，仅仅是评估本身也足以使被评估者感到焦虑。任何人都害怕自己的缺点或弱点被别人知道，而评估恰恰提供了这样的机会。如果对评估的结果没有相应的保密措施，使其散布的范围过广，就会给某些被评估者带来不必要的伤害。

（二）主管人员的焦虑与回避

主管人员在绩效评估中常常充当评估者的角色，是绩效评估的主要实施者。如果没有主管人员的积极参与，绩效评估也就无法开展了。然而主管人员常常是出于被迫不得不参与到评估中来，在他们的内心中常常会有许多焦虑、不情愿、反感的情绪。他们不喜欢绩效评估通常会有几个方面的原因：

1.认为这件事情没有意义。很多主管人员都认为，在绩效评估中他们要填写许多表格，这纯粹是一种乏味的文书工作，对自己的管理工作没有任何帮助，只会浪费时间。因此，在他们心目中，绩效评估不是管理工作中必不可少的一个环节，而是一件多余的事情。的确，也许他们经历了一些设计得不好的绩效评估过程，从这些绩效评估中，他们并没有获得任何益处，因此他们有理由不喜欢这件事情。

2.担心由于这件事情会与员工发生冲突。在对人评估的过程中，难免有时会意见不一致。许多人不喜欢发生冲突，对员工的评估有时会引起员工的争论，或者评估结果会在员工之间引发矛盾，这些都是某些主管人员不愿看到的尴尬局面。他们常常把绩效评估看作一种对立的过程，在这种过程中员工与主管人员处在对立的地位上。当把绩效评估看作是对员工的评判而不是对员工的帮助的过程时，就很容易形成冲突的气氛而产生焦虑。

三、为什么需要绩效管理

虽然很多人不喜欢绩效评估或者对绩效评估存在一些误解，但我们仍然需要对绩效进行管理，因为无论从组织的角度，还是从管理者或者员工的角度，绩效管理都可以解决我们所期待改进的一些问题，并能给我们带来益处。

（一）组织为什么需要绩效管理

从整个组织的角度来看，组织的目标是被分解到了各个业务单元的目标以及各个职位上的每个工作者的目标；而个人目标的达成构成了业务单元目标的达成，组织的整体目标是由各个业务单元的绩效来支持的，也就是由每个员工的绩效来支持的。

既然这样，那么组织就不可避免地关心以下这些问题：

1. 组织需要将目标有效地分解给各个业务单元和各个员工，并使各个业务单元和员工都积极向着共同的组织目标努力。

2. 组织需要监控目标达成过程中各个环节上的工作情况，了解各个环节上的工作产出，及时发现阻碍目标有效达成的问题并予以解决。

3. 组织需要得到最有效的人力资源，以便高效率地完成目标。一方面，通过人员的调配，使人员充分发挥作用；另一方面，加强对现有人员的培训和发展，增强组织的整体实力。

绩效管理恰恰是解决上述这些问题的有效途径。通过绩效目标的设定与绩效计划的过程，组织的目标被有效地分解到各个业务单元和个人。通过对团队和个人的绩效目标的监控过程以及对绩效结果的评估，组织可以有效地了解到目标的达成情况，可以发现阻碍目标达成的原因。绩效评估的结果可以为人员的调配和人员的培训与发展提供有效信息。因此，绩效管理是组织需要的一项活动。

（二）管理者为什么需要绩效管理

管理者承担着组织赋予自己的目标，而每个管理者都是通过自己的业务单元或者团队来实现自己的管理目标的。管理者都渴望自己在管理上取得成功，因此：

1. 管理者需要有机会将组织的目标传递给团队中的员工，并取得他们对目标的认同，以便团队成员能够共同朝着目标努力。

2. 管理者需要把组织赋予的目标分解到每个员工的头上，因为他们知道这些目标不是通过自己一个人的努力就可以实现的，而必须通过团队中的员工共同努力才能实现。

3. 管理者也需要有机会告诉员工自己对他们的工作期望，使员工了解哪些工作最重要，哪些工作员工自己可以做出决策；管理者也需要让员工知道各项工作的衡量标准是什么。

4. 管理者还常常希望能够掌握一些必要的信息。这些信息既有关于工作计划和项目执行情况的，包括现在团队中哪些事情运行良好，哪些事情出了问题等，也有关于每个员工的状况的，包括这些员工是否能够胜任工作，他们在工作中需要得到什么支持和帮助，他们在哪些方面有待提高等等。

这些问题也是在绩效管理过程中需要解决的。绩效管理提供给管理人员一个将组织目标分解给员工的机会，并且使管理者能够向员工说明自己对工作的期望和工作的衡量标准。绩效管理也使管理者能够对绩效计划的实施情况进行监控。

（三）员工为什么需要绩效管理

员工在绩效管理中通常是以被管理者和被评估者的角色出现的，评估对他们来说常常是一件有压力的事情，是与不愉快的情感联系在一起的。然而，当我们很好地理解了员工对工作的内在需要之后，就会发现绩效评估与管理对于员工来说也是他们成长的过程中所必需的。那么，员工在工作和发展过程中需要一些什么呢？

☞**关键提示：需要层次理论**

关于人的需要，美国心理学家马斯洛提出了需要层次理论。在他的理论中将需要分为 5 个层次（如图 1-1 所示）。

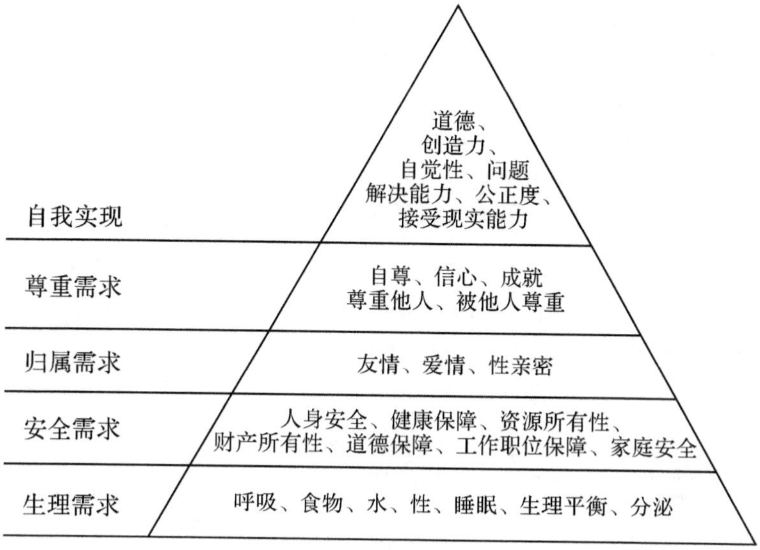

图 1-1　需要层次理论

生理需求是指人对食物、水分、空气、睡眠、性的需要，这是人的所有需要中最基本的。

安全需求是指人们追求安全、要求稳定、希望受到保护、避免恐惧和焦虑。

归属需求的需要是指人们要求与他人建立感情关系，希望得到他人的认可。

尊重需求包括自尊和受到别人尊重，满足自尊会使人相信自己的力量和价值，使人在生活中变得更有能力，更富有创造性。

自我实现的需求是指人们追求实现自己的能力或潜能，并使之完善化。

员工在基本的生理需要满足了之后，更多的高级需要有待于满足。每个员工在内心都希望能够了解自己的绩效，了解自己的工作做得怎么样，了解别人对自己的评价。这首先是出于员工对安全和稳定的需要，避免由于不了解自己的绩效而带来的焦虑。其次，员工也希望自己的工作绩效能够得到他人的认可与尊重。另外，员工也需要了解自己目前有待于提高的地方，使自己的能力得到提高，技能更加完善。

如果不能通过有效的途径将员工的绩效表现反馈给员工，那么，员工只能通过猜测来了解自己的绩效表现。例如，当一个员工发现自己的上司今天对自己的脸色不好看时，往往会认为是自己的工作表现不好，殊不知上司情绪不好根本不是因为他，而是因为在上班的路上与别人吵了一架。再比如说，一个员工发现自己的上司今天夸奖了自己一句，心想，看来老板对我的表现还算满意。试想一下，如果员工只能通过这种猜测的方式来获得关于自己绩效的信息，那将是怎样的一种悲哀？

员工希望了解自己的绩效表现，更多的是为了提高自己的绩效，提高自己的能力，增强自身的竞争力。因此，员工特别需要通过绩效管理来了解和提高自己的绩效，了解自己在哪些方面还待发展，以提高自己的胜任能力。

四、绩效管理中存在的问题

（一）绩效管理的观念与定位错误

绩效评估是人力资源管理中越来越被人们熟悉的一个概念。提起绩效评估，在许多人眼前浮现的是一堆各种各样的表格。很多管理者心里很清楚，这些表格往往存于人事部门的档案柜里，最终的遭遇可能是被遗弃。即使想要依据这些表格做出一些人事决策，也会发现很难操作，因为表中所提供的信息往往很模糊或不准确，这样所做出的人事决策也不可靠。于是，绩效评估往往与“浪费时间”、“流于形式”等评价联系在一起。其实，出现这样令人痛心的结果的一个根本原因就是过于孤立地看待绩效评估这一行为，这是对绩效管理观念和定位上的误区。绩效评估只是完整的绩效管理过程中的一个环节。

成功的绩效评估不仅取决于评估本身，而且很大程度上取决于与评估相关联的整个绩效管理过程。

传统的绩效评估往往忽视了绩效管理的过程，绩效评估与绩效管理并不是等价的。绩效管理是指为了达成组织的目标，通过持续开放的沟通过程，形成组织目标所预期的利益和产出，并推动团队和个人做出有利于目标达成的行为。

绩效管理与绩效评估的主要区别参见表 1-1 所示。

表 1-1 绩效管理与绩效评估的区别

绩效评估	绩效管理
· 一个完整的管理过程 · 侧重于相沟通与绩效提高 · 伴随管理活动的全过程 · 事先的沟通与承诺	· 管理过程中的局部评价和手段 · 侧重于判断和评估 · 只出现在特定的时期 · 事后的评价

由于对绩效管理的片面认识，将绩效评估与完整的绩效管理割裂开来，往往使组织的绩效管理系统没有与组织的战略目标联系起来。而且，绩效评估仅仅被视为人力资源管理的一个工具，通常被认为仅仅是人力资源部的人应该考虑和应该做的事情，而没有把它视为整个管理过程中的一个有效的工具。

（二）绩效管理的系统设计问题重重

在绩效管理的系统设计方面，也存在许多问题。最大的一个问题是，单方面强调对绩效的评估，没有充分重视评估之前的准备工作，也就是从绩效目标的设定到绩效计划以及在工作过程中对绩效信息的收集的整个绩效管理过程。由于不能将绩效评估置于整体的绩效管理过程中加以考虑，因此在对绩效的评估过程中常常会出现很多冲突和矛盾，例如对绩效评估的定位和价值的曲解、评估者的偏差、被评估者的抵触情绪等，而这些矛盾冲突往往是由评估之前的工作中出现的问题所导致的。评估之前的工作对于评估的效果至关重要，绩效目标的设定和绩效计划使评估中的不同群体（评估者和被评估者）能够对评估的目标和标准达成共识，避免冲突。工作过程中对绩效信息的收集和记载使评估时有足够的充分依据，保证评估结果的客观性。

案例：难以填写的评估表

赞成公司是一家从事礼品制作与销售的公司，公司上下有 50 多人。忙忙碌碌的一年下来，到了年底，领导提出要对员工的绩效进行一番评估。于是人力资源部门的同志们费尽力气设计出了评估的表格，评估表中主要包括了对员工工作业绩和工作态度的评价。但是在主管人员填写评估表格时，却遇到了困难，因为表中的很多内容，他们感到无法填写。首先是员工的工作业绩方面，由于事先并没有将员工的业绩目标清晰地确定下来，因此在对业绩进行评估时很难判断做到什么程度算是“基本达到本职位的要求”，做到什么程度算是“超出本职位的工作要求”，只能凭借主管人员的主观感觉。销售人员尚有一定的销售额标准，其他人员基本上没有什么客观标准可言。对于工作态度方面的评估就更加固难了，由于平常没有注意收集和记录员工的工作表现，到了年底的时候，主管人员的印象就只有最近一两个月的一点记忆，前面 10 个月的工作表现的印象已经十分模糊，那么对工作态度的评估就更是完全凭借主观印象了。可想而知，这样填写的评估表，基本上难以提供有帮助的信息、更不用说依据它来做一些重要的人事决策了。

其次，在绩效管理系统的设计方面另一个突出的问题是在绩效管理系统的建立过程中没有充分考虑该系统使用者的不同需求。在绩效管理过程中，管理者和被管理者有着不同的心理期望，对绩效管理的操作也有一定的要求，这些都是在绩效管理系统的设计中应充分考虑的。例如，管理者希望绩效管理在操作上简单方便，不希望为此花费太多的时间和精力，同时也希望绩效管理的过程与自己对员工的管理具有一致性和协调性，能够在工作过程中评估员工的绩效和提高员工的绩效。被管理者则希望得到一些建设性的反馈，希望了解管理者对自己的客观评价以及如何改进自己绩效的建议。

再次，在绩效管理系统的设计方面通常缺乏系统的良好的绩效标准设定方法。首先是不能从工作分析中得出绩效的衡量指标，其次对评估标准的设定主观性程度过高。

另外，在绩效管理系统的设计方面没有充分考虑到应如何运用绩效评估的结果。如果仅仅为了评估而评估，评估之后的结果对员工没有任何影响，那么谁也不会重视评估，评估就会流于形式。在有些组织中，评估结果的应用仅仅限于对员工的晋升、奖金的发放等，使评估成了激发矛盾的工具。仅仅将评估作为奖金发放或工资调整的工具，这是对评估结果的片面应用，人们会将评估与利益分配联系起来，容易造成矛盾冲突，同时由于把注意力放在了利益分配上，忽视了绩效的改进与提高，绩效管理的真正目的也没有达到。很多组织忽略了评估结果应用的重要性，因此也忽略了为提高员工绩效和胜任能力而进行的培训，为团队绩效和组织绩效的改进而采取相应的行动，等等。

（三）绩效管理过程中缺乏达成共识的目标与绩效标准

绩效管理过程中存在的问题是，在绩效评估之前，评估者与被评估者之间缺乏对绩效标准的沟通和承诺。这主要体现在被评估者不能清晰地了解自己的工作目标和标准，或者对工作标准有不同的看法。

案例：小张的反驳

小张是实力公司总经理的秘书，她的日常工作主要是帮助总经理起草、打印一些文件，收发传真、信件等。在年终评估时，总经理对小张的工作绩效打了一个较低的分数，原因是他认为小张起草的文件没有达到他的要求。小张在起草文件时常常不按照规范的格式起草，尽管她的文笔非常好，但有些语言并不适合在正式的文件中使用；在字数方面，有的时候写得太少，有的时候又写得太多。小张是一个非常有个性的员工，她认为老板对自己的评估结果不公平，于是她对这个评估结果提出了反驳：“可是我事先并不清楚起草文件的要求？没有人告诉我工作的标准。”

绩效标准不是在任职者开始工作前预先制定，而是在评估时才确定，这就导致任职者在工作过程中无法确定自己努力的方向，不知道自己的工作该做到什么程度。

(四)评估者在绩效考核中的误区多多

评估者并不是对被评估者绩效信息的最有效的观察者,这是绩效评估中的一个大问题。在某些情况下,被指定为评估者的人对被评估者来说并不是最有力的评估者。例如,上级往往充当下属的评估者,当被评估者对其他部门提供工作产出时,作为他的上级并不能最有效地评估他在这方面的工作绩效,因此他的这部分绩效应该由接受他工作产出的对象来评估。

评估者没有经过绩效管理培训,对绩效评估带有一些偏见和错误。

☞关键提示:评估者常常发生的偏见和错误

光环效应——由于被评估者在一个品质上表现得比较优秀,结果评估者在对其进行评估时对他的其他品质也都做出了比实际水平高的评价。出现光环效应的原因是评估者犯了逻辑错误,混淆了不同评估维度的含义。例如,一个被评估者从来不缺席或迟到,我们可以认为他很可靠,但有的评估者进而推论认为他很正直,从来不会利用组织的资源谋取个人私利,这种推论就没有依据,犯了光环效应的错误。

趋中效应——倾向于将被评估者所有的品质都评为平均或接近平均的水平。在1—5分的评估标准中,常常将被评估者评估为3分。

过于苛刻——倾向于将被评估者评估为低于平均水平。

过于宽容——倾向于将被评估者评估为高于平均水平。

近因效应——评估中较多受到被评估者最近的行为表现影响,忽视其在整个评估期中最普遍的行为表现。

首因效应——评估中较多受到对被评估者的第一印象影响,忽视其在整个评估期中最普遍的行为表现。

推理错误——在进行绩效评估时做了一些错误的不符合逻辑的推理。例如,某个员工学历较高,评估者就由此推断出他的工作能力一定很强,进而推断出这名员工的绩效一定很好。

另外,评估者对于如何与下属沟通绩效目标和如何进行绩效反馈面谈也缺乏知识和技能,造成不能有效进行关于绩效的沟通,对员工绩效方面的问题,不能进行有效处理。

(五)组织对绩效管理的观念和行动认知失误

从整个组织的角度来讲,很多无效的绩效管理操作都在于没有按照组织的目标设定绩效目标和绩效评估的重点。在设定具体的业务单元或个体的绩效指标时,没有将其放在整个组织的目标之中。

另外,没有能够将绩效管理作为组织中一项重要的管理职能也是一个突出的问题。绩效管理应该是每个管理者,甚至是每个人的职责。管理者有责任去管理自己下属的绩效,每个人也有权利和义务去评估为自己提供工作产出的对象。

如果一个组织重视对绩效进行管理和评估的行为,它就应该对认真实施绩效管理的行为加以强化和鼓励。而组织的失败之处恰恰在于没有对实施管理的行为加以强化,例如对认真的评估没设奖励。

五、绩效管理的关键要素

通过绩效管理可以让员工了解到自己表现得怎么样,并且让员工了解到如何能够改进和提高自己的绩效,并且激励他们做出改进和提高绩效的行为。在绩效管理的过程中,管理者与被管理者进行沟通和交流,容易达成双方的理解和承诺,会提高被管理者的生产力。

绩效管理中有几个关键要素:

(1)关注与目标相关的工作职责及贡献和产出。绩效管理具有明确的目标导向性,所有的绩效评估关注的都是员工在工作目标范围内的工作产出与工作表现,任何工作目标之外的员工表现将不作为绩效评估的依据。

(2)开放沟通的行为将持续贯穿绩效管理活动的全过程,从绩效目标的制定、绩效计划的形成、达成目标过程中的目标调整和任务变更,到对工作贡献与产出的评估、绩效改进计划的形成以及提出新的绩效目标,都会通过员工与直接主管的沟通来实现。员工与直接主管在沟通过程中必定要形成达成目标的契约,这种契约是基于对未来的组织目标和具体的工作目标的理解与承诺。在契约当中,需要明确规定以下内容:

· 员工的工作目标以及该员工的工作对整个组织目标的意义和影响。
· 期望员工完成的工作职责。
· 员工的工作应该达到的标准。
· 以何种方式衡量绩效。

(3)绩效评估之后必须伴随有绩效的改进与提高的计划和行动。在绩效评估之后,管理者需要与员工进行绩效反馈面谈,将绩效评估的结果反馈给当事人,并与员工共同制定绩效改进和提高的计划。

六、关于绩效管理,我们应该反思的问题

既然绩效管理是整个组织中一项重要的管理活动,那么设计和实施有效的绩效管理系统就需要组织中的高层管理者、业务单元的运作者、部门经理、员工、人力资源部门共同思考的课题。在绩效管理中承担不同角色的主体,如果能够深入思考并很好地回答下面这些问题,绩效管理中的很多问题就会得到有效的解决。

(一)高层管理者应该回答的问题

在绩效管理系统的建立和实施过程中,高层管理者往往从宏观角度决定了绩效管理的政策,指引着绩效管理的方向。从高层管理者的角度应该关注和回答的问题有:

1. 我们的组织应该采用什么样的绩效管理政策?

2. 我们应该鼓励什么样的绩效,是鼓励结果还是鼓励过程中的努力?鼓励个人的绩效还是鼓励团队的绩效?

3. 组织如何才能知道每个业务单元(Business Unit)的工作做得更好,它们为组织做出了什么样的贡献?

4. 在不同的管理层次上应该做出哪些与绩效有关的决策?(包括员工发展计划人事变动决策、奖惩等)

5. 在不同的管理层次上应该提供哪些信息、资源以支持有效的问题解决和决策?

6. 如何发现业务单元的小团体主义行为?应采取什么样的行动来制止这样的小团体主义行为?

7. 组织应该如何支持和强化业务单元之间的合作行为?

8. 绩效管理如何与组织的战略规划过程联系起来?如何与组织短期的运营过程联系起来?

9. 组织应该如何就长期目标、短期目标和基本的组织价值理念与组织成员进行沟通?

10. 员工的价值观念和组织的价值理念之间的差异能够在绩效管理的过程中被发现和测量出来吗?

11.组织在提高员工的工作满意度和工作兴趣方面应该做哪些工作?

12.组织应该如何使用绩效评估的数据和信息?

13.组织应该如何通过薪酬或其他方式对员工的绩效进行奖励?

14.组织应该为不同员工分别提供什么样的发展机会?

(二)业务单元的运作管理者应该回答的问题

业务单元的运作管理者在组织目标分解和组织文化沟通的过程中往往起到承上启下的作用,也是绩效管理中重要的枢纽。作为业务单元的运作管理者主要应该思考和回答以下这些问题:

1.公司的绩效管理策略如何贯彻到你所管理的业务单元?

2.你是如何向下属传达和强调业务单元的工作目标的?

3.如何才能知道员工对工作单元的目标的理解和接受程度?

4.对不同层次和从事不同工作的任职者应该提供哪些关于组织和工作的信息?

5.应设立什么样的绩效标准来衡量工作单元和任职者的工作有效性?

6.你怎样获得工作单元的经理之间的合作,又怎样支持和促进这样的合作?

7.你采取了什么办法提高员工的工作满意度?

(三)评估者应该回答的问题

不同层次的管理者对员工进行管理和评估,他们是评估中主要的评估者,因此他们应该思考和回答评估中一些具体的操作性问题。如:

1.下属(被评估者)的工作目标是如何设定的?

2.下属(被评估者)的工作是如何组织的?

3.下属(被评估者)的绩效标准是如何建立的?

4.你为下属(被评估者)提供了什么训练和指导?

5.下属(被评估者)的工作进度安排是怎样的,你为他们的工作进度安排施加了什么影响?

6.你怎样帮助下属(被评估者)提高他们的工作绩效?

7.你怎样得到充分的与工作有关的信息并把它们传递给下属(被评估者)以保证他们以可接受的方式执行他们的任务?

8.解决新的不寻常问题时,创新的方法和程序应如何建立?

9.你在获取资源以完成业务单元的工作任务时应如何争取更高层领导者的支持?

10.组织采取了什么行动提高你评估下属(被评估者)绩效的技能?

11.你让下属充分发挥他们的知识和技能了吗?

12.你是怎样形成和推动部门中的团队精神与合作的?

13.你是怎样意识到那些影响下属(被评估者)绩效的问题的?

14.你给了下属(被评估者)什么样的机会来讨论他们的观点、目标和问题?

15.你怎样获得下属(被评估者)的信任与支持?

16.你怎样提高下属(被评估者)的工作满意度?

17.你的评估对下属(被评估者)的报酬有什么样的影响?

18.你怎样帮助下属(被评估者)成长和发展?

(四)被评估者应该回答的问题

被评估者在绩效评估的过程中也不应该是完全被动的地位。被评估者对如下问题的回答也可以反映出绩效管理系统的有效性。

1.你如何得到能够使你正确从事你工作的信息？

2.你怎样准确地知道自己应该做什么、应该做得多好、应该在什么时候完成工作？

3.你怎样判定评估者（你的直接主管）知道你正在做什么并且能够帮助你提高你的工作绩效？

4.你的直接主管怎样与你沟通工作单元的目标？

5.你怎样使上司（评估者）认识到并且注意和接纳你的观点和建议？

6.你怎样使上司（评估者）相信你能够胜任分配给你的工作任务？

7.你有什么样的机会参加到影响你绩效的决定之中？

8.你的上司（评估者）或者组织是如何提高你的工作满意度？

9.你的上司（评估者）如何鼓励工作单元中成员之间的合作？

10.你有什么样的机会设立自己的绩效标准或者影响你的绩效标准的设立？

11.你的同事怎样帮助你完成工作任务？

12.你的上司或组织是否有效地利用了你的知识和技能？

13.绩效评估怎样帮助你成长和发展？

14.你的组织怎样在报酬和工作要求之间建立适宜的关系？

15.你的职业生涯发展计划或职业生涯阶梯计划是怎样建立和运作的？

16.从你的工作当中，你如何得到尊重和认可？

（五）绩效管理系统的设计和实施者应该回答的问题

绩效管理系统的设计和实施者在组织的绩效管理策略的前提下设计绩效管理系统，在公司里通常是由人力资源部门来设计和实施的。作为设计和实施者，应该考虑和回答的问题是：

1.你怎样判断什么样的工具和程序对组织来说是最好的？

2.你怎样决定由谁来进行评估、使用什么样的表格、采用什么样的程序？

3.你提供了什么样的有关绩效管理的培训？

4.你采取了什么方法提高员工的工作满意度？

5.你怎样改善组织中的信息流的质量和数量？

6.工作中的不满意是怎样被识别并且使问题得以解决的？

7.员工的绩效信息如何被保密？

8.你怎样将工作要求和报酬之间联系起来？

9.你怎样将员工的绩效结果与提高报酬、发放奖金以及其他形式的报酬联系起来？

10.绩效评估结果如何与晋升、降职、岗位轮换、裁员、解雇等人事决策联系起来？

11.如何将工作绩效与培训的机会联系起来？

12.组织是如何关注员工的职业生涯发展的？

第二节　绩效管理定位

一、人力资源管理：获取竞争优势的工具

传统的人力资源管理通常被认为是一种事务性的工作，随着社会在向前发展，人力资源管理的参谋与咨询作用，以及在制定和执行企业战略方面的作用日益加强。越来越多的企业意

识到人力资源的优势在获取企业核心竞争力方面的作用，人力资源管理也成为了获得企业竞争优势的工具。

一个企业获得相对其竞争对手的优势，就必须创造出比其竞争对手质量更好的产品或服务，提供竞争对手所不能提供的创新性的产品或服务，或者以更低的成本提供与其竞争者相同的产品或服务。简单讲，就是要提供高区分度、低成本的产品或服务。愈来愈多的研究表明，人力资源管理的水平对竞争优势的产生有强烈的影响。一项研究考察了 35 个行业中 968 个企业的人力资源管理水平与生产力水平。主要考察的是企业的员工激励计划、绩效管理系统和员工参与决策等方面。该研究的结果表明人力资源管理水平与企业的生产力水平之间有着强烈的正相关关系，对企业人力资源管理水平的评估高出一个标准差，生产力水平就高出 5 个百分点。

企业的人力资源管理与企业生产力以及其竞争优势形成的关系可以用图 1-2 来表示：

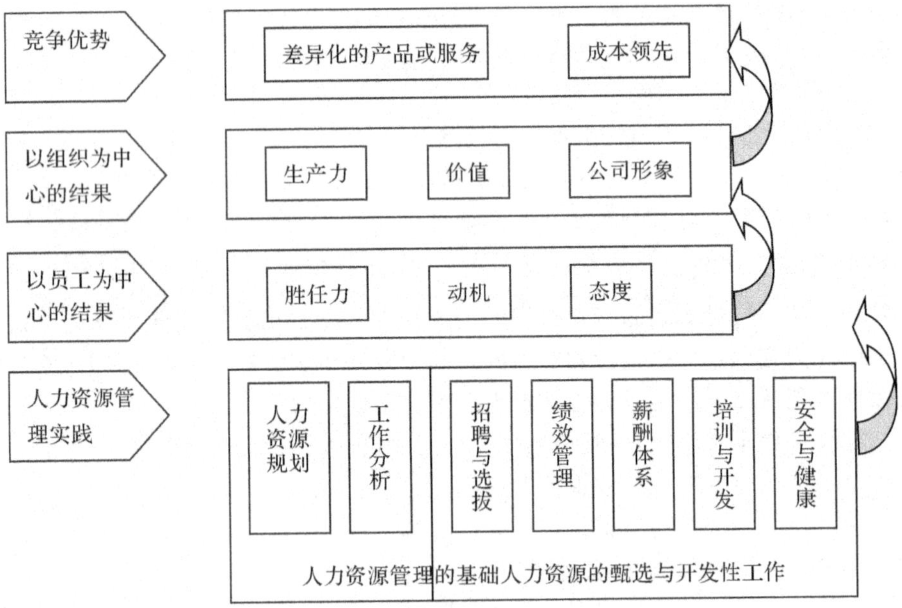

图 1-2 人力资源管理与企业的竞争优势

二、绩效管理：人力资源管理的核心

既然人力资源管理是获取企业竞争优势的工具，那么人力资源管理是如何提升企业的生产力和价值，从而提高企业的竞争优势的呢？

由于绩效管理是将企业的战略目标分解到各个业务单元，并且分解到每个人，因此对每个员工的绩效进行管理、改进和提高从而提高了企业整体的绩效，企业的生产力和价值随之提高，企业的竞争优势也就由此而获得。

企业的人力资源管理是一个有机系统，这个系统中的各个环节紧密相连。绩效管理在这个系统中占据核心的地位，起到重要的作用。

三、绩效管理系统的主要目的

绩效管理系统的主要目的有：

- 定义和沟通对员工的期望。
- 提供给员工有关他们绩效的反馈。

- 改进员工的绩效。
- 将组织的目标与个人的目标联系起来。
- 提供对好的绩效表现的认可准则。
- 指导解决绩效问题。
- 使员工现有的工作能力得到提高。
- 使员工在未来的职位上得到发展。
- 提供与薪酬决策有关的信息。
- 识别培训的需求。
- 将员工个人职业生涯发展规划与组织整体的接班人计划联系起来。

通常在一个绩效管理系统中不可能立即实现上述所有的目的，往往重点针对其中的几个目的。或者，当一套绩效管理系统建立时，主要是为了某二三个目的，然后随着绩效管理系统的发展，再实现其他的目的。

四、绩效管理与人力资源管理中其他环节的关系

（一）绩效管理与工作分析

工作分析是绩效管理的重要基础。通过工作分析，确定了一个职位的工作职责以及它所提供的重要工作产出，据此制定对这个职位进行评估的关键绩效指标，按照这些关键绩效指标确定对该职位任职者进行评估的绩效标准。可以说，工作分析提供了绩效管理的一些基本依据。

（二）绩效管理与薪酬体系

目前比较盛行的制定薪酬体系的原理是3P模型，即以职位价值决定薪酬(Pay for Position)、以绩效决定薪酬(Pay for Performance)和以任职者的胜任力决定薪酬(Pay for Person)的有机结合。因此绩效是决定薪酬的一个重要因素。在不同的组织中，对不同性质的职位，在不同的薪酬体系中，绩效所决定的薪酬成分和比例有所区别。通常来说，职位价值决定了薪酬中比较稳定的部分，绩效则决定了薪酬中变化的部分，如绩效工资、奖金等。

（三）绩效管理与人员招聘

在人员招聘过程中，或对人员进行开发的过程中，通常采用各种人才测评手段，包括纸笔形式的能力测验和个性测验、行为性面谈以及情景模拟技术等，这些人才测评方法主要针对的是人的“潜质”部分所进行的，侧重考察人的一些潜在的能力倾向或性格与行为风格特征，以此推断人在未来的情境中可能表现出来的行为特征。而绩效评估则是对人的“显质”的评估，侧重考察人们已经表现出来的业绩和行为，是对人的过去表现的评估。尽管两者有时会采用表面上相似的手段，例如一些评定量表，但目的有所不同，因此应该区分开来。值得说明的是，为了对一个人进行全面了解，这两种评估手段可以相辅相成，共同提供个体特征的信息。

（四）绩效管理与培训开发

由于绩效管理的主要目的是为了了解目前人们绩效状况中的优势与不足，进而改进和提高绩效，因此培训开发是在绩效评估之后的重要工作。在绩效评估之后，主管人员往往需要根据被评估者的绩效现状，结合被评估者个人发展愿望，与被评估者共同制定绩效改进计划和未来发展计划。人力资源部门则根据员工目前绩效中有待改进的方面，设计整体的培训开发计划，并帮助主管和员工共同实施培训开发。

◆复习思考题

1. 谈谈你对绩效评估的理解。
2. 绩效评估与绩效管理之间的联系和区别是什么？
3. 谈谈你对绩效管理的内涵和定位的认识。
4. 谈谈绩效管理和人力资源管理体系中其他职能模块的关系。

第二章　绩效管理的基础和关键绩效指标设定

人力资源管理系统中绩效管理的基础如图 2-1 所示。从绩效管理循环图中我们可以看到，要想进行有效的绩效管理，就必须做好两项重要的基础性工作，一项是目标管理，另一项是工作分析。在本章中，将会对这两项工作中的关键内容和操作过程进行介绍。

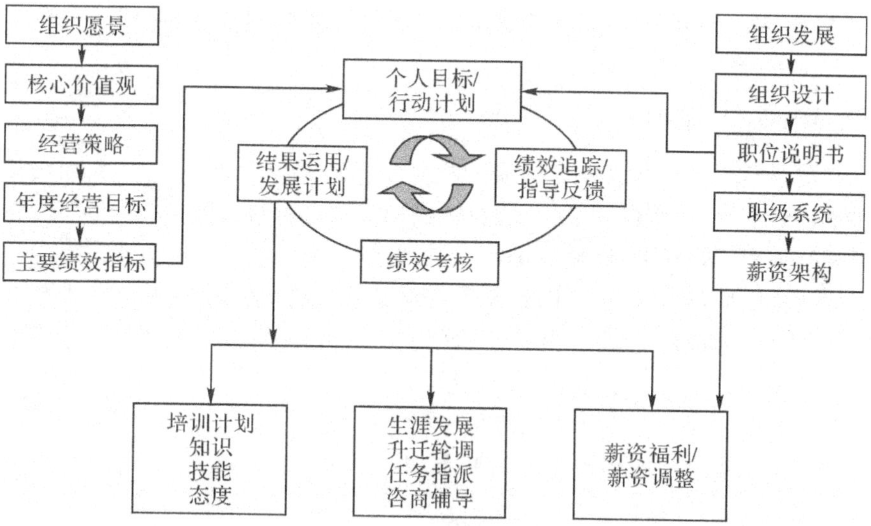

图 2-1　绩效管理循环图

第一节　目标管理

一、目标管理的基本概述

“目标管理”的概念最早是由著名的管理大师德鲁克（P. Drucker）于 1954 年在其名著《管理实践》中提出的。德鲁克认为，并不是有了工作才有了目标，而是有了目标才能确定每个人的工作。他认为，“企业的使命和任务，必须转化为目标”，如果一个领域没有目标，那么这个领域的工作就会受到忽视。因此管理者必须通过目标对下属进行管理。当组织的高层管理者确定了组织的目标后，必须对其进行有效分解，转变成为部门以及个人的目标，管理者根据分目标完成的情况对下属进行考核、评估和奖惩。

目标管理的具体形式多种多样，但其基本内容是一致的。所谓目标管理，是一种程序或过程，它使组织中的上、下级一起协商，根据组织的使命确定一定时期内组织的总目标，由此决定上、下级的责任和分目标，并把这些目标作为组织经营、评估和奖励的标准。

目标管理的指导思想是以Y理论为基础的，即认为在目标明确的情况下，人们能够对自己负责。它的鲜明特点可以概括为：

第一，重视人的因素。目标管理是一种参与性、民主性、自我控制性强的管理制度，也是一种把个人的需求和组织目标结合起来的管理制度。在这一制度下，上级和下级的关系是平等、尊重、互相信任和支持的，下级在承诺目标和被授权之后需要自觉、自主和自治。

第二，建立目标锁链与目标体系。目标管理通过专门设计的过程，将组织的整体目标逐级分解，转换为各部门、各员工的分目标。在目标分解的过程中，权力和责任已经明确。这些目标方向一致、环环相扣、相互配合，形成协调统一的目标。只有每个人完成了自己的分目标，组织的总目标才能完成。

第三，重视结果。目标管理以目标制定为起点，以目标完成情况的评估为终点。工作结果是评估目标完成情况的依据，成为评估工作的唯一依据。至于完成任务的具体过程和方式，上级并不做过多的干预。因此在目标管理制度下，监督的成分很少，而控制目标实现的能力却很强。

二、目标管理的优越性

设置目标进行管理至少有以下这些优越性：

说明整个组织的宗旨、方向和意义，使员工更加清楚组织的目标。

因为强调结果而不是任务，因此有助于改进计划工作。

管理者在自己的职位层次上工作，而不是在比其低的层次上工作。

目标有助于公司把握命运，而不是只对错误做出反应。

通过目标管理可以改善上下级之间的关系。

目标为各个管理层评估各自的绩效提供了参考。

鼓励维持短期利益与长期利益之间的平衡。

三、目标管理的基本程序

（一）目标的设置

目标的设置是目标管理过程中最重要的阶段，这一阶段可以细分为4个步骤：

第一步，预定目标。这是一个暂时的、可以改变的预案。这个预定的目标，既可以由上级提出，再同下级讨论；也可以由下级提出，由上级批准。无论采用哪种方式，目标必须由上下级共同商量确定，而且，领导必须根据企业的使命和长远战略，估计客观环境带来的机遇和挑战。

第二步，重新审议组织结构和职责分工。目标管理要求每一个分目标都有确定的责任主体，因此预设目标之后需要重新审视现有的组织结构，根据新的分解目标进行调整，明确目标责任者和协调关系。

第三步，确立下级的目标。在确定下级的目标之前，上级要明确组织的规划和目标，然后才有可能商定下级的分目标。在讨论中上级要尊重下级，平等待人，耐心倾听下属的意见，帮助下级建立与组织目标相一致的支持性目标。分目标要具体、量化，便于评估；要分清轻重缓急. 以免顾此失彼；既要有挑战性，又要有实现的可能。每个员工和团队的分目标要同组织中其他员工和团队的分目标协调一致，共同支持组织总体目标的实现。

第四步，上级和下级就实现各项目标所需的条件和目标实现后的奖惩达成协议。分目标制定后，要赋予下属相关的资源配置权力，实现责权的统一。

在设置目标的过程中，人们往往需要考虑的一个问题就是什么样的目标是好的目标。判断一个目标是否是好的目标，可以参照表2-1所示的标准。

表2-1　恰当的目标与不恰当的目标

不恰当的目标	恰当的目标
·以过程或活动的形式来表述 ·无法完全实现，没有具体的完成目标的期限 ·对期望达到的目标定义得模棱两可 ·理论化或理想化 ·没有真正的结果 ·或者过于简练、不清楚，或者太长、太复杂 ·重复、一项陈述中包含两个或多个承诺 ·缺乏对改进的要求	·以最终结果来表述 ·在确定的时间内可以完成确定目标的完成形式 ·与公司的管理有关，从公司管理的实际出发 ·对公司成功很重要 ·尽可能用最精确的数量说明 ·一项陈述只限于一个重要的承诺

☞**关键提示：设置可以评估的目标**

在设置目标的时候，应该尽量使目标可量化可评估。表2-2将一些可以评估的目标和不可评估的目标进行了对照。

表2-2　可以评估的目标和不可评估的目标

可以评估的目标	不可评估的目标
·获得较高的利润	·在本年末实现利润15%
·提高生产部门的生产率	·在不增加费用和保持现有质量水平的情况下，本季度的生产率比上季度增长10%
·保证产品的质量	·产品抽查的不合格率低于3%
·主管人员增加与下属的沟通	·主管人员每周花费在与每个下属员工沟通的时间不少于2个小时
·维持电脑网络系统的稳定性	·由于技术问题网络中断的次数每季度不超过1次，每次能够在1小时之内恢复正常

（二）实现目标过程的管理

目标管理强调结果，强调自主、自治和自觉。但是，这并不等于说领导可以放手不管，相反，由于形成了目标体系，一环失误，就会牵动全局。因此，领导在目标实施过程中的管理不可缺少。首先是要进行定期检查，利用双方经常接触的机会和信息反馈的渠道自然的进行；其次要向下级通报进度，便于互相协调；再次要帮助下级解决工作中出现的困难问题，当出现意外、不可测事件严重影响组织目标实现时，也可以通过一定的程序，修改原来的目标。

（三）总结和评估

达到预定的期限后，下属首先进行自我评估，提交书面报告；然后上下级一起评估目标完成情况，决定奖惩；同时讨论下一阶段目标，开始新的循环。如果目标没有完成，应分析原因总结教训，切忌相互指责，以保持相互信任的气氛。

成功实施目标管理的组织在绩效评估过程中常常进行如下步骤：

员工个人对其在组织中的职位进行书面说明或修正，明确责任和职责范围。

员工和他的上级共同审查这份说明，以便该书面文件正确反映员工对结果应负的责任。

员工独立制定在今后半年内的工作目标，这些目标以其责任和职责范围为基础。

直接上级和员工面对面地审查这些目标，并在如下方面达成共识：

目标可以实现。

目标体现员工对现有绩效的改进和提高。

目标与上级的目标相关。

目标的结果可以衡量。

为了能够正确评估目标结果，上级和员工共同制定数量化的标准。

责任范围、目标、优先次序、完成时间和标准都应有书面记载，以便有关方面对此有明确的了解，明确各自的承诺。

半年之后，根据所设定的目标，上级对员工的绩效进行正式的评估，并考虑员工的个人发展问题。

上级根据员工的工作绩效和发展潜力对他们进行评估。

重新设置目标，进入下一个循环。

四、对目标管理的检视

为了确保目标管理真正能够发挥它所应有的作用，还需要认真仔细地对目标管理进行检视，具体标准如下：

1. 目标是否体现工作的主要特征？

2. 目标是否太多？如果目标太多，能否合并一些目标？

3. 目标是否可以检验？也就是在完成目标的周期结束后，能否判断自己的目标是否已经实现。

4. 目标是否明确：

(1)数量指标(完成工作的数量如何)。

(2)质量指标(工作结果应达到什么样的质量标准)。

(3)时间指标(完成目标的期限)。

(4)成本指标(完成目标的成本应控制在什么样的范围内)。

(5)目标是否既合理又具有挑战性？

(6)目标中是否包括目标的改进和个人发展目标。

(7)个人的目标是否与组织的目标相一致，并且与其他个人的目标不发生矛盾冲突？

(8)是否就目标与需要了解该目标的人员进行了讨论和沟通？

(9)是否有短期目标？

(10)有关目标的基本假设是否明确？

(11)目标是否清楚地予以表达并采取了书面形式？

(12)在实行目标管理的过程中能否及时地提供反馈并采取纠正措施？

(13)实现目标是否具备足够的资源和权限？

(14)那些希望实现目标的人是否有机会提出他们的目标建议？

(15)下级人员对分配给他们的职员是否有控制力？

第二节　工作分析

一、对职位的描述是绩效管理的基础

（一）职位的描述是最直接影响绩效的因素

员工的绩效是员工外显的行为表现，这种行为表现受很多因素影响，有的因素是比较深层的因素，有的因素是比较直接的因素。

影响人的行为绩效的内在因素分成很多层次，处在最深层的是人的内在动力因素，其次是价值观、哲学等观念和意识层面的因素。一个组织的观念、哲学等决定了组织的政策，从而影响了组织的使命和目标。组织的使命和目标被分解成各个工作单元的目标，而各个工作单元的目标又决定了职位描述。处于最外层的职位描述是直接影响绩效行为的因素。因此要想有效地进行绩效管理，必须首先有清晰的职位描述信息。

（二）职位的特点决定了绩效评估采用的方式

采取什么样的方式进行绩效评估是我们进行绩效评估的准备工作时所需要解决的一个重要问题。绩效评估的方式主要包括由谁进行评估、多长时间评估一次、绩效评估的信息如何收集、采取什么样的形式进行评估等。对不同类型的职位采取的绩效评估方式也应该有所不同。例如，有的职位是由主管人员下达任务指标并一步一步进行控制，那么其任职者的工作绩效应该主要由主管人员进行评估；而有的职位的工作性质是较多与客户打交道，那么对其任职者的工作绩效的评估就需要考虑客户的评估而不是仅仅由主管人员进行评估。再比如说，有的职位的工作成果在比较短的时间内就可以表现出来，对其任职者的绩效评估就可以使用比较短的周期；而有的职位的工作结果需要比较长的时间才能表现出来，那么对其任职者的绩效评估就需要采用比较长的周期。

（三）职位的描述是设定绩效指标的基础

对一个职位的任职者进行绩效管理应该设定哪些关键绩效指标，往往是由他的关键职责决定的。虽然从目标管理的角度，一个被评估者的关键绩效指标是根据组织的战略目标逐渐分解而形成的，但个人的目标终究要依据职位的关键职责来确定，一定要与他的关键职责密切相关。

职责是一个职位比较稳定的核心特征，表现的是任职者所要从事的核心活动。目标则经常随时间而变化，一个职位的工作职责可能会几年稳定不变或变化很小，而目标则可能每年都不同。例如一个销售经理，他的工作职责可能是“通过销售产品获得销售额和市场占有率”，而他去年的销售额可能是 20 万元，市场占有率达到 30%，今年的销售额可能就是 35 万元，市场占有率达到 35%。

对于那些较为稳定的基础性职位，如秘书、会计等，他们的工作可能并不由目标直接控制，而主要是依据工作职责来完成工作，对他们的绩效指标的设定就更需要依据工作的核心职责。

例如，对一个秘书来说，她的核心工作职责和关键绩效指标如表 2-3 所示：

表 2-3　秘书的工作职责与关键绩效指标

工作职责	关键绩效指标
录入、打印各种文件(文字材料)	· 错误率 · 时效性(是否在规定时间完成) · 客户(授予任务者)满意度
起草通知、便笺或日常信件	· 主管人员满意程度 · 工作的独立性(是否需要主管人员进行指导)
为出差人员安排旅程	· 时效性和准确性 · 客户(出差)人员满意度
安排会议	· 会前准备是否周到 · 会议过程中突发问题处理

二、职位描述的方法——工作分析

既然职位描述对绩效管理非常重要,那么如何得到职位描述的信息呢?这就是工作分析。

(一)什么是工作分析

运用系统性的方法收集有关工作的各种信息,明确组织中各个职位的工作目标、职责和任务、权限,工作中与组织内外的他人的关联关系,对任职者的基本要求等。

通过工作分析,可以使各个职位的工作职责清晰化,大家就不会互相推卸责任;责任的清晰化也会带来工作效率的提高;可以根据各项工作职责对一个任职者的工作绩效进行评估;对人员进行招聘和任用时,也会非常清楚具备什么样素质的人能够胜任工作。

一个组织中会有各种各样的职能,例如生产、销售、财务、人事、研发等等,这些职能需要由各个职位上的人来承担,工作分析就是将组织中的各项职能有效地分解到各个职位上。针对每一个职位,明确地规定它的目的或使命,规定该职位所承担的各项职责与所需完成的各项任务,并针对其职责和任务规定相应的绩效标准,明确各个职位与组织内外其他单位和个人所发生的关联关系,规定各个职位的权限,确定职位任职者的基本要求。工作分析是一项对事物进行分解的活动。分解就是将事物拆分成各个组成部分,同时研究这些组成部分是怎样构成整体的。因此,工作分析不仅仅关注构成整体的各个组成部分,即各个职位,同时关注各个职位之间的相互关系、各个职位与整个组织的关系、它们在整个组织中的地位和作用以及组织与其中的各项工作之间不断变化的关系。通过工作分析对职位的有关信息进行描述,不但可以为绩效管理提供基础,还可以为人力资源管理工作中的很多方面提供帮助。

工作分析在人力资源管理中具有基础性作用,它与绩效管理有着密切的关系。根据工作分析提供的与工作有关的信息,一方面可以分析出任职者的一些主要任职资格,另一方面可以把工作目的、职责、任务等转化成关键绩效指标。根据任职者的任职资格,可以设计或选择各种选拔测评指标对人员进行评估;根据关键绩效指标可以进行绩效评估与管理。而一个被选拔录用的人员工作了一段时间之后他的绩效表现又可以作为验证当初的选拔是否有效的依据,即如果一个人在选拔评估时表现出能力和潜力,在实际工作中的绩效表现确实很好,那么就说明选拔是有效的,反之则要对选拔的有效性产生怀疑。

(二)工作分析的结果

通过对所收集来的信息进行整理和分析,工作分析所输出的结果就是各个职位的职位说明书。职位说明书基本上可以包括两大部分：职位描述和任职者要求。

职位描述主要表达的是任职者实际从事的工作和责任、这些工作的流程、与组织内外的关联等关于工作本身特性的信息；任职者要求则是根据职位描述所提出的对职位任职者的基本要求，例如任职者应具备的知识、能力、教育培训等，以及其他方面的要求。

对绩效管理来说，主要利用的是工作分析所提供的职位描述，其中最重要的有以下方面：

1. 工作职责和任务。工作职责和任务是指一个职位所承担的职责以及为实现这些职责所要求完成的任务。例如，招聘主管的工作是招聘合适的工作人员，使用人部门能及时用到合适的人员。为了实现这样的职责，招聘主管所要完成的工作任务就是制定招聘计划、找到候选人的来源、对可能的候选人进行识别、向用人部门推荐合适的候选人、办理人员试用的手续等等。工作职责和任务是对任职者的绩效进行管理的基础和依据，对任职者绩效的评估主要就根据他在这些工作职责和任务上所产生的结果进行，将其实际完成的工作结果与目标的要求相比较，就可以得出其绩效水平。

2. 各项职责和任务所占的比重。是指假设在所有的职责和任务上花费的时间总和为100%，那么各项职责和任务所占时间的百分比分别是多少。例如，对营销主管这一职位来说，制定促销活动计划的职责所占的比重为30%，对营销人员进行培训的职责所占的比重为25%，与分销商和客户进行联络沟通的职责所占的比重为40%，撰写报告所占的比重为5%。那么就绩效进行评估的权重就应该参照职责和任务的比重。

3. 与组织内外其他部门和人员的关联关系。指该职位主要与组织内部哪些部门和个人发生关系，与组织外部哪些部门和个人发生联系。例如，一个外企招聘主管在公司外部需要同当地的外企服务总公司、政府的人事部门、人才中介机构等发生关系，而在公司内部则需要同各用人部门以及人力资源部中负责其他职能的同事发生联系。工作关联关系表明了任职者工作结果的输出方向，那么在对其工作绩效进行评估时，接受其工作结果的对象就有权力对其结果进行评估。

三、如何得到准确的职位描述信息

既然职位描述信息对绩效评估如此重要，那么怎样才能得到准确的信息呢？

（一）由谁来收集职位描述信息

工作分析的过程是一个收集工作信息的过程。收集工作信息的方法多种多样，能够收集工作信息的人也有各种不同类型的人。一般来说，通常有3种类型的人可以收集工作信息，即工作分析专家、工作任职者和任职者的上级主管。

工作分析专家可以来自于组织内部，通常是人力资源部门或业务流程研究部门；也可以来自于组织外部的专业机构。无论来自组织内部还是组织外部，这些工作分析专家都有一个共同的特点，就是他们都经过专门训练，能够系统地收集和分析工作信息。他们一般都接受过一种或几种工作分析方法的训练，通常采用访谈或观察的方法来收集工作信息。

工作任职者是最了解工作内容的人，他们有可能提供关于工作的最真实可靠的信息。他们能够描述工作实际上是怎样做的，而不是工作应该怎样做。参加工作分析的工作任职者必须是自愿的，这样他们在工作分析中才有比较高的动机、兴趣和参与热情；而且必须具有比较好的口头交流能力、阅读和书面表达能力。

任职者的上级主管监控任职者从事工作，他们有机会观察任职者的工作，能够客观地提供工作信息。使用任职者的上级主管收集工作信息的一个前提是他们在工作中与工作任职者有密切的关系，能够提供关于其下属工作的全面信息，他们很清楚地知道其下属做了些什么，并能对下属的工作做出相应判断。然而，任职者的上级主管往往倾向于从任职者"应该"怎样做的角度去描述任职者的工作，而不是从任职者"实际上"怎样做的角度去描述任职者的工作。通常，任职者的上级主管并不作为主要的工作信息收集者，而是对已经收集来的工作信息进行检查与证明。

在收集职位描述信息时要时刻注意的一点就是不管是由任职者本人还是由任职者的上级主管来收集信息，都是在对一项工作进行分析，而不是对具体的某个任职者进行分析，任职者实际工作做得好坏、多少都不应成为影响职位描述的因素。同一个职位可能有多个任职者，每个人工作的方法可能有所不同，但最终所得出的职位描述应该是相同的，因为这是同一个职位。为了保证这一点，通常在收集了原始信息之后需要进行加工整理。

(二)收集职位描述信息的要领

为了各种不同的目的收集职位信息的要求是不同的。例如，为了招聘而收集职位信息主要是要得出任职者的知识、能力、资格等各方面的要求。而为了绩效管理而进行的职位描述主要关注的是工作职责和任务，以及这些工作的产出和输出方向。因此为绩效管理而收集职位描述信息时应注意的问题是：

1.准确使用描述行为的动词。在描述职责和任务的时候，比较常见的一个毛病就是总用"负责……""管理……"这样模糊的动词。比如说一个人"负责计算机房的管理"，其实他只是一个管理员，负责保管计算机房的钥匙，每天为上机的同学开门、锁门，另外打扫房间的卫生，而机器设备上的问题他是不负责的。

在描述职责和任务时，比较规范的方式是"动词"十"宾语"的形式，必要的时候为了说明得更清楚，可以附加上为了达到什么结果或目的是什么。因此，在描述职责的时候，一定要使用最贴切的动词，使之能够准确描述任职者的行为。例如，下面一些描述就是贴切的。

"录入、打印文件。"

"收集与提供关于竞争对手的信息资料。"

"提供解决客户问题的建议。"

"采购、发放办公用品。"

"安排保洁员对办公区进行保洁。"

"改进邮件分拣设备。"

"起草合同和红头文件。"

"更换和安装照明设备。"

"培训客户服务热线值班人员。"

"撰写市场预测与分析报告。"

2.注意对工作流程和信息流的分析。有了"动作"十"动作对象"这样的职责和任务描述，我们就清楚地了解了工作内容。为了对任职者的绩效进行评估，还必须弄清楚这些行为的增值产出是什么，输出的方向怎样，因此必须对工作流程和信息流进行分析。例如一个秘书的工作职责是"录入、打印文件"，根据这个工作流程和信息流分析，我们可以看到秘书的增值工作产出是将原始文件变成"准确无误的电子文件以及清晰的打印稿"，那么对她的工作绩效进行评估时就可以对这个输出结果进行评估，同时输出对象可以作为结果的评估者。

第三节　关键绩效指标的设定目的与基本概念

一、绩效管理中的难题

在许多企业中，进行绩效管理遇到的一个很实际性的问题就是很难确定客观的量化的绩效指标。人们普遍感到，对于生产型或销售型的工作，比较容易设定量化的评估指标，可以较为客观地进行评估，而对于某些职位来说，进行绩效评估则比较困难。

为什么对于有些职位来说进行绩效评估特别困难？

1. 绩效评估的结果并不总是很清晰。对许多团队或个人来说，绩效的结果是什么并不十分清楚，人们并不知道工作的产出是什么，也无从知道工作是否完成得好。这种情况多数集中在通过智力为企业做出贡献的员工身上，他们做出的很多贡献并不是有形的产品，因此不像有形的产品那样容易评估。

2. 在有的情况下，即使知道对工作绩效应该从什么方面进行衡量，也不知道该如何去衡量。由于不是所有的事情都能轻易地通过数字来衡量，因此当面临"创造性"或"用户界面友好"等评估因素时，评估者往往会感到无所适从而灰心丧气。

3. 另外，我们还需要评估团队的绩效。团队都是许多个体构成的，因此对绩效的评估既要针对团队，又要针对个体，这样就使评估的工作量成倍的增长，而且在没有明确定向的前提下，建立支持团队绩效指标、与其不发生冲突的个人绩效指标也是一件非常困难的事情。

二、设定绩效指标的目的

人们为什么要设定绩效指标对绩效进行管理？

1. 对于管理者来说，设定绩效指标对员工的绩效进行管理是他们实施管理的需要。对于自我管理的专业人士或者团队来说也是如此。因为如果没有这些绩效指标，就无法得知什么是所期待的目标，无法对现状进行评估，也不知道依据什么对员工反馈绩效评估结果。

2. 不设定绩效指标对绩效进行管理，就无从提高绩效。不设定绩效指标，就无法知道现在的绩效表现与期望是否有差距，也不知道该提高到什么程度。而且，缺乏绩效提高前后的数据或信息，也就无从知道绩效是不是有了提高。

3. 高绩效的个人或团队通常都有清晰的目标，他们清晰地知道自己将要做什么，以及将要做到什么程度。

4. 如果需要依据绩效来付薪酬，那么也需要对绩效设定进行清晰的量化的指标，提供客观、公正的信息。

三、关键绩效指标的概念

既然我们需要设定绩效指标进行绩效管理，那么就需要对绩效指标的概念达成共识。由于我们所设定的绩效指标会集中在对一项工作来说最关键的一系列指标上，因此，又可以称是关键绩效指标。那么，什么是关键绩效指标？

1. 关键绩效指标是用于评估和管理被评估者绩效的定量化或行为化的标准体系。也就是说，关键绩效指标是一个标准体系，它必须是定量化的，如果难以定量化，那么也必须是行为化的。如果定量化和行为化这两个特征都无法满足，那么就不是符合要求的关键绩效指标。

2. 关键绩效指标体现对组织目标有增值作用的绩效指标。这就是说，关键绩效指标是连接个体绩效与组织目标的一个桥梁。关键绩效指标是针对对组织目标起到增值作用的工作产出而设定的指标，基于关键绩效指标对绩效进行管理，就可以保证真正对组织有贡献的行为受到鼓励。

3. 通过在关键绩效指标上达成的承诺，员工与管理人员就可以进行工作期望、工作表现和未来发展等方面的沟通。关键绩效指标是进行绩效沟通的基石，是组织中关于绩效沟通的共同辞典。有了这样一本辞典，管理人员和员工在沟通时就可以有共同的语言。

案例 1：广告公司美术设计师的关键绩效指标

完成的工作结果	关键绩效指标
所提供的设计服务	1. 100%达到时间限制的要求
	2. 出资人的成本相对于预算的变化在±5%范围内
	3. 主管人员对以下方面感到满意： · 使用了比较现代的设计风格，而不是已经过时的风格 · 使用了正确的类型 · 照片和图画的质量很高 · 总体的质量比竞争对手好 · 向读者提供了清晰的信息，并且使用了有创造性的方法 · 公司的 CI 出现在广告中，并且字体符合公司的 CI 标准手册
	4. 客户对如下方面感到满意 · 向公众传递的公司形象恰恰是公司高层想要传递的形象 · 向客户传递的信息清晰 · 对一些重点的概念加以强调 · 设计独特，优于竞争对手

案例 2：主管人员常用的一些关键绩效指标

完成的工作结果	关键的绩效指标
下属员工的绩效	上级主管对以下方面感到满意： · 所有员工都有书面的绩效标准 · 所有员工都清楚参照标准他们做得怎么样 · 所有员工每个人至少接受一次绩效反馈面谈 · 所有员工都接受了年度的书面的绩效评估 · 员工认为报酬体系和对自己的认可可以接受 · 员工有具体的绩效改进计划 · 员工认为他们的努力得到认可 · 员工工资的提高比率随着绩效不同而不同
员工的满意度	对员工的调查表明： · 员工理解公司的发展方向\部门的工作目标和他们自己在达到这些目标中的角色 · 员工具体地了解他们的主管对自己的期望 · 员工知道自己的工作做得怎么样，并且知道自己应该在哪些方面需要改进 · 员工认为绩效评估准确地反映了他们的绩效 · 员工有完成工作所必需的工具和手段；并且他们一旦没有这些工具和手段时，可以了解其中的原因 · 员工拥有完成工作所必需的知识和技能，或者有获得这些知识和技能的计划 · 员工好的绩效得到了认可和赞赏

四、我们期望的绩效指标体系应该是什么样的

无论对于团队的绩效还是个人的绩效，我们都期望得到这样的绩效指标体系：

1. 关于团队以及团队成员的增值工作产出列表。

2. 针对每一项工作产出的绩效指标和标准。

3. 各项增值产出的相对重要性等级。

4. 追踪个体或团队实际表现的方式，以便将个体的实际表现与要求的绩效标准相对照。

第四节　设定关键绩效指标的程序

一、第一步：确定工作产出

由于关键绩效指标体现了绩效对组织目标增值的部分，关键绩效指标是针对对组织目标起到增值作用的工作产出来设定的，因此要想设定关键绩效指标首先要确定工作产出。

个体的工作目标是由组织总体的目标分解而形成的，因此在设定个人的关键绩效指标时也要首先回顾组织整体的目标和业务单元的工作目标。

（一）确定工作产出的几个基本原则

1. 增值产出的原则：即工作产出必须与组织目标相一致，即在组织的价值链上能够产生直接或间接增值的工作产出。

2. 客户导向的原则：凡是被评估者的工作产出输出的对象，无论是组织外部的还是内部的都构成客户，定义工作产出需要从客户的需求出发。这里尤其强调的是组织内部客户的概念，这是把组织内部不同部门或个人之间工作产出的相互输入输出也当作是客户关系。例如，人力资源部为其他部门提供招聘选拔人员的服务，那么其他部门就是人力资源部的客户，人力资源部的关键绩效指标就是客户满意的指标。

3. 结果优先的原则：工作产出应尽量为某项活动的结果，实在难以界定考虑过程中的关键行为。一般来说，工作产出首先要考虑最终的工作结果，对于有些工作，如果最终结果难以确定，那么就采用过程中的关键行为进行计算。例如，有的企业在对研发人员的绩效进行评估时，发现很难用最终的结果来衡量，因为研发结果的价值不是当时就可以检验出来的，而是要在几年之后的市场上得到验证，所以这样的结果指标就会是延迟的指标。为了进行更加实时的评估，有些企业选用了一些过程中的行为指标，例如研发过程中的技术资料、技术文档的质量，因为对于一个企业来说，研发工作是一项持续进行的活动，如果一个研发人员的工作能够为后续的研发留下有价值的技术资料，那么他的工作就是为企业带来了增值的行为。

4. 设定权重的原则：各项工作产出应该有权重。设置权重时要根据各项工作产出在工作目标中的“重要性”而不是花费时间的多少来设定权重。例如对于总经理秘书来说，为总经理起草报告文件可能并不是花费时间最多的工作，而日常的收发传真、接听电话、接待来客等花费的时间则更多，但从重要性来说，为总经理起草公文的重要性程度更高，因此，对这项工作产出应设定较高的权重。

（二）客户关系

我们通常将某个个体或团队的工作产出提供的对象当作是这个个体或团队的客户，这样

的客户通常包括内部客户和外部客户。客户关系示图就是通过图示的方式表现一个个体或团队对组织内外客户的工作产出。在这个客户关系示图中,我们可以看到一个个体或团队为哪些内外客户提供工作产出,以及对每个客户提供的工作产出分别是什么。那么在进行绩效评估时,就可以考虑内外客户对这些工作产出的满意标准,以这些标准来衡量个体或团队的绩效。

例如,某销售部的秘书的主要工作职责有:

- 协助销售部经理处理日常事务,包括起草文件、收发信件、接待客人等;
- 协助销售部的业务人员处理日常事务,包括会议后勤、差旅安排和其他一些日常事务;
- 汇总部门的财务票据和数据,提供给财务部门(因为在这家公司,各个部门的秘书统一管理本部门的费用支出、报销等手续,成为财务部门在各个部门的重要接口)。

因此,这个部门秘书所面对的客户主要有3类:一是部门经理;二是部门内的业务人员;三是财务部门的相关人员。

秘书向部门经理提供的主要工作产出有:

- 起草日常信件、通知等;
- 录入、打印文件;
- 收发传真、信件;
- 接待来客。

在这里,经理是秘书的上司,我们也将其作为秘书的一个客户。那么,我们衡量秘书对部门经理的工作完成得怎么样时,就可以考虑在上面这4项工作产出上经理的满意度。秘书的绩效标准也就是这几项工作产出的质量、数量、时效性等。例如,文件的录入、打印准确性如何;起草的文件是否能达到经理对质量的要求等等。

秘书向部门中的业务人员提供的工作产出主要是:

- 差旅安排;
- 会议后勤;
- 其他日常服务。

秘书向业务人员提供的工作产出主要是为业务人员的业务工作提供一些辅助性的支持。秘书为业务人员的差旅安排提供的服务主要有预订机票、酒店、车辆等,那么在这方面判断一个秘书的工作做得怎么样时,主要会考虑她的服务是否给业务人员的工作带来了方便,这主要通过业务人员的满意度来体现。秘书为业务人员提供会议的后勤服务,主要包括预定会议室、安排会议设备、会议过程中为参会者提供会场服务等,在这方面衡量秘书的工作做得怎么样时,主要可以通过会议是否顺利进行以及参会人员的满意度来体现。另外作为部门秘书。还要为业务人员提供其他一些日常服务,例如与行政部门协调借用设备等有关事宜。

另外,由于该公司财务部门规定各项财务报销和费用支出都统一由部门秘书经手,因此部门秘书要向财务部门提供相关的数据和票据。因为财务部门是秘书所面对的客户,所以在提供工作产出时就需要按照客户的要求来提供。秘书在这个方面工作做得怎么样,需要财务部门进行判断。

客户关系的方法不仅适用于对个体的工作产出进行分析,也同样适用于对团队的工作产出进行分析。刚刚举的这个例子是对一个个体的绩效进行评估时分析个体的工作产出过程,下面我们需要看一看团队的工作产出如何设定。

C公司是一家从事礼品设计和销售的公司。由于礼品的需求通常有时间性变化,因为在某些特定的节日往往特定的礼品需求量会增大,因此,业务量和产品结构具有明显的随时间波动的趋势。基于这种特点，C公司经常根据某些特定的节日形成特定的任务团队来开展业务。这就需要对团队的绩效进行评估。

例如在圣诞节期间，C公司专门成立了圣诞节礼品小组开展圣诞节礼品的开发、营销等工作。这个小组接受营销部经理的领导，对专卖店、最终客户、生产厂家和财务部分别有工作产出。

圣诞节礼品小组向营销部经理提供的工作产出主要有：

· 销售额；

· 利润；

· 促销方案。

在这些工作产出上，主要体现在圣诞节礼品小组要完成向上级承诺的工作目标，实现销售额和利润，同时提出让上级满意的促销方案。

这家礼品公司的销售渠道主要是各个专卖店，用户会在专卖店中订货，而圣诞节礼品小组按照订单的需求为专卖店供货。礼品小组向专卖店提供的工作产出主要有：

· 供货；

· 产品与价格信息；

· 促销活动与促销品；

· 特殊问题解答与解决方案。

在对礼品小组向专卖店提供的这些工作产出进行评估时，主要可以考虑这样一些因素：供货是否及时、准确；是否能准确清晰地向专卖店提供有关产品和价格的信息；促销活动开展情况和促销品发放的数量、质量；当专卖店遇到一些难以回答的特殊问题时，礼品小组是否能及时提供令人满意的解答和解决方案。

由于圣诞节的礼品最终要提供给用户，那么最终用户对礼品的满意程度也至关重要。对最终用户，也就是礼品的消费者，圣诞节礼品小组提供的工作产出就是：

· 礼品；

· 贺卡。

从最终客户的角度评估礼品小组的工作绩效主要是看客户得到的礼品是否能满足他们的需求，例如是否可以表达他们对朋友、亲人的感情，礼品的多样性是否可以满足送给不同对象的需求等。

这家礼品公司在礼品生产方面采用业务外包的方式，即委托一个专门的生产厂家来帮助他们生产礼品。圣诞节礼品小组必须提供给生产厂家以下工作产出：

· 礼品设计方案；

· 礼品需求量。

为了保证礼品的生产，礼品小组必须提供给生产厂家准确、清晰的设计方案，并且要及时提供，另外对各种礼品的数量需求也要及时准确地提供。

另外财务部门也是圣诞节礼品小组的一个内部客户。礼品小组要向财务部门及时、准确地提供与财务有关的数据和票据。

使用客户关系示图的方式来界定工作产出，进而对绩效指标进行评估这种做法的好处是：

首先，能够用工作产出的方式将个体或团队的绩效与组织内外其他个体和团队联系起来，增强每个个体或团队的客户服务意识。

其次，能够使我们更加清晰地看到个体或团队对整个组织的贡献。

再次，这种直观的方式使我们全面地了解个体或团队的工作产出，不易产生大的遗漏。

二、第二步：建立评估指标

在确定了工作产出之后，我们需要确定应分别从什么角度去衡量各项工作产出，从哪些方面评估各项工作产出。

许多经理人认为对绩效进行评估时，数量化的指标最好。然而，并不是所有的工作产出都可以数量化，例如礼品小组的促销方案，那么就需要寻找其他一些可以验证和观察得到的指标。

（一）关键绩效指标的类型

通常来说，关键绩效指标主要有 4 种类型：数量、质量、成本和时限。

在建立绩效指标时，我们可以试图回答这样一些问题（如果这些问题得到回答，那么关键绩效指标也就得出来了）：

(1)通常在评估工作产出时，我们关心什么？（数量、质量、成本、时限）

(2)我们怎么来衡量这些工作产出的数量、质量、成本和时限？

(3)是否存在我们可以追踪的数量或百分比？如果存在这样的数量指标，就把它们列出来。

(4)如果没有数量化的指标来评估工作产出，那么谁可以评估工作结果完成得好不好呢？能否描述一下工作成果完成得好是什么样的状态？有哪些关键的衡量因素？

表 2-4 中列出了常用的关键绩效指标的类型、一些典型的例子以及从哪里可以获得验证这些指标的证据来源。

表 2-4　绩效指标的类型

指标类型	举例	证据来源
数量	· 产量 · 销售额 · 利润	· 业绩记录 · 财务数据
质量	· 破损率 · 独特性 · 准确性	· 生产记录 · 上级评估 · 客户评估
成本	· 单位产品的成本 · 投资回报率	· 财务数据
时限	· 及时性 · 到市场时间 · 供货周期	· 上级评估 · 客户评估

（二）确定关键绩效指标的原则

在确定关键绩效指标时有一个重要的原则，即 SMART 原则。SMART 是 5 个英文单词第一个字母的缩写。S 代表的是 Specific，意思是指“具体的”；M 代表的是 Measurable，意思是指“可度量的”；A 代表的是 Attainable，意思是“可实现的”；R 代表的是 Realistic，意思是指“现实的”；T 代表的 Time—bound，意思是指“有时限的”。

在设定关键绩效指标时，我们需要依据上面提到的这些原则来做。例如，在产品设计方面，通常有“产品的创新性”这样的指标，这个指标就属于抽象的没有经过细化的，如果经过细化就可能至少包括这样的指标——在性能上提供竞争对手没有的 3 种以上的功能，至少设计出 3 种在外观上不同的款式。有些工作产出没有办法给出数量化的指标，那么就需要给出一些行为化的指标，也就是说关键绩效指标或者是数量化的，或者是行为化的。例如，为会议提供服务这样的活动就难以给出数量化的指标，我们可以用一些行为化的指标进行界定。如在会议开始之前准备好会议所需的一切设施，在会议的过程中无需为寻找或修理必要的设施而使得会议中断等等。行为化的指标还体现在这些指标可以观察到，一些心理状态的指标就不是外显的可以观察到的，这样的指标就不能用作关键绩效指标，例如听课时的注意力集中程度，这样的指标是内部的心理活动，不易衡量和验证，因此不宜用这样的指标。在时限性的指标上，应该尽量避免使用“尽快”“较快”等模糊的时间概念，应该给出清晰的时间限制。

三、第三步：设定评估标准

设定评估标准往往与建立评估指标一起完成，我们之所以将其分成两个步骤进行介绍，主要是为了让人们分清指标和标准是两个不同的概念。

（一）指标与标准

一般来说，指标指的是从某些方面对工作产出进行衡量或评估；而标准指的是在各个指标上分别应该达到什么样的水平。指标解决的是我们需要评估“什么”的问题，标准解决的是要求被评估者做得“怎样”、完成“多少”的问题。

当我们界定了绩效指标之后，设定绩效的评估标准就是一件比较容易的事情。对于数量化的绩效指标，设定的评估标准通常是一个范围，如果被评估者的绩效表现超出标准的上限，则说明被评估者做出了超出期望水平的卓越绩效表现；如果被评估者的绩效表现低于标准的下限，则表明被评估者存在绩效不足的问题，需要进行改进。对于非数量化的绩效指标，在设定绩效标准时往往从客户的角度出发，需要回答这些的问题：“客户期望被评估者做到什么程度？”

表 2-5　绩效标准实例

工作产出	指标类型	具体指标	绩效标准
销售利润	数量	· 年销售额 · 税前利润百分比	· 年销售额在 20 万—25 万 · 税前利润率 18%—22%
新产品设计	质量	上级评估：	上级评估：
		· 创新性 · 体现公司形象	· 至少有 3 种产品与竞争对手不同 · 使用高质量的材料，恰当的颜色和样式 · 代表和提升公司的形象
		客户的评估：	客户的评估：
		· 性价比 · 相对竞争对手产品的偏好程度 · 独特性 · 耐用性	· 产品的价值超过了它的价格 · 在不被告知品牌的情况下对顾客进行测试，发现选择本公司产品比选择竞争对手产品的概率要高 · 客户反映与他们见到过的同类产品不同 · 产品使用的时间足够长
	数量	提出的新观点的数量	提出 30—40 个新的观点

续　表

工作产出	指标类型	具体指标	绩效标准
零售店销售商	数量	销售额比去年同期有所增长	销售额比去年同期增长5%—8%
竞争对手总结	质量	上级评估：	上级评估：
		·全面性 ·数据的价值	·覆盖了所有已知竞争对手的所有产品 ·提供的数据包括对产品的详细描述，如产品的成本、广告费用、回头客的比例等
	时限	预定的时间表	能在指定的期限之前提供关于竞争对手的总结数据
销售费用	成本	实际费用与预算的变化	实际费用与预算相差在5%以内

（二）基本标准与卓越标准

在设定绩效指标时，通常需要考虑两类标准：基本标准与卓越标准。

1.什么是基本标准。选本标准是指对某个被评估对象而言期望达到的水平。这种标准是每个被评估对象经过努力都能够达到的水平。并且，对一定的职位来说，基本标准可以有限度地描述出来。

基本标准的作用主要是用于判断被评估者的绩效是否能够满足基本的要求。评估的结果主要用于决定一些非激励的人事待遇，如基本的绩效工资等。

2.什么是卓越标准。卓越标准是指对被评估对象未做要求和期望但是可以达到的绩效水平。卓越标准的水平并非每个被评估对象都能够达到，只有一小部分被评估对象可以达到。卓越标准不像基本标准那样可以有限度地描述出来，它通常是没有限制的。

由于卓越标准不是人人都能达到的，因此卓越标准主要是为了识别角色榜样。对卓越标准评估的结果可以决定一些激励性的人事待遇，例如额外的奖金、分红、职位的晋升等。

3.一些具体的实例。表2-6中体现了一些职位的基本标准和卓越标准。

表2-6　基本绩效标准与卓越绩效标准

职位	基本标准	卓越标准
司机	·按时、准确、安全地将乘客载至目的地 ·遵守交通规则 ·随时保持车辆良好的性能与卫生状况 ·不装载与目的地无关的乘客或货物	·在几种可选择的行车路线中选择最有效率的路线 ·在紧急情况下能采取有效措施 ·在旅途中播放乘客喜欢的音乐或在车内放置乘客喜欢的报刊以消除旅途的寂寞 ·高乘客选择率
打字员	·速度不低于100字/分钟 ·版式、字体等符合要求 ·无文字及标点符号的错误	·提供美观、节省纸张的版面设置 ·主动纠正原文中的错别字
销售代表	·正确介绍产品或服务 ·达成承诺的销售目标 ·回款及时 ·不收取礼品或礼金	·对每位客户的偏好和个性等做详细记录和分析 ·为市场部门提供有效的客房需求信息 ·维持长期稳定的客户群

从表 2-6 中可以看到，即便是一个非常普通的职位，例如司机、打字员，也会有很多卓越标准的表现。通过设定卓越标准，可以让任职者树立更高的努力目标。这些卓越的标准本身就代表着组织所鼓励的行为。组织对做出这些鼓励的行为的人，会给予相应的奖励。

（三）对绩效表现的追踪

在确定了绩效标准之后，更进一步的问题是我们需要知道每个被评估对象在各个绩效指标上实际表现怎样，是否达到了绩效标准，是否有超越绩效标准的表现。

因此，我们需要通过各种各样的手段对绩效表现进行跟踪。有些数量化的指标，例如销售额、生产的数量等，可以直接从相关的记录中获得。而有些来自客户评估的数据则无法穷尽的获得，只能通过取样的方式获得部分数据。

在确定如何跟踪绩效指标的系统时，我们需要弄清楚以下问题：

- 我们需要收集哪些数据？
- 需要收集多少数据？（包括收集数据的样本大小）
- 在什么时候收据数据？
- 由谁来收集数据？
- 谁是这些数据的接收者？

在制定了对绩效进行跟踪的计划之后，我们需要对这个计划进行审视：

- 这个计划是否对每一个绩效指标都进行了跟踪？
- 这个计划是否让人们有可能收集到相关的数据？
- 这一计划是否可以指导人们收集与绩效标准相关的数据？
- 这一计划是否可以指导人们当绩效表现一出来就可以收集到数据？
- 在这个计划中，收集到的数据的价值是否大于为收集数据所付出的努力？

表 2-7 中记录了被评估者的实际表现，我们将其与绩效标准进行对照。

表 2-7　绩效表现追踪表

工作产出	绩效管理	实际表现
销售利润	· 年销售额在 20 万—25 万 · 税前利润率 18%—22%	· 年销售额 21 万 · 税前利润百分比 20.2%
新产品设计	上级评估：	上级评估：
	· 至少有 3 种产品与竞争对手不同 · 使用高质量的材料，恰当的颜色和样式代表和提升公司的形象	· 有 5 种产品与竞争对手的产品不同。 · 除了 1 种产品之外，其他产品的材料、颜色和样式均能代表和提升公司的形象。
	客户的评估：	客户的评估：
	· 产品的价值超过了它的价值 · 在不告知品牌的情况下对顾客进行测试，发现选择本公司产品比选择竞争对手产品的概率要高 · 客户反映与他们见到过的同类产品不同产品使用的时间长 · 提出 30—40 个新观点	· 80%的客户认为产品的价值超过了它的价格 · 在不被告知品牌的情况下对顾客进行测试，发现 90%的客户会选择本公司产品而不选择竞争对手产品 · 40%客户反映本公司产品与他们见到过的同类产品不同 · 80%的客户认为对产品的耐用性表示满意 · 提出 56 个新观点
零售店销售额	· 销售额比去年同期增长 5%—8%	· 销售额比去年同期增长 7.5%

续 表

工作产出	绩效管理	实际表现
竞争对手总结	上级评估： ·覆盖了所有已知竞争对手的所有产品 ·提供的数据包括对产品的详细描述，如产品的成本、广告费用、回头客的比例等 ·能在指定的期限之前提供关于竞争对手的总结数据	上级评估： ·覆盖了所有已知竞争对手的 90%的产品 ·提供的数据包括对产品的详细描述，如产品的成本、广告费用、回头客的比例等 ·能在指定的期限前 3 天提供关于竞争对手的总结数据
销售费用	·实际费用与预算相差 5%以内	·实际费用超出预算的 1%

四、第四步：审核关键绩效指标

在我们确定了工作产出，并且设定了关键绩效指标和标准之后，还需要进一步对这些关键绩效指标（KPI）进行审核。对关键绩效指标进行审核的目的主要是确认这些关键绩效指标是否能够全面、客观地反映被评估对象的工作绩效，以及是否适合评估操作。

（一）审核关键绩效指标的要点

审核关键绩效指标主要可以从以下几个方面进行：

1. 工作产出是否为最终产品？由于通过关键绩效指标进行评估主要是对工作结果的评估，因此在设定关键绩效指标的时候也主要关注的是与工作目标相关的最终结果。在有最终结果可以界定和衡量的情况下，我们就尽量不去追究过程中较多的细节。

2. 关键绩效指标是否是可以观察和证明的？在设定了关键绩效指标之后，我们就要依据这些关键绩效指标对被评估者的工作表现进行跟踪和评估，所以这些关键绩效指标必须是可以观察和证明的。

3. 多个评估者对同一个绩效指标进行评估，结果是否能取得一致？如果设定的关键绩效指标真的是 SMART 的绩效指标，那么它就应该具有清晰明确的行为性评估标准，在这样的基准上，不同的评估者对同一个绩效指标进行评估时就有了一致的评估标准，能够取得一致的评估结果。

4. 这些指标的总和是否可以解释被评估者 80%以上的工作目标？关键绩效指标是否能够全面覆盖被评估者工作目标的主要方面，也就是我们所抽取的关键行为的代表性问题，也是我们非常关注的一个问题。因此，在审核关键绩效指标的时候，我们需要重新审视一下被评估者主要的工作目标，看看我们所选的关键绩效指标是否可以解释被评估者主要的工作目标。

5. 是否从客户的角度来界定关键绩效指标？在界定关键绩效指标的时候，充分体现出组织内外客户的意识，因此很多关键绩效指标都是从客户的角度出发来考虑的，把客户满意的标准当作被评估者工作的目标。所以，我们需要审视一下，在设定的关键绩效指标中是否能够体现出服务客户的意识。

6. 跟踪和监控这些关键绩效指标是否可以操作？我们不仅要设定关键绩效指标，还需要考虑如何依据这些关键绩效指标对被评估者的工作行为进行衡量和评估，因此，必须有一系列可以实施的跟踪和监控关键绩效指标的操作性方法。如果无法得到与关键绩效指标有关的被评估者的行为表现，那么关键绩效指标也就失去了意义。

7. 是否留下超越标准的空间？需要我们注意的是，关键绩效指标规定的是要求被评估者达到工作目标的基本标准，也就是说是一种工作合格的标准。因此绩效标准应该设置在大多数被评估者通过努力可以达到的范围之内，对于超越这个范围的绩效表现，我们就可以将其认定为卓越的绩效表现。

（二）设定绩效指标时通常存在的问题以及解决方法

在审核关键绩效指标时，我们常常会发现在设定绩效指标时出现的问题，在表 2-8 中我们列出了常见的问题以及如何纠正和解决这些问题的方法。

表 2-8　设定绩效指标常见问题及解决方法

常见问题	问题举例	解决或纠正方法
错误的增值产出	· 对于一个为客户提供特定服务的被评估者，没有任何工作产出表明客户满意的结果是什么	· 增加漏掉的增值产出 · 去掉与工作目标不符合的工作产出
将工作活动与工作结果混淆	· 参加的会议 · 与某人的谈话	· 识别出这些活动的结果对组织的增值贡献，并把这些贡献作为增值产出
工作的产出项目过多	· 列出了 15—20 项的工作产出	· 合并同类项，把一些工作产出归到一个更高层的类别
绩效指标无法被证明和评估	· 评估工作的质量 · 与其他个体或团队发生关系的行动	· 决定谁可以对该项工作结果进行判断 · 识别出评估者做出判断的关键因素列举出评估者通过观察到哪些行为来说明绩效达到期望的标准
评估指标不够全面	· 对某项工作产出可以从质量、数量和时限几个方面进行衡量，而在关键绩效指标中仅仅给出了数量标准，如“发展客户的数量”	· 设定针对各个方面的全面的绩效指标
对绩效指标的跟踪和监控耗时过多	· 在电话铃声响第三次之前接听电话 · 正确回答客户问题的比率	· 采用抽查的方法跟踪行为 · 如果跟踪“正确率”比较困难，那么可以跟踪“错误率”
绩效标准缺乏超越的空间	· 绩效标准中使用“零错误率”、100%、“从不”、“总是”、“所有”等	· 如果 100%正确的绩效标准确实必须达到，那么就将其保留；如果不是必须达到的，就修改绩效标准以留下超越标准的空间

第五节　设定关键绩效指标的实例

表 2-9　秘书的绩效标准

工作职责	增值产出	绩效标准
录入、打印各种文件（文字材料）	录入打印好的文件	1. 一个月内由于错误而被返回的文件次数不超过 5 次 2. 一个月内没有在承诺的期限之内完成的文件次数不超过 5 次 3. 秘书的主管通过向其他客户的调查发现秘书的文件打印没有文字上和语法上的错误，能够在认同的期限内完成 * 优秀绩效的表现：主动采取一些排版方式提高文件的信息交流质量，例如采用一些字体和格式的变化等；能够主动纠正原文中的语法、文字错误；采用节省耗材的做法

续　表

工作职责	增值产出	绩效标准
起草通知、便笺或日常信件	通知、便笺或信件草稿	主管人员认为仅对草稿做微小的修改就可以发送了 ＊优秀绩效的表现：起草文件时仅需要极少的指导，一些日常的信件无需主管干预就可以正确处理
为出差人员安排旅程	旅程安排情况	主管人员调查出差者，了解如下情况： ·安排符合出差者的要求 ·按时、准确预定旅店、车辆 ·费用报表按时、准确完成 ＊＊优秀绩效的表现：帮助出差人选择最合理的旅程安排，使出差人节省时间，尽可能在旅程中舒适
安排会议	会议安排情况	1.在会议开始前能准备好会议所需的设备和材料 2.会议进程顺利，与会者不至于中途离开会议去解决由于事先准备不充分而造成的问题 ＊绩效优秀的表现：会议材料和安排无需主管的监控

表 2-10　员工培训与发展经理的绩效标准

工作职责	增值产出	绩效标准
制定与实施员工培训发展计划	员工的生产力有所提高	1.50%—70%的主管人员认为其下属有下表现： ·员工的生产率明显提高 ·员工能很快掌握新的工作技能 ·员工能够做出更多的独立判断
	员工能够达到学习目标	2.75%—90%的员工在培训期末能够学习目标达到学习目标 3.实际培训费用与预算的差异控制在5%以内 4.98%—99%的培训项目能在预期内完成
	管理人员的胜任力得到提高	5.70%—80%的管理者表现出核心领导胜任力。
帮助员工制定职业生涯规划	员工能够发展和管理自己的职业生涯规划	1.85%—90%的被裁掉的员工获得帮助从而找到新的工作 2.裁员后的组织内部员工安置得到管理者的满意
建立员工发展中心	培训的职能满足组织发展的需要	1.直线管理者认为员工发展中心支持了经营目标的实现 2.员工发展中心能满足直线管理者所要求的期限 3.直线管理者愿意主动提供未来的培训发展需求 4.一年内只有1—2次来自其他部门的抱怨 5.实际培训费用与预算的差异控制在5%以内
收集与提供员工培训发展方面的信息资料	提供的信息支持商业目标	1.85%—90%的使用者认为得到的信息支持商业目标 2.收集信息的费用与预算的差异控制在5%以内

表 2-11　客户服务经理的绩效标准

工作职责	增值产出	绩效标准
领导客户服务团队为客户提供服务	满意的客户(为客户解决的问题和提供的信息)	1.一个月内客户投诉次数不超过5次 2.一个月内没有在承诺的期限之内解决的客户投诉次数不超过1次 3.95%以上的客户能够对服务中如下方面感到满意: ·客服人员能够迅速到达 ·客服人员能对所有问题做出准确回答 ·客服人员非常有礼貌 ·问题解决的结果
向领导和相关人员提供信息和数据	提供的信息和数据(常规的报告、对信息要求做出的应答)	一个季度内,信息接收者提出的投诉不超过1次,这种不满意可能会来自: ·不正确的数据 ·想要的东西没有找到 ·提供信息迟到
为解决问题提供建议	所提供的解决问题的建议	1.客户对解决问题的建议表示满意 2.解决问题的方案
对下属的管理	下属的生产力和工作满意度	1.下属有能力和按照时间表工作 2.通过调查发现: ·员工能够理解公司的发展方向、部门的目标和自己的角色 ·员工能够了解上司对自己的期望 ·员工能够了解自己的工作表现以及在哪些方面需要改进 ·员工拥有胜任工作的知识和技能 * 优秀的表现:培养出可以替代客户服务经理的员工

表 2-12　行政事务管理员的绩效标准

工作职责	增值产出	绩效标准
采购、发放办公用品	使各部门得到工作所需的办公用品	1.一个月内各部门投诉没有在承诺的期限内得到办公用品的次数不超过1次 2.一个月内发放办公用品的数量和品种错误的次数不超过2次 3.一个月内由于办公用品的质量问题产生的投诉不超过2次 * 优秀绩效的表现:主动向用户介绍一些新型的办公用品,帮助客户根据需要选择最为便捷、有效率的办公用品
安排保洁员对办公区、员工休息室、卫生间等地方进行清洁	整洁的办公环境	1.从上午8点到下午7点,随时保持环境的清洁 2.休息室、卫生间设备、用品齐全 3.一个月内由于环境卫生问题产生的投诉不超过3次 * 优秀绩效的表现:随时监控环境中的温度、湿度状况,注意保持对人体最佳的适合工作的湿度和温度
管理办公室的电源、电话等设备	保证办公用电与电话	1.在工作时间内发生电源中断影响工作的情况一年不超过1次 2.非电信运营商原因引起的电话设备故障一个季度内不超过1次 3.电源、电话故障能够在2个小时内修复 * 优秀绩效的表现:准备充分的备用设备,以备在突发事件发生时应急

续　表

工作职责	增值产出	绩效标准
印制名片、制作胸卡	员工的名片、胸卡	1.新员工入职一周之内能够得到名片和胸卡 2.一年中名片、胸卡发生错误的次数不超过2次 * 优秀绩效的表现:新员工入职3天即可得到名片和胸卡

表2-13　食品公司配货经理的绩效标准

工作职责	增值产出	绩效标准
为零售店提供货物	零售店得到所需的货物	1.一个月不超过2%的客户有以下投诉: · 运货的车辆大小不符合要求 · 送货迟到 · 运货的冷藏柜出现故障 送货的人员态度不友好 2.平均每天送货的及时率达到99%以上 3.货物的破损率不超过1% * 优秀绩效的表现:主动向用户提供搬运货物的工具
对配货系统进行改进	得到改进了的配货系统	1.由于程序的改进使配货的速度提高50% 2.由于流程的改进使车辆的使用率达到90%以上 3.客户投诉减少到每月1%以下 4.一年减少运货成本30万元
为销售、生产人员提供建议	问题解释、建议等和帮助	对销售代表和生产车间的调查表明: · 询问的问题能够立刻得到准确回答 · 能够及时得到零售店的信息 · 曾经出现的错误不会再次发生
对下属员工的工作进行指导和管理	有生产力的员工	1.配货经理的上级主管对下列方面表示满意: · 所有员工都能理解公司的目标和自己对公司目标所做的贡献是什么 · 所有员工都能写出自己工作的关键增值产出和绩效标准 · 所有员工都清楚自己的工作做得怎么样 · 90%以上的员工能够达到预定的绩效标准 · 员工具备工作所需的知识和技能 · 薪资的调整基于绩效评估的结果 2.对下属员工的调查表明: · 他们了解公司的方向、部门的目标和个人的角色 · 他们了解上级对自己的期望 · 他们了解自己的工作绩效以及在哪些方面需要改进 · 对他们的绩效评估真实地反映了他们的绩效 · 在工作中他们能得到必要的工具和资源,并且没有得到时,他们能理解其中的原因 · 他们具有了工作所需的知识和技能 · 当工作中需要支持时,他们能及时得到来自上司或同事的帮助 · 他们的好的工作绩效得到了认可

表 2-14　法律顾问的绩效标准

工作职责	增值产出	绩效标准
为各部门提供法律方面的建议	法律建议	1. 客户感到得到的建议符合他们目前的情况 2. 客户认为建议能够及时得到 3. 客户认为提供的建议是从他们的角度出发的，对他们很有利
帮助各部门起草与法律有关的文书	法律文件	1. 客户认为提供的文件很完整，具有可读性和可理解性 2. 文件能够在承诺的时间期限内完成 3. 文件中的内容对公司有利 * 优秀绩效的表现：能够比客户期望的速度更快地起草出来
解决诉讼案件	解决了的诉讼	1. 诉讼案件以有利于公司的方式得到解决 2. 诉讼案件在可接受的赔偿数额范围内得到解决 * 优秀绩效的表现：诉讼案件在低于可接受的赔偿数额范围内得到解决

表 2-15　医疗设备维护技师的绩效标准

工作职责	增值产出	绩效标准
修理、更换和安装各种医疗设备	修理、更换或安装好的设备	1. 修理后的设备在一周内不会出现重复的问题 2. 接到客户电话后在 30 分钟内赶到现场 3. 在承诺的时间内完成修理 4. 定期走访，以便及早发现设备问题 5. 对现场护士的调查表明 · 设备维护技师能够向他们解释设备存在的问题，如果必要的话，还会向他们说明下次将要出现什么问题以及会在什么情况下出现等 · 设备维护技师能够向患者介绍自己，并且在开始工作前征得患者的同意 · 在工作过程中，设备维护技师能够考虑患者的需要 * 优秀绩效的表现：发现客户要求之外的问题；对未出现的问题做出预防措施。
培训设备维修人员	掌握了相关技能的设备维修人员	维修人员能够独立解决设备的问题 * 优秀绩效的表现：被培训的设备维修人员有能力培训其他人员
为整个设备维护部门提供建议	提供的改进建议	一年内对本部门的工作至少提供一条改进建议 * 优秀绩效的表现：提供的改进建议被领导采纳，并且带来整个部门工作效率的改进

表 2-16　商务采购主管的绩效标准

工作职责	增值产出	绩效标准
完成项目所需的采购工作	使项目得到所需的设备和材料	1. 一个月内各项目组投诉没有在承诺的期限内得到设备或材料的次数不超过 1 次 2. 一年内因采购的设备型号错误造成的退货次数不超过 2 次 3. 项目采购的成本控制在预先设定的范围内 * 优秀绩效的表现：尽可能的推迟付款时间；控制进货速度，使库存最小；向多方供货商询价，得到性价比最佳的供货

续　表

工作职责	增值产出	绩效标准
改进采购的工作流程和标准	改进了的流程或标准	上级主管人员对下列方面表示满意： ·所有的采购有关流程和工作标准每年至少进行了两次修订 ·相关的规定得到了正确的发布和沟通 ·在流程中能够考虑到对不同情况的区别对待
供货商关系管理	供货商关系	1.对大的供货商能定期进行拜访 2.供货商总数减少，使供货更为集中 *优秀绩效的表现：能够帮助供货商解决一定的问题
向管理层提供采购报告	管理层所得到的信息	管理层对如下方面表示满意： ·提供的采购报告有意义 ·报告有助于改进本公司以及供货商的服务水准

表 2-17　财务主管的绩效标准

工作职责	增值产出	绩效标准
提供财务分析和预测报告	财务报告	报告的使用者和审计者认为： ·报告中的数据准确 ·他们能够理解报告中的数据和整个报告的组织 ·报告完成得及时，报告中的数据对他们有用 ·管理者离开这份报告就无法实施公司的运营管理 *优秀绩效的表现：报告者能够提供一些规定内容之外的新颖的分析，这些分析对报告的使用者十分有用
制定和管理财务有关工作流程和标准	财务工作流程或标准	1.外部的会计师事务所和审计师事务所认为对财务各个环节的控制很充分 2.上级主管人员认为公司的财务流程有效 *优秀绩效的表现：其他公司将该公司的财务控制流程视为典范
完成政府报告和税收报告	政府报告和税收报告	1.没有因为报告中的疏漏而使公司受到处罚 2.报告能够在指定的期限之前提交
对下属员工的工作指导和管理	有生产力的员工	1.财务主管的上级主管对下列方面表示满意： ·所有员工都能理解公司的目标和自己对公司目标的贡献是什么 ·所有员工都能写出自己工作的关键增值产出和绩效标准 ·所有员工都清楚自己的工作做得怎么样 ·90%以上的员工能够达到预定的绩效标准 ·员工具备工作所需的知识和技能 ·薪资的调整基于绩效评估的结果 2.对下属员工的调查表明： ·他们了解公司的方向、部门的目标和个人的角色 ·他们了解上级对自己的期望 ·他们了解自己的工作绩效以及在哪些方面需要改进 ·对他们的绩效评估真实地反映了他们的绩效 ·在工作中他们能得到必要的工具和资源，并且没有得到时，他们能理解其中的原因 ·他们具有了工作所需的知识和技能 ·当工作需要支持时，他们能及时得到来自上司或同事的帮助 ·他们的好的工作绩效得到了认可

表 2-18 报纸编辑的绩效标准

工作职责	增值产出	绩效标准
编辑报纸上基本专栏的文章	清晰、准确有时效性的文章	1. 文章能够在指定的期限之前编辑完成 2. 主编人员对文章的以下方面感到满意： ·内容易于理解 ·覆盖的内容比较全面 ·提供的信息准确 ·文章的首段能够引人注意
撰写文章的标题的概要	吸引人的标题和概要	主编人员对下列方面表示满意： ·文章的标题能够反映文章的内容 ·文章的标题清楚地描述了文章的内容 ·在标题中能够使用关键词来吸引读者 ·在文章的概要中包含吸引读者视线的因素
与记者讨论修改文章	记者写作技能得到提高	1. 记者对以下方面感到满意： ·编辑在修改文章过程中能够与自己进行探讨 ·能够得到对自己有帮助的修改建议 ·能够对修改的建议达成一致意见 ·自己在文章中的表达风格和特殊口吻能够被保留 2. 上级主管认为编辑所提出的建议清晰，能够尊重读者和作者的要求 3. 主管人员发现记者在撰写后续的同样类型的文章时有所提高

◆复习思考题

1. 谈谈你对目标管理的理解。
2. 绩效评估与目标管理之间的联系是什么？
3. 谈谈你对工作分析的内涵和定位的认识。
4. 如何得到准确的职位描述信息？
5. 谈谈你对关键绩效指标的理解。
6. 确定关键考核指标应该遵循什么原则？
7. 选一个合适的岗位确定其关键考核指标。
8. 审核关键绩效指标的要点有哪些？

第三章　绩效管理的过程(一):绩效计划、绩效实施与管理

第一节　绩效管理是一个完整的系统

人们往往容易过多的将注意力集中在对绩效的评估上,想方设法地希望设计出公正、合理的评估方式,并且希望依据评估结果做出一些决策。而且,在绩效评估的过程中常常会出现一些令人头疼的问题。

案例 1

大通公司一年来的销售业绩不错,公司领导决定为员工进行加薪,于是就让人力资源部设计出一套绩效评估方案,依据绩效评估结果决定为哪些员工加薪,加薪的幅度有多大。大通公司的绩效评估结果分成以下几档:

A.(5 分)出色,工作绩效始终超越本职位常规标准要求,通常具有下列表现:在规定的时间之前完成任务;完成任务的数量、质量等明显超出规定的标准;得到来自客户的高度评价。对应的加薪比例为 40%。

B.(4—4.5 分)优良,工作绩效经常超出本职位常规标准要求,通常具有下列表现:严格按照规定的时间要求完成任务并经常提前完成任务;经常在数量、质量上超出规定的标准;获得客户的满意。对应的加薪比例为 15%—20%。

C.(3—3.5 分)可接受,工作绩效经常维持或偶尔超出本职位常规标准要求,通常具有下列表现:基本上达到规定的时间、数量、质量等工作标准;没有客户的不满意。对应的加薪比例为 5%—10%。

D.(2.5 分)需改进,工作绩效基本维持或偶尔未达到本职位常规标准要求,通常具有下列表现:偶尔有小的疏漏;有时在时间、数量、质量上达不到规定的工作标准;偶尔有客户的投诉。没有加薪。

E.(2 分)不良,工作绩效显著低于常规本职位正常工作标准的要求,通常具有下列表现:工作中出现大的失误;在时间、数量、质量上达不到规定的工作标准,经常突击完成任务;经常有投诉发生。根据情况决定降职或辞退。

小张是大通公司的一名业务代表,在这次绩效评估中她为自己打了 3.5 分,而主管却对她不甚满意,给她打了 2.5 分,原因是小张在一个客户报告中弄错了一个数据,不过幸好那次是草稿,没有让客户看见,否则后果将非常严重。另外,主管认为小张在平时有的时候做事也有

点马虎。小张则认为自己虽然在工作中有错误和粗心的时候,但自己一直在注意学习和改正。再说,谁能一点儿错误也不犯啊?更何况自己所犯的错误并没有造成什么严重的影响,因此,她认为自己至少是符合职位要求的。两人始终争执不下。

大通公司到了年终绩效评估的时候了,由于去年的时候采取了比较公开的方式,结果因为打分高低的问题出现了不少矛盾,因此,今年为了避免重演去年的悲剧,公司决定采用背靠背的打分方式,即主管人员为员工打一个分数但并不让员工知道,而员工也需要为主管人员打分作为民意调查的结果。这几天业务部的办公室气氛跟往常有点不大一样。一向比较矜持、冷峻的王经理这几天也对部下露出了一点笑容,平时经常上班迟到的小邓这几天早早就来到办公室。每个人都各自在心中打着小算盘。

老张心想;"我在这里资格最老,这么多年,没有功劳也有苦劳,没有苦劳也有疲劳。现在的年轻人,书本上的理论知识一套一套的,可真正做起业务来,还不得靠我这样的老业务员。王经理要是比较有头脑的话。一定不会亏待我的。"

小蔡暗自想:"我可是正经名牌大学毕业的,在这里我的能力最强。去年把我评为先进,那帮老家伙们很不乐意,今年王经理会不会害怕别人的闲言碎语不敢把我评得太高呢?"

老吴心里琢磨:"那天王经理说了句'现在的年轻人外语、计算机水平都比我们强,真是青出于蓝而胜于蓝啊!'看来我们这些老同志是一天不如一天值钱了,不知年终奖金能分到多少?"

小郭心里想:"经理看我的眼神有点不对劲,肯定是那天开会我当众给她提了一条意见她还耿耿于怀呢.看到今年我算倒霉了。"

看来在评估结果出来之前,大家心情每天都会这么紧张。每个人的小算盘还会打多久?

其实殊不知绩效评估是否能够得到期望的目的取决于很多前提条件。因为首先绩效评估不是一项孤立的工作,它是完整的绩效管理过程中的一个环节,所以,在绩效评估之前的全部工作都会对绩效评估产生重要的影响。

一、绩效管理工作流程图

绩效管理是一个完整的系统,我们用图 3-1 来表示这个系统中不同环节之间的关联。

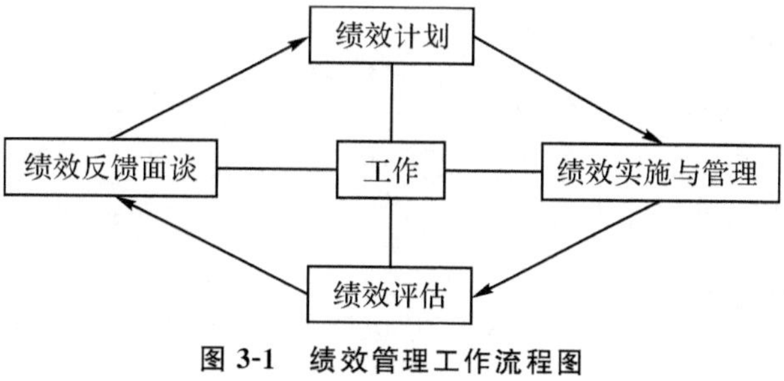

图 3-1　绩效管理工作流程图

二、绩效管理过程中的各个环节

绩效管理的过程通常被看作一个循环。这个循环的周期通常分为 4 个步骤,即绩效计划、绩效实施与管理、绩效评估与绩效反馈面谈。

1. 绩效计划。绩效计划是绩效管理流程中的第一个环节,发生在新的绩效周期的开始。制定绩效计划的主要依据是工作目标和工作职责。在绩效计划阶段,管理者和被管理者之间需要在对被管理者绩效的期望问题上达成共识。在共识的基础上,被管理者对自己的工作目标做出承诺。管理者和被管理者共同的投入和参与是进行绩效管理的基础。绩效管理是一项协作性活动,由工作执行者和管理者共同承担。并且绩效管理的过程是连续的过程,而不是在一年内只进行一两次的活动。

2.绩效实施与管理。定了绩效计划之后,被评估者就开始按照计划开展工作。在工作的过程中,管理者要对被评估者的工作进行指导和监督,对发现的问题及时予以解决,并对绩效计划进行调整。绩效计划并不是在制定了之后就一成不变,随着工作的开展会根据实际情况不断调整,在整个绩效期间内,都需要管理者不断地对员工进行指导和反馈。

3.绩效评估。在绩效周期结束的时候,依据预先制定好的计划,主管人员对下属的绩效目标完成情况进行评估。绩效评估的依据就是在绩效期间开始时双方达成一致意见的关键绩效指标,同时,在绩效实施与管理过程中,所收集到的能够说明被评估者绩效表现的数据和事实,可以作为判断被评估者是否达到关键绩效指标要求的证据。

4.绩效反馈面谈。绩效管理的过程并不是到绩效评估打出一个分数就结束了,主管人员还需要与下属进行一次面对面的交谈。通过绩效反馈面谈,使下属了解主管对自己的期望,了解自己的绩效,认识自己有待改进的方面;并且,下属也可以提出自己在完成绩效目标中实际的困难,请求上司的指导。

经过上面的4个环节,就经历了一个绩效管理的循环。在这个循环中所得到的绩效评估的结果具有多种用途。首先,绩效评估的结果可用于员工工作绩效和工作技能的提高,通过发现员工在完成工作过程中遇到的困难和工作技能上的差距,制定有针对性的员工发展计划和培训计划。其次,绩效评估的结果可以比较公平地显示出员工对公司做出的贡献的大小,据此可以决定对员工的奖励和报酬的调整。此外,通过员工的绩效状况,也可以发现员工对现有的职位是否适应,根据员工绩效高于或低于绩效标准的程度,决定相应的人事变动,使员工能够从事更适合自己的职位。

第二节　绩效计划

一、什么是绩效计划

关于绩效计划,可以有两种理解。一种是可以把“计划”理解成为一个名词,那么这个绩效计划就是一个关于工作目标和标准的契约;另一种是可以把“计划”理解成为一个动词,那么这个绩效计划就是经理人员和员工共同沟通,对员工的工作目标和标准达成一致意见,形成契约的过程。

(一)绩效计划是关于工作目标和标准的契约

有人可能会认为,绩效评估是绩效管理过程中最重要的环节。那么,有没有考虑到要想很好地实现绩效评估,我们就必须知道依据什么对绩效进行评估?如果在对绩效进行评估之前没有能够就什么是好的绩效、什么是坏的绩效达成一致的标准,那么在绩效评估的过程中就容易产生争议和矛盾。

在绩效期开始的时候,管理人员和员工必须对员工工作的目标和标准达成一致的契约。在员工的绩效契约中,至少应该包括以下几方面的内容。

- 员工在本次绩效期间内所要达到的工作目标是什么?

· 达成目标的结果是怎样的?
· 这些结果可以从哪些方面去衡量,评判标准是什么?
· 从何处获得关于员工工作结果的信息?
· 员工的各项工作目标的权重如何?

下面就是一个具体的绩效契约的例子:

表 3-1　某公司大客户部经理的绩效契约

受约人:王××　　　　　　职位:大客户经理
直接主管:市场总经理
绩效时间:2014 年 8 月 1 日至 2015 年 1 月 31 日

工作目标	主要产出	完成期限	衡量标准	评估来源	所占权重
完善《大客户管理规范》	修订后的《大客户管理规范》	2014 年 8 月 31 日	大客户的管理责任明确 大客户的管理流程清晰 大客户的需要在管理规范中得到实现	主管评估	10%
调整部门内的组织结构	新的团队组织结构	2014 年 9 月 15 日	能够以小组的形式面对大客户团队成员的优势 能够进行互补和发挥	主管评估 下属评估	20%
完成对大客户的销售目标	大客户的数量、销售额及客户保持率	2015 年 1 月 31 日	大客户数量达到 30 个 销售额达到 2.5 亿 客户保持率不低于 80%	销售记录	50%
建立大客户数据库	大客户数据库	2014 年 12 月 31 日	大客户的数据能够全面、准确、及时地反映在大数据中 该数据具有与整个公司管理信息系统的接口 保证数据安全 使用便捷 具有深入的统计分析模块	主管评估 下属评估	20%

上面这个例子就是某公司大客户部经理的绩效契约。制定了绩效契约之后,大客户部经理就需要按照契约中规定的工作目标和标准履行自己的职责。

(二)绩效计划是一个双向沟通的过程

绩效计划不仅意味着在纸面上的一纸契约,如何达成这个契约的过程非常重要。

建立绩效契约的过程是一个双向沟通的过程。所谓双向沟通,也就意味着在这个过程中管理者和被管理者双方都负有责任。建立绩效契约不仅仅是管理者向被管理者提出工作要求,也不仅仅是被管理者自发地设定工作目标。

在这个双向沟通的过程中,管理人员主要向被管理者解释和说明的是:

· 组织整体的目标是什么?
· 为了完成这样的整体目标,我们所处的业务单元的目标是什么?
· 为了达到这样的目标,对被管理者的期望是什么?
· 对被管理者的工作应该制定什么样的标准?完成工作的期限应该如何制定?

被管理者应该向管理者表达的是:

- 自己对工作目标和如何完成工作的认识。
- 自己所存在的对工作的疑惑和不理解之处。
- 自己对工作的计划和打算。
- 在完成工作中可能遇到的问题利用申请的资源。

下面这段谈话的过程就是前面提到的宏正公司的市场部总经理林总与大客户部经理王红军进行关于制定绩效计划的沟通的过程。

林总(以下简称林):前几天,在总经理办公会上制定了今年下半年的业绩目标,因此接下来这几天我会分别与你们这几位部门经理进行一次交流,落实我们市场部下半年的工作目标。

今年上半年成立你这个大客户部主要是为了能有一批人专门为大客户服务,因为大客户是我们公司重要的资源,这从销售额上也可以体现出来。目前的大客户有十几个……

王红军(以下简称王):13 个。

林:但这 13 个大客户的销售额却占了整个公司销售额的 20%,而且今后的比例还会更高。这半年来,你们部门很辛苦,工作的成就不小。

王:我觉得目前的工作还是有很多问题。比如说现在对大客户进行管理的工作规范还不是很明确,有些工作到底是由我们部门做还是由企划部门做还不够明确,于是就出现了有的大客户有事情不知道到底该找谁。

林:这些情况我也有所了解。所以,下一步就想以你为主完善《大客户管理规范》,有了规范,大家就有了共同的游戏规则,你看,对这方面你有什么想法?

王:我认为现在的《大客户管理规范》对责任的划分不够明确,流程上也有混乱的地方,比如说现在的付款问题,手续复杂,客户觉得很麻烦,我们完全有必要从客户的角度出发简化程序。

林:那好,我想你对这方面有很多想法。你看多长时间能把新的《大客户管理规范》做出来?

王:如果从现在就着手做,我想 8 月下旬差不多。

林:好,8 月 20 日的时候把初稿交给我,到 8 月底最后定稿,你看有问题吗?

王:目前没有问题。另外,我觉得如果按照下半年的销售目标,我这里的人手比较紧缺,最好能尽快招聘一些人员。

林:这个问题我想是这样的,该招人的时候我们肯定去招,但你有没有考虑过现有人员的能力是否得到了充分发挥?每个人都不可能完美无缺,但组成团队就不一样了,在一个团队中大家可以更好地取长补短,每个人的优势充分发挥出来,叠加在一起就是 1+1>2,你说呢?

王:这也正是我所考虑的,对大客户的销售我们是否可以采用销售小组的形式,因为毕竟一个人势单力薄,以团队的形式能够更好地保持住大客户。

林:那你不妨把大客户部的内部结构重组一下,形成若干个项目小组,把人员按照各自的优势和特点组合起来。接下去再考虑补充人员的问题。而且随着工作重点向大客户这边的转移,其他部门也会有一些员工转到你这个部门中。

王:那好吧,我现在就着手进行部门重组,争取在 9 月初的时候能够按照项目小组的方式运作。

林:另外,企划部正在牵头建立公司的客户数据库,我想大客户这部分主要还得靠你们。

王:我们也觉得客户愈来愈多,必须要有相应的管理手段跟上,我们一定配合做好这项工作。

林:关于建立数据库,我有几点想法,一是一定要注意数据库与公司管理信息系统的接口,以前曾经开发过数据库,但接口不好,很多时候要进行数据的重复录入,非常浪费人力物力;二是要注意数据的安全性,要进行权限设置,因为这些数据都是公司的核心机密;三是要设计一些进行深入统计分析的功能模块,以适应对业务进行深入分析的要求。你还有什么想法吗?

王:我认为,这套数据库应该是一套使用便捷的系统,可以成为业务人员工作中一个得力的工具。因为业务人员普遍不喜欢比较复杂的操作系统,而且他们的业务也比较忙,在数据管理方面应该考虑他们的需要。

林:你说得对,就按照我们的想法去做吧,企划部会拿出整体方案,具体的协调工作由你们双方来做。

王:好,我们会全力配合。

林:那么,按照今天我们讨论的结果,你自己先做个计划,本周交到我这里来。好吗?

王:好,我这就开始准备。

从上面这个沟通的过程中,我们可以充分体会到制定绩效计划是一个双向沟通的过程,管理者和被管理者在这个过程中不断在交换意见,最终对问题达成共识。

(三)参与和承诺是制定绩效计划的前提

在绩效计划中充分体现的一个原则就是员工参与,另外一个原则就是绩效的实施者要做出正式承诺。为什么一定要员工参与,而且一定要做出正式承诺呢?

社会心理学家进行了大量的关于人对某件事情的态度形成与改变的研究,其中有一个重要的发现就是当人们亲身参与了某项决策的制定过程时,他们一般会倾向于坚持立场,并且在外部力量作用下也不会轻易改变立场。大量的研究发现,人们坚持某种态度的程度和改变态度的可能性主要取决于两种因素:一是他在形成这种态度时卷入的程度,即是否参与态度形成的过程;二是他是否为此进行了公开表态,即做出正式承诺。在生活中有很多容易理解的例子。例如.你陪一位朋友去商场买了一件衣服,由于是你参与做出的决策,因此你会倾向于认为这件衣服很好,即使后来听到其他人的反对意见时,你也会尽可能的维护自己的意见。再比如,当一个人在街头的一个有关环境保护的宣传活动中的环保宣言上签上了自己的名字后,他会倾向于在公开场合不乱丢杂物、不随地吐痰等,因为他已经公开地做出了承诺,这种公开的态度将促使他尽量去恪守自己的承诺。

☞**关键提示:关于承诺**

社会心理学家多伊奇和杰勒德做了一个非常著名的实验。他们要求被试对某件事情做出自己的判断这些被试分别面对 4 种不同的情况:第一种情况,被试只需做出自己的判断,不用通过任何方式将自己的判断表达出来,称之为"无承诺组";第二种情况,要求被试把自己的意见写在一块儿童玩具写字板上,这种写字板上面是一层透明纸,掘下来之后写在上面的字就会消失,这组称之为"弱私下承诺组";第三种情况,要求被试把自己的意见写在一张纸上,并告知这张纸要被收上去。但他们不必签名,这组称之为"强私下承诺组";第四种情况,要求被试将自己的意见写在一张纸上,并签上名字,而且告知他们这张纸要被收上去,这组称之为"公开承诺组"。然后请代表群体压力的许多假被试发表一致的意见。再由这些真正的被试发表意见。

结果表明,被试屈从于群体压力改变自己最初想法的情况如表 3-2 所示:

表 3-2　实验结果

被试组	改变最初意见的百分比(%)
无承诺组	24.7
弱私下承诺组(写字板)	16.3
强私下承诺组(写字纸)	5.7
公开承诺组	5.7

从表 3-2 的结果中可以看出,没有将自己的意见表明出来,即没有做出承诺的一组受到群体压力的影响而改变自己最初意见的百分比最高;在写字板上写下自己意见的一组虽然知道不会留下任何痕迹,但还是由于做出了一定的承诺而使受群体压力改变自己最初意见的百分比减小;而做出了公开承诺或比较强的私下承诺的两组,非常倾向于坚持自己最初的意见。

上面这个有趣的实验对我们有什么启示呢?

其实,在绩效计划阶段,让员工参与计划的制定,并且签订非常正规的绩效契约,也是让员工感到自己对绩效计划中的内容是做了很强的公开承诺的,这样他们就会更加倾向于坚持这些承诺,履行自己的绩效计划。如果员工没有参与到绩效计划的制定过程中,仅仅主管人员强加给他们的计划,或者他们的计划只是口头确定的,没有进行公开签字,那么就很难保证他们坚持这些承诺的计划。

二、绩效计划阶段的目标

在绩效计划阶段,经理人员和员工所要达到的目标是什么?如何判断绩效计划是否成功呢?

作为成功的绩效计划,在绩效计划过程结束时,经理人员和员工就应该能以同样的答案回答下列的问题:

- 员工在本绩效期内的工作职责是什么?
- 员工在本绩效期内所要完成的工作目标是什么?
- 如何判断员工的工作目标完成得怎么样?
- 员工应该在什么时候完成这些工作目标?
- 各项工作职责以及工作目标的权重如何?哪些是最重要的,哪些是其次重要的,哪些是次要的?
- 员工的工作绩效好坏对整个组织或特定的团队有什么影响?
- 员工在完成工作时可以拥有哪些权力?可以得到哪些资源?
- 员工在达到目标的过程中可能遇到哪些困难和障碍?
- 经理人员会为员工提供哪些支持和帮助?
- 员工在绩效期内会得到哪些培训?
- 在员工完成工作的过程中,如何去获得有关他们的工作情况的信息?
- 在绩效期间内,经理人员将如何与员工进行沟通?

为什么说一定要员工和管理者对这些问题达成一致的意见呢?因为绩效计划的主要目的就是让组织中不同层次的人员对组织的目标达成一致的见解,简单说,绩效计划可以帮助组织、业务单元和个人朝着一个共同的目标努力,所以,管理人员和员工是否能对绩效计划达成共识是问题的关键。如果所有的管理人员与员工的意见都能达成共识,组织整体的目标与全体员工的努力方向就会取得一致,这样才能在全体员工的一致努力下,共同达成组织的目标。

三、绩效计划的程序

(一)准备阶段

1.准备必要的信息。绩效计划通常是通过经理人员与员工双向沟通的绩效计划会议来得到的,那么为了使绩效计划会议取得预期的效果,事先必须准备好相应的信息。必要的一些信息主要有:

· 组织的战略发展目标和计划。

· 年度的公司经营计划。

· 业务单元的经营或工作计划。

· 员工所处的团队的目标和计划。

· 员工个人的职责描述。

· 员工上一个绩效期间的绩效评估结果。

这些信息主要可以分为3类:

(1)关于组织的信息。为了使员工的绩效计划能够与组织的目标结合在一起,在进行绩效计划会议之前,经理人员和员工都需要重新回顾组织的目标,保证在绩效计划会议之前双方都已经熟悉了组织的目标。有人认为,关于整个组织的信息只要高层的经理人员了解就可以了,其实对于员工来说,了解关于组织发展战略和经营计划的信息也非常必要,而且,对组织的信息了解得越多,就越能在自己的工作目标中保持正确的方向。

(2)关于团队的信息。每个团队的目标都是根据组织的整体目标逐渐分解而来的。不但经营性的指标可以分解到生产、销售等业务部门,而且对于业务支持性部门,其工作目标也与整个组织的经营目标紧密相连。

例如,公司的整体经营目标是:

第一,将市场占有率扩展到60%。

第二,在产品的特性上实现不断创新。

第三,提高产品质量,降低产品成本。

那么,人力资源部作为一个业务支持性部门,在上述的整体经营目标之下,就可以将自己部门的工作目标设定为:

第一,建立激励机制,鼓励开发新客户、创新、提高质量和降低成本的行为。

第二,在人员招聘方面,注重在开拓性、创新精神和关注质量方面的核心胜任特质。

第三,提供开发客户、提高创造性、质量管理和成本管理方面的培训。

(3)关于个人的信息。关于被评估对象个人的信息中主要有两方面的信息,一是工作描述的信息,二是上一个绩效期间的评估结果。在员工的工作描述中,通常规定了员工的主要工作职责,从工作职责为出发点设定工作目标可以保证个人的工作目标与职位的要求联系起来。但是,有人可能会说,工作描述常常是为招聘时设计的,在实际工作中,工作描述常常是过时的。其实,工作描述也需要不断修订,在设定绩效目标之前,对工作描述进行回顾.重新思考职位存在的目的,根据变化了的环境调整工作描述也十分必要。

员工在每个绩效期间的工作目标通常是连续的或有关联的,因此,在制定本次绩效期间的工作目标之前有必要回顾上一个绩效期间的工作目标和评估结果。而且,在上一个绩效期间内存在的问题和有待于进一步改进的方面也需要在本次的绩效计划中得到体现。

2.准备绩效计划沟通的方式。决定采取何种方式进行绩效计划的沟通也是非常重要的问题。一般来说，采取什么样的方式对绩效计划的内存达成共同的理解，也需要考虑不同的环境因素.例如企业文化和氛围是什么样的，员工的特点以及所要达成的工作目标的特点。如果希望借绩效计划的机会向员工做一次动员，那么，不妨召开员工大会。如果一项工作目标与一个小组的人员都有关系，那么可以开一个小组会，在小组会上讨论关于工作目标的问题，这样有助于在完成目标时小组成员之间的协调配合，而且在小组成员合作中可能出现的问题也会及早发现并得到及时解决。

即便是采取主管人员与员工单独交谈的方式，也需要进一步考虑交谈的程序和所采用的表达方式。有的经理人员喜欢先向员工介绍公司未来的发展前景和计划，然后再讨论员工个人的工作目标；有的经理人员则喜欢请员工谈一谈对个人未来发展的想法；有的经理人员则开门见山，直接与员工谈工作。这么多种方式并没有一定哪一种就比其他好，而是要根据具体的情况来选用不同的方式。

为了真正实现绩效管理的目的，即达成组织的目标并使员工个人的绩效和能力得到提高，就必须在最初的绩效计划沟通时使员工了解绩效管理的目的，了解绩效管理对自己有什么样的好处，营造一种合作的氛围。否则，员工特别容易将绩效管理的重点集中在对绩效的评估方面，容易产生担忧和敌对的情绪。

如果一个企业第一次使用绩效管理的方法，那么在第一次绩效计划沟通时有必要让员工了解：

· 绩效管理的主要目的是什么？
· 绩效管理对员工自己、对公司分别有什么样的好处？
· 我们采取的宗旨和方法是什么样的？
· 绩效管理的流程是怎样的？

而且员工需要知道在绩效计划会议中的一些信息：

· 绩效计划会议上要完成的工作是什么？
· 经理人员会向员工提供什么？
· 员工自己要提供什么信息？
· 在绩效计划会议上要做出的决策和达成的结果是什么？
· 需要员工做出什么样的准备？

要知道，员工对绩效管理可能会有过不愉快的经历，而且对绩效管理的理解可能会与期望的有所不同，或者对绩效管理有着特殊的期望。因此，在绩效计划沟通会议上要想方设法让员工和管理人员对绩效管理的目标和操作程序达成一种共识，这样才有助于后面的各个环节的操作。

（二）沟通阶段

沟通阶段是整个绩效计划阶段的核心。在这个阶段，经理人员与员工经过充分交流，对员工在本次绩效期间内的工作目标和计划达成共识。

1.准备好沟通的环境和气氛。首先，经理人员和员工都应该确定一个专门的规则用于绩效计划的沟通，在这个时间段，双方都应该放下手头的工作专心致志地来做这件事情。

其次，在沟通的时候最好不要有其他人的打扰。很多情况下，沟通是在经理人员的办公室中进行，那么就应该格外注意，在这段时间内应尽量避免第三者进入而且也应避免打断谈话去接电话。因为意外的打扰可能会使双方的思路中断，经常要重复“刚才我们说到哪里了”之类的问题，这样会严重影响沟通的效果。

另外,沟通的气氛要尽可能放松,不要给人太大的压力。例如,有的经理人员选择办公室以外的场所,如咖啡厅等地方,作为沟通的环境,这是一个不错的主意。或者在开始谈话之前,经理为员工倒上一杯茶或聊一点轻松的话题开始谈话都会起到缓解紧张气氛的作用。

2.沟通的原则。在沟通之前,员工和经理人员都应该对几个问题达成共识。

第一,经理和员工在沟通中是一种相对平等的关系,他们是共同为了业务单元的成功而做计划。

第二,我们有理由承认员工是真正最了解自己所从事的工作的人,员工本人是自己的工作领域的专家,因此在制定工作的衡量标准时应该更多地发挥员工的主动性,更多的听取员工的意见。

第三,经理人员主要影响员工的领域是在如何使员工个人工作目标与整个业务单元乃至整个组织的目标结合在一起,以及员工如何在组织内部与其他人员或其他业务单元中的人进行协调配合。

第四,经理人员应该与员工一起做决定,而一定不是代替员工做决定,员工自己做决定的成分越多,绩效管理就越容易成功。

3.沟通的过程。在前面我们已经介绍了绩效计划是一个双向沟通的过程,并且也通过具体的事例进行了说明,在这里,我们会更加结构化地将通常的沟通过程描绘出来。值得说明的是,沟通的过程并不是千篇一律,这里介绍的只是最普遍的一种。

背景介绍:亿耐特是一家网上电子商务公司,罗涛是网上购物部的订单处理中心的负责人,孙伟刚是网上购物部的经理。网上购物部的主要业务是通过互联网进行日用消费品的销售,主要包括电器、书籍、电脑设备、日用品、化妆品、服装、玩具、箱包、文具等。订单处理中心的主要职责是直接从网上受理消费者的订货信息,并将信息发送给相应的商品部,由商品部组织为消费者发货,同时还需要对订货信息进行分类、存档。订单处理中心现在有5个人。孙伟刚上周刚参加了制定今年的经营计划的会议,接下来就要把网上购物部经营计划分解到每个人身上。本周他将要同每个下属人员面对面地进行一次交流,制定本年度的绩效计划。

(1)回顾有关的信息。在进行绩效计划沟通时,首先往往需要回顾一下已经准备好的各种信息,包括组织的经营计划信息,员工的工作描述和上一个绩效期间的评估结果等。

孙伟刚(以下简称“孙”):罗涛,你好。我想你也看过了我们公司今年的经营计划,我知道上一年度你们订单处理中心非常辛苦,为公司做出了很大的贡献。下面,我们需要考虑一下如何进一步发展的问题,现在电子商务竞争也非常激烈。我想你们这里是直接接触客户的窗口,在如何进一步满足客户的需求方面一定有不少想法。对公司今年的发展你有什么建议?

罗涛(以下简称“罗”):我想我们可能需要进一步提高订单处理的效率,因为网上购物的方式给消费者带来的便利应该体现在时间方面,不能让客户觉得从网上买一件东西还不如自己到商店里去买更方便,如果这样,那我们就没有市场了。

孙:是的。我非常同意你的意见,所以下面我们就讨论一下如何提高效率。上一年度,平均每天网上订单的数量为800份,今年我们打算增加商品的品种,预计订单数量会达到2000份/天。过去我们的用户在提交订单之后大约5—7天才可以得到商品,今年我们打算将这个时间减少到3天。因为交货的速度是我们与竞争对手竞争的一个关键。

(2)确定关键绩效指标。在组织的经营目标基础上,每个员工需要设定自己的工作目标。员工要针对自己的工作目标确定关键绩效指标。所谓设定关键绩效指标,也就是首先确定关键的工作产出，然后针对这些工作产出确定评估的指标和标准，并决定通过何种方式来跟踪和监控这些指标上的实际表现。

在设定关键绩效指标时，一定要注意这些关键绩效指标必须是具体的、可衡量的，而且应该有时间限制。

孙：既然我们的总体目标是把客户的等待时间减少到3天，那么你们部门处理订单效率的提高是第一步，也是非常关键的一步。你是怎么考虑的？

罗：我觉得我们可以将总的时间做一下分解，看看哪几部分的时间无法压缩，然后再考虑将可以压缩的时间进行压缩。我觉得如果新的订单处理系统投入运行，处理单位订单的时间可以减少到原来的1/3。

孙：其实我们在做出减少到3天的决定之前就已经进行了测算，认为减少到3天是可能的。那么在你这里能不能确定一下从你们接到客户订单到将确认后的订单发送到商品部的时间应该不超过多长时间？你看定多长时间可行？

罗：我觉得3个小时比较合理。

孙：关于提供给商品部信息方面，我也了解了商品部的一些要求，现在就跟你商量一下这些要求从你们的角度可以满足吗？……

罗：我觉得如果新的订单处理系统投入使用，应该是可以满足的。

孙：看来有必要与技术部进行一次沟通，抓紧完成新的订单处理系统。我想因为系统还需要一段调试，你们能不能和技术部、商品部一起开个会，确定一个行动的进程。

罗：好啊。那么谁来召集这个会议呢？

孙：这也正是我想要与你沟通的，以后我希望你们这几个部门能够自己就存在的问题开会解决，必要的时候让我听一听你们开会。不过，既然现在还没有这样做，那么这一次我先来召集吧。在这次会议之后，我希望你自己将工作目标的衡量标准制定出来，然后与我讨论一次，你看如何？

罗：好。

虽然这次沟通没有最终形成绩效契约，但至少提示了我们应如何得到与绩效指标有关的信息。有的时候，形成绩效计划不是一次沟通所能完成的，可能需要2—3次不同形式的沟通。但无论如何，从上面的对话中我们可以看出，永远要注意给员工机会，让他们自己去发现评估标准，并给他们自己做决定的机会。

订单处理部、商品部、技术部很快召集了一次会议，在这次会议之后，订单处理部确定了具体的工作目标和衡量标准。

(3)讨论主管人员提供的帮助。另外在绩效计划过程中，主管人员还需要了解员工完成计划中可能遇到的困难和障碍。主管人员应对员工遇到的困难提供可能的帮助。

孙：你看，根据这样的目标，你觉得完成有什么困难吗？

罗：主要是几名订单处理人员对新的操作系统还不够熟悉，需要接受培训，最好能尽快安排一次培训。

孙：好，我会让技术部来安排。

(4)结束沟通。在将要结束绩效计划沟通会谈时,双方还要约定下一次沟通的时间。

罗:我会尽力完成工作目标。

孙:我想一个月之后,我们来讨论一下进展情况,并根据实际情况做进一步调整。

(三)审定阶段

在经过了周密的准备,并且与员工进行了沟通之后,绩效计划就初步形成了。但我们仍然需要审定一下绩效计划的工作是否成功地完成了。当绩效计划结束时,我们应该看到如下结果:

1.员工的工作目标与公司的总体目标紧密相连,并且员工清楚地知道自己的工作目标与组织的整体目标之间的关系。

2.员工的工作职责和描述已经按照现有的组织环境进行了修改,可以反映本绩效期内主要的工作内容。

3.经理人员和员工对员工的主要工作任务、各项工作任务的重要程度、完成任务的标准、员工在完成任务过程中享有的权限都已经达成了共识。

4.经理人员和员工都十分清楚在完成工作目标的过程中可能遇到的困难和障碍,并且明确经理人员所能提供的支持和帮助。

5.形成了一个经过双方协商讨论的文档,该文档中包括员工的工作目标、实现工作目标的主要工作结果、衡量工作结果的指标和标准、各项工作所占的权重,并且经理人员和员工双方要在该文档上签字。

第三节　绩效实施与管理中的误区

让我们首先来回顾一下绩效管理的整个过程:从制定绩效计划开始,经过绩效实施和管理的过程,然后进行绩效评估,最后是绩效反馈面谈。在这个过程当中,绩效计划、绩效评估和绩效反馈都可以在较短的几天时间内完成,而耗时最长的是中间的绩效实施与管理,它贯穿着整个绩效期间。不但绩效实施与管理是耗时最长的活动,而且绩效计划是否能够落实和完成要依赖于绩效实施与管理,绩效评估的依据也来自于绩效实施与管理的过程中,所以绩效实施与管理是一个重要的中间过程,这个过程做得怎么样直接影响着绩效管理的成败。

然而绩效实施与管理的过程往往容易被人们所忽视,在这个过程中还存在着一些误区。

误区一:绩效管理重要的是计划和评估,中间的过程是员工自己工作的过程。

不少管理者认为对于绩效管理来说,重要的是事先做好计划以及在绩效期结束时对绩效进行评估,而中间的过程则不需要进行过多的干预。这样做常常很危险。

小张的辞职信

小张是一家电信公司的项目经理,一直在公司里干得很不错。几天前,他却突然将一封辞职信放到了总经理的桌子上。信中是这样写的:

黄总:

您好:我不得不非常遗憾地对您说,我要走了。您知道,去年一年我们的网络建设速度实在太快了,这也是在同行业中得到公认的速度。但您是否知道,为了完成公司的目标,我们有多少个周末没有休息，多少个晚上没有睡觉啊！

虽然您交给我的任务我并不是总能完成得那么完美，但您有没有问过我是否有什么困难啊：事实上，困难我可以自己克服，但很多事情我是多么想早一点知道解决的办法，而不是到最后才知道。说老实话，我很怀念自己在原来公司的日子，那时虽然挣的工资没有现在多，但老板总是时不时地走到我们的座位上与我们聊天，出差在外的时候，还经常打电话给我们，那种感觉特别好。而如今，您除了坐在自己的办公室里，就是与大老板们开会，总共和我们讲过几句话我现在都记得。

我真的很希望能多与您沟通。那天我发了一封 e-mail 给您，向您讲了一些工作上的事情，可是很长时间都没有得到您的答复。因此，我决定不再等下去了。

很抱歉在公司这么强的时候离开。

此致

敬礼

张××

2014 年 12 月 8 日

从上面这封辞职信中，我们看到其实员工是多么希望能在绩效实施过程中与经理人员进行沟通。这种沟通，不仅仅是为了解决一些工作中的问题，而且员工在紧张繁忙的工作中特别需要满足的愿望就是能够被别人关注，被别人认可，在压力之下特别需要的是一种放松的气氛。

误区二：对员工绩效的管理就是要监督、检查员工的工作，要时刻关注员工的工作过程。

有些经理人员总是表现出对员工不放心的态度.总担心员工无法很好地完成工作，因此过多地去关注员工的工作细节。其实绩效管理往往是一种目标管理，经理人员应该花主要精力关注员工的工作结果，也就是工作目标的达成情况，对于具体的工作过程，不必过分细致的关心。而有的经理人员不但关心员工做出了什么结果，还关心员工是怎样做出这样的结果的。员工认为既然给自己设定了目标，那么自己应该有一定的权力决定如何达到目标，经理人员不必事无巨细地干涉自己的行动自由。如果经理人员管得过细，员工就会有不被充分信任的感觉。

☞关键提示：你 OK，我也 OK

加拿大心理学家贝恩提出一个著名的理论，叫作交互作用分析理论，或者称之为 PAC 理论。

该理论认为人们在沟通的过程中。通常表现出 3 种心理状态，即“父母”心态、“成人”心态和“儿童”心态，也就是说一个人的人格结构中包含 P、A、C 3 部分。

“父母”心态通常表现为权威和优越感，常常认为自己有能力，别人不行。表现为独断、主观、支配他人，或者对他人过分呵护，不给别人独立自主的权力。

“成人”心态主要具有客观理智的特点，表现为冷静、谨慎、尊重别人。在这种心态下，通常表现出对他人的信任，认为自己和别人都同样有能力。

“儿童”心态则表现为不成熟、无主见、服从和听任他人摆布。在这种心态下，人们通常认为自己缺乏做决策的能力，而过分依赖他人。因此，以这种心态处理事情或沟通时，就会表现出退缩和感情用事。

如图 3-2 所示，用一个“OK”象限的方式表现出了这几种不同的心态。

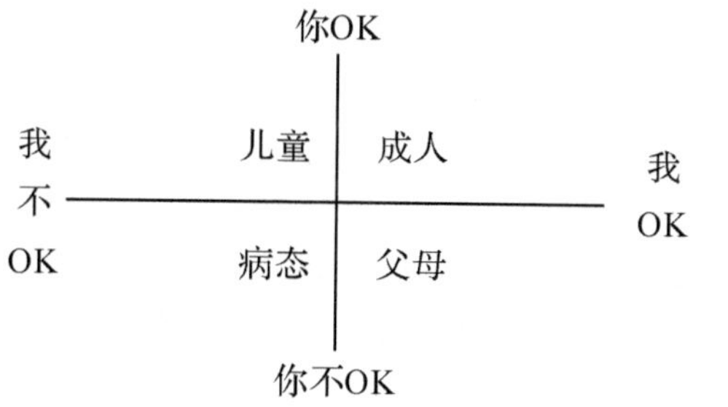

图 3-2　沟通中的心理状态

应该说,“父母”“成人”“儿童”这 3 种在沟通中表现出来的心态在正常人身上都有不同程度的表现,只不过对于不同人来说,每种心态各自所占的地位不同而已。另外在不同的情境下,面对不同的沟通对象,也可能表现出不同的心态。

对于那些过分关注员工的工作细节,不给员工自己做决策的机会的管理人员通常是“父母”心态占主导地位。他们往往对员工像对孩子一样呵护,担心员工无法独立完成工作。这样做的结果是员工容易产生“儿童”心态,过分依赖领导,不愿自己做出决策和解决工作中的问题。

误区三:认为花费时间做记录是一种浪费。

在绩效实施的过程中,有些人常常认为员工最忙碌,而经理人员则是把任务分派下去,自己就没有什么事情做了。其实,经理人员有大量的事情需要做,至少为了在绩效期满进行评估时能够拿出事实依据来,他们需要做大量的记录。而有的经理人员则过分相信自己的记忆力,不愿花费时间做记录,这样在进行评估时只能依靠印象,难免有凭主观判断的倾向。

在绩效实施的过程中不做记录,一方面在绩效评估时对工作表现的记忆不够清晰,容易造成对事实的歪曲;另一方面,在与员工进行沟通时,没有足够的事实依据在手中,容易引起争议。

所以,在制定了绩效计划之后,绩效实施与管理的过程中主要需要做的事情有两个:一是持续的绩效沟通;二是对工作表现的记录。

第四节　持续的绩效沟通

一、绩效沟通的目的

员工和经理人员通过沟通共同制定了绩效计划,达成了绩效契约,但这并不等于说后面的绩效计划执行过程就会完全顺利。我们不禁要问几个问题:员工会完全按照计划开展工作吗?计划是否足够周全,考虑到了全部需要考虑的问题吗?经理人员是否可以高枕无忧地等待员工的工作结果?很显然,答案是否定的。

在绩效实施的过程中,员工与经理人员进行持续的绩效沟通的目的主要有以下 3 点:

(一)通过持续的沟通对绩效计划进行调整

俗话说:“计划赶不上变化。”如今的工作环境再也不像过去那样稳定了,环境中的竞争在不断加剧,变化的因素也在逐渐增加。因此,在绩效实施的过程中进行持续的绩效沟通的第一个目的就是为了适应环境中变化的需要,适时地对计划做出调整。在绩效期开始时制定的绩效计划很可能随着环境因素的变化变得不切实际或无法实现，例如，由于竞争对手的产品变化而不得不改变对自身产品性能的要求；由于意外的困难或障碍的出现而不得不将工作业绩的数量降低或时限变得更加宽松一些；各项工作目标的权重可能也会随着环境因素的改变而发生改变等等。因此，通过在绩效实施过程中员工与管理人员的沟通，可以对绩效计划进行调整，使之更加适应环境的需要。

（二）员工需要在执行绩效计划的过程中了解到有关的信息

员工在执行绩效计划的过程中需要了解到的信息主要有以下两类：

1. 关于如何解决工作中的困难的信息。出于工作环境的变化加剧，员工的工作也变得越来越复杂，原制定绩效计划时很难清楚地预期到所有在绩效实施过程中所能遇到的困难和障碍，因此，员工在执行绩效计划的过程中可能会遇到各种各样的困难。由于问题层出不穷，因此员工不希望自己在工作的过程中处于孤立无援的状态，他们总是希望在自己处于困境中的时候能够得到相应的资源和帮助。试想，一个员工遇到困难的时候，他当然不希望经理人员对此置之不理或者对他说："这是你自己职责范围内的事情，应该由你自己来解决。"

2. 关于自己工作做得怎么样的信息。员工都希望在工作过程中能不断地得到关于自己绩效的反馈信息，以便不断地改进自己的绩效和提高自己的能力。如果在一年或半年的绩效期内，经理人员从来没有指出过他们的不足之处，而是到了绩效期结束的时候在绩效评估中经理人员列举出一大堆缺点来数落他们，那么试想员工的情绪能好吗？因此可以说持续的绩效沟通的过程是员工不断改进和提高自己绩效的过程。

（三）经理人员需要得知有关的信息

作为经理人员，也并非是与员工一起制定了绩效计划之后就可以高枕无忧、等待收获成功的果实了。他们需要在员工完成工作的过程中及时掌握工作进展情况的信息，了解员工在工作中的表现和遇到的困难，协调团队中的工作。如果经理人员不能通过有效的沟通获得必要的信息，那么也就无法在绩效评估的时候对员工做出评估了。另外，及时了解信息还可以避免发生意外事情时措手不及，可以在事情变得棘手之前进行处理。

因此，无论从员工的角度还是从管理者的角度都需要在绩效实施的过程中进行持续的沟通，因为每个人都需要从中获得对自己有帮助的信息。

二、绩效沟通的内容

既然持续的绩效沟通是管理人员和员工共同的需要，那么沟通的具体内容也要由经理人员和员工的需要来确定。因此在沟通开始之前，经理人员和员工都需要反思一下这样的问题：

经理人员：我必须从员工那里得到哪些信息？我必须提供给员工哪些信息和资源以帮助员工完成工作目标？

员工：我必须从经理人员那里得到什么样的信息或资源？我必须向经理人员提供哪些信息，以保证更好地完成我们的工作目标？

从中可以看出，经理人员和员工通过绩效实施过程中持续的绩效沟通是为了共同找到与达成目标有关的一些问题的答案。

因此，绩效沟通的主要内容有：

- 工作的进展情况怎么样？
- 员工和团队是否在正确的达成目标和绩效标准的轨道上运行？
- 如果有偏离方向的趋势，应该采取什么样的行动扭转这种局面？

· 哪些方面的工作进行得好?
· 哪些方面遇到了困难或障碍?
· 面对目前的情境,要对工作目标和达成目标的行动做出哪些调整?
· 经理人员可以采取哪些行动来支持员工?

三、沟通的方式

沟通有各种各样的方式,口头的方式与书面的方式,会议的方式与谈话的方式等等。随着现代计算机和网络技术的发展,人们也愈来愈多地采取在网络上进行沟通的方式。每种沟通方式都有其优点和缺点,都有其适合的情境,因此关键是在不同的情境下选用什么样的沟通方式。

所有沟通方式主要可以分为正式的沟通方式和非正式的沟通方式。

(一)正式的沟通方式

正式的沟通方式是指在正式的情境下进行的事先经过计划和安排,按照一定规则进行的沟通,在绩效管理中常用的正式的沟通方式有:

· 书面报告。
· 会议。
· 正式会谈。

下面就分别介绍这几种方法。

1. 书面报告。书面报告是绩效管理中比较常用的一种正式沟通的方式,指员工使用文字或图表的形式向主管人员报告工作的进展情况。书面报告可以是定期的,也可以是不定期的。

定期的书面报告主要有:

· 工作日志。
· 周报。
· 月报。
· 季报。
· 年报。

下面是几个书面报告的例子:

例 1 工作日志

姓名:______ 职位:______ 所属部门:______

____月____日

序号	开始时间	结束时间	所耗时间	工作活动内容

例 2 ××公司员工工作月报

目标/工作任务	现状	困难问题	解决建议	需要的扶持

除了定期的书面报告之外，主管人员往往还会要求下属员工就某些问题准备不定期的专项的书面报告。例如，员工在执行某个项目的过程中对所发现的一些问题和解决方案提交一份报告。

书面报告的形式有很多优点，主要表现有以下几个方面：

- 书面报告的方式可以培养员工理性、系统地考虑问题，提高工作方法中的逻辑性。
- 书面报告的方式可以锻炼员工的书面表达能力。
- 通过书面报告可以在比较短的时间内收集到大量的关于员工工作状况的信息。
- 当主管人员和员工由于某些客观原因无法见面时，书面报告的方式非常实用等等。

当然，书面报告的方式也有一些不尽人意的地方，它的缺点主要表现为：

- 书面报告的信息是从员工到经理人员的中间传递，缺乏双向的信息交流。
- 书面报告中大量的文字工作容易使沟通流于形式，而且员工也会由于书面报告浪费时间而感到麻烦。
- 书面报告仅仅是单个员工和经理人员之间的信息交流，没有在团队中实现信息共享。

案例：月报为什么交不上来

林森是一家公司的部门经理，在他手下有12名员工。公司对员工的绩效实施过程进行管理的方法是要求员工每月月末时向主管经理上交一份月报，然后主管经理再就这份月报的内容与员工进行10分钟左右的沟通。

在开始一段时间，员工们都能准时地将月报交上来。但逐渐地，公司的业务进入了高峰期，每个人的工作都异常繁忙。这时，林森感到收集每月的月报十分困难，上个月就有5名员工没有按时上交月报，经过了催促后才交上来，这个月到了交月报的日子只有3个人交了上来。

于是林森想到，员工不愿按时上交月报一定有自己的原因，或许是月报这种沟通形式本身存在问题。因此，林森决定与员工交流一下这个问题。在与员工的面谈中，当林森问到员工们为什么不按时交月报时，员工们的意见是，“我们忙得根本没有时间做。”“有些事情当面与您说就很清楚了，没有必要写成报告给您了吧？”“我们每个月做月报至少要花费2个小时，而把这些情况与您讲一下只需要15分钟。”

弥补书面报告方式的缺点可以从以下几方面入手：

第一，将书面报告的方式与面谈、会议或电话等口头沟通的方式结合在一起，将单向的信息沟通转变成为双向的信息沟通。例如，可以与月度的工作报告相结合召开月度的工作例会，就报告中反映的问题进行沟通，而且在例会上不但员工与经理人员可以进行沟通，员工之间也可以进行经验交流；还可以结合员工季度的工作报告与员工进行一次面对面的交谈，共同探讨工作中需要解决的问题。

第二，简化书面报告中的文字工作，只保留必要的报告内容，避免烦琐、官僚的形式。

第三，充分利用现代的信息交流手段，例如网络办公，这样可以使书面报告的交流速度和效率提高，增强实时性，书面报告就会体现出其他方式不能代替的优越性。

2. 会议沟通。鉴于书面的沟通无法提供面对面的交流机会，因此会议沟通就具有了其不可替代的优势。会议沟通可以提供更加直接的沟通形式，而且可以满足团队交流的需要。此外,会议沟通的好处还表现在经理人员可以借助开会的机会向全体下属员工传递有关公司战略目标和组织文化的信息。

但是会议沟通也存在其不可避免的一些缺陷:

- 会议的组织比较耗费时间和精力,而且对经理人员的管理和沟通技巧要求较高。
- 有些问题不便于在团队中进行公开讨论。
- 与会者对会议的需求不同,因此他们可能会抱着各自的目的来参加会议,会对沟通中的信息进行选择性的过滤。
- 会议必然要使很多员工离开工作岗位,放下手头的工作,因此如果时间安排得不好会影响工作。
- 如果对会议的组织不够理想,也会使会议成为官僚的、烦琐的、形式主义的东西。

因此,在会议沟通中,也许要把握一些必要的原则:

- 注意会议的主题和频率,针对不同的员工召开不同的会议。
- 运用沟通的技巧形成开放的沟通氛围,不要开成批判会、训话会、一言堂、拌嘴会。
- 合理安排时间,以不影响正常的工作为宜。
- 在会上讨论一些共同的问题,不针对个人。
- 鼓励员工自己组织有关的会议,邀请经理人员列席会议。

☞ **关键提示:如何进行有效的会议沟通**

1. 在会议之前必须进行充分的准备。要想成功地召开绩效沟通的会议,必须在会议之前做好充分的准备。如果您作为一名主管人员在员工的绩效期间内想要组织一次会议对员工的工作进展情况进行回顾,并制定下一阶段的行动计划,必须在会前做好以下几个方面的准备。

- 会议主题的准备:在这次会议上主要讨论哪些内容?最后要达到什么样的目标?需要哪些员工参加会议?
- 会议程序的准备:会议将以怎样的程序进行?采取什么样的措施控制会议按照既定的程序进行?
- 会议时间的准备:了解与会者可能出席的时间,并计划整个会议过程中各个阶段所需要的时间。
- 会议场地的准备:安排好适宜的场地,并保证该场地在会议期间不会被占用或打扰。
- 会议所需材料的准备:准备好与会议内容有关的材料,例如员工的书面报告等。如果必要,可以从员工那里事先收集一些信息。
- 准备会议中可能出现的问题:事先分析与会者的心理状态与需求,考虑他们在会议中可能会提出的问题或争议,准备好可选择的解决方案。
- 让与会者做准备:给予与会者必要的信息。使他们了解会议的主题,并告诉他们应该做哪些准备。这是非常必要但却容易被忽视的一个步骤,很多会议组织者都比较多的重视自己的准备,而忽视其他与会者的准备,其实,只有所有的与会者都做好了充分的准备,会议才能取得良好的效果。

2. 会议过程中的组织。会议过程中的组织主要应该注意以下一些方面的内容:

- 在会议开始的时候,介绍会议的日程,使与会者了解会议全部的时间安排和规则。
- 主管人员作为会议的主持人应该尽量多给员工发言的机会,力争做到真正发挥与会人员的智慧。不应将可能提出重要建议的员工从讨论中排除出去。

- 当会议的讨论偏离主题时，主管人员应该及时将与会者的注意力拉回到与会议主题有关的内容上。
- 不要急于在会议上立刻做出决策。
- 注意制定会议结束后的行动计划。
- 在即将结束会议的时候，回顾会议的全部内容，并重申会议上做出的决策，布置会议后应该做的工作。

3.做好会议记录。

- 会议记录没有必要非常详细地记下每一个细节，只需记录与主题有关的重要内容。
- 会议记录要在会议结束后比较短的时间内发给相关的与会者。
- 涉及会议后的行动计划内容的，要注意写明行动的责任人和完成期限。

4.面谈沟通。

管理人员与员工进行一对一的面谈沟通是持续的绩效沟通中比较常用的一种沟通方式。面谈的方式有许多优点：

- 面谈的方式可以使主管人员与员工进行比较深入的沟通。
- 面谈的信息可以保持在两个人的范围内，可以谈论比较不易公开的观点。
- 通过面谈，会给员工一种受到尊重和重视的感觉，比较容易建立主管人员与员工之间的融洽关系。
- 主管人员在面谈中可以根据员工的处境和特点，因人制宜地给予帮助。
- 当然面谈沟通的方式也有一定的缺陷，例如无法进行团队的沟通，容易带有个人的感情色彩等等。

在绩效实施的过程中进行面谈沟通，应该注意以下几个问题：

第一，力图通过面谈使员工了解组织的目标和方向。在面谈的过程中，不仅仅停留在员工个人所做的工作上，而是要让员工知道他们个人的工作与组织的目标有什么样的联系。这样有助于使员工做出与组织目标相一致的行为。

第二，多让员工谈自己的想法和做法。主管人员应该借助面谈的机会更多地去倾听员工讲话，尽量去了解员工的真实想法，鼓励员工产生新的创意。

第三，及时纠正无效的行为和想法。主管人员倾听员工的想法，并不等于对员工听之任之。当主管人员在面谈过程中发现员工有一些无效的行为或想法时，应该及时加以纠正或制止。

第四，让员工认识到主管人员的角色。员工对主管人员在绩效管理中的角色有时会存在有偏差的看法，例如认为主管人员应该替自己做出决策，或者认为既然主管人员把目标分解给了我们，那么他们就不应该干涉我们的工作了。主管人员应该通过沟通让员工认识到，在绩效管理的过程中，主管人员既不能对员工听之任之，也不能替代员工做出决策。主管人员更多起到支持者和问题解决者的作用。

（二）非正式的沟通

在绩效实施过程中的持续的绩效沟通，除了上面介绍的正式的沟通方式之外，还有大量使用的非正式的沟通方式。

对于员工来讲，无论何种形式的正式的沟通方式，都会让他们产生紧张的感觉，在表达的时候都会受到限制，很多真实的想法无法表达出来。而采用非正式的沟通方式则更容易让员工开放地表达自己的想法，沟通的气氛也更加宽松。

非正式的沟通方式几乎无处不在,可以说除了正式的沟通方式之外的沟通都可以叫做非正式沟通。在工作的间歇,在午餐时,在咖啡厅里,甚至在路上,都是进行非正式沟通的场合。作为好的经理人员除了善于利用正式的沟通方式之外,还应该充分利用各种各样的非正式沟通的机会。

非正式沟通至少有以下几点优点:

- 非正式沟通的形式丰富多样,而且非常灵活,不需要刻意去准备,也不易受到时间、空间的限制。
- 利用非正式沟通解决问题可以非常及时,因为在问题发生时,马上就可以进行非正式的沟通,这样可以使问题高效率地得到解决,而不必等到某个计划好的时间再去解决。
- 非正式的沟通往往比较有效,因为员工特别喜欢接受这种形式。
- 非正式沟通更容易拉近主管人员在员工工作期间的距离。

常见的非正式沟通方式主要有:

1.走动式管理。走动式管理是指主管人员在员工工作期间不时地到员工的座位附近走动,与员工进行交流,或者解决员工提出的问题。走动式管理是比较常用的也是比较容易奏效的一种沟通方式。有的员工说,“我就特别喜欢老板不时走到我的座位上,拍一下我的肩膀,对我问上一句‘怎么样?’”员工往往不喜欢老板整天坐在自己的办公室里,不与自己说一句话。主管人员对员工及时的问候和关心本身并不能解决工作中的难题,但足以使员工感到压力的减轻,感到鼓舞和激励。

主管人员在走动式管理的过程中应注意不要对员工具体的工作行为过多的干涉,不要对他们指手划脚、品头论足,否则的话就会给员工一种突然袭击检查工作的感觉,员工容易产生心理压力和逆反情绪。

2.开放式办公。开放式办公(Open-door)主要指的是管理人员的办公室随时向员工开放,只要没有客人在办公室或正在开会的时候,员工随时可以进入办公室与主管人员讨论问题。我们可以看到,许多公司中主管人员的办公室是不设门的,只是用比较高的隔板隔开,这样做的目的是便于员工随时与其进行沟通。

开放式办公的方法比较大的一个优点就是将员工置于比较主动的位置上。员工可以选择自己意愿与主管沟通的时间与主管人员进行沟通,员工可以比较多的主导沟通的内容。绩效管理是主管人员和员工双方的责任,员工主动与主管人员进行沟通是他们认识到自己在绩效管理中的责任的表现。而且沟通的主动性增强也会使整个团队的氛围得到改善。

3.工作间歇时的沟通。主管人员还可以利用各种各样的工作间歇与员工进行沟通,例如与员工共进午餐,在喝咖啡的时候聊聊天等等。在工作间歇时与员工进行沟通要注意不要过多谈论比较严肃的工作问题,可以谈论一些比较轻松的话题,例如昨天晚上的足球赛、烹饪的技术、聊家常等,在轻松的话题中自然而然地引入一些工作中的问题,而且尽量让员工主动提出这些问题。

4.非正式的会议。非正式的会议主要包括联欢会、生日晚会等各种形式的非正式的团队活动。非正式会议也是比较好的一种沟通方式,主管人员可以在比较轻松的气氛中了解员工的工作情况和遇到的需要帮助的问题。而且,这种聚会往往以团队的形式举行,主管人员也可以借此发现团队中的一些问题。

第五节　绩效信息的收集

一、我们为什么收集绩效信息

我们在考虑整个绩效管理循环的时候，往往会把比较多的注意力放在对绩效的评估上。然而，我们不妨思考一下，力图做到客观、公正的绩效评估，需要依据什么来进行评估呢？客观、公正的绩效评估一定不会是凭感觉的，这些评估的依据来自于绩效实施与管理的过程中。可以说，绩效实施与管理的环节是为下一个环节——绩效评估准备信息的。所以，在绩效实施与管理的过程中就一定要对被评估者的绩效表现做一些观察和记录，收集必要的信息。

我们对员工的绩效信息进行记录和收集的主要原因是什么呢？

请注意这里用了“记录”和“收集”这样两个词，“记录”是指以主管人员为主体将有关绩效的行为记录下来，而“收集”则是指不由主管人员进行观察和记录的信息，由其他人进行观察或记录，主管人员再从他人那里获取这些有关员工绩效的信息。

我们为什么要收集和记录员工的绩效信息呢？主要的原因有以下几点：

1. 提供绩效评估的事实依据。在绩效实施的过程中对员工的绩效信息进行记录和收集，是为了在绩效评估中有充足的客观依据。在绩效评估时，我们将一个员工的绩效判断为“优秀”“良好”“差”，需要有一些证据做支持，也就是说我们依据什么将员工的绩效评判为“优秀”“良好”“差”，这绝对不是凭感觉，而是要用事实说话。这些信息除了可以作为对员工的绩效进行评估的依据，也可以作为晋升、加薪等人事决策的依据。

2. 提供改进绩效的事实依据。我们进行绩效管理的目的是改进员工的绩效和提高工作能力，那么当我们对员工说“你在这些方面做得足够好”或“你在这方面还可以做得更好一些”时，妥善结合具体的事实向员工说明其目前的差距和需要如何改进和提高。例如，主管人员认为一个员工在对待客户的方式上有待改进，他就可以举出员工的一个具体事例来说明。“我们发现你对待客户非常热情主动，这很好。但是客户要选择哪种方式的服务应该由他们自己做出选择，这是他们自己的权利。我发现你在向客户介绍服务时。总是替客户做决策，比如上次……，我觉得这样做不太妥当，你看呢？”这样，就会让员工清楚地看到自己存在的问题，有利于他们的改进和提高。不仅指出员工有待改进的方面需要提供事实依据，而且表扬员工时也需要就事论事，而不是简单的指出“你做得不错。”

3. 发现绩效问题和优秀绩效的原因。对绩效信息的记录和收集还可以使我们积累一定的突出绩效表现的关键事件，例如，记录绩效突出好的一些员工的工作表现和绩效突出差的员工的一些工作表现，可以帮助我们发现优秀绩效背后的原因，然后可以利用这些信息帮助其他员工提高绩效，使他们以优秀员工为基准，把工作做得更好。并且可以发现绩效不良背后的原因，是工作态度的问题还是工作方法的问题，这样有助于对症下药，改进绩效。

4. 在争议仲裁中的利益保护。另外，保留翔实的员工绩效表现记录也是为了在发生争议时有事实依据。一旦员工对绩效评估或人事决策产生争议时，就可以利用这些记录在案的事实依据作为仲裁的信息来源。这些记录一方面可以保护公司的利益，另一方面也可以保护当事员工的利益。

二、收集绩效信息的方法

既然与绩效有关的信息是进行绩效评估时的必要信息,那么就需要采取一些系统的方法收集与绩效有关的信息。收集绩效信息的方法主要有以下几种。

(一)观察法

观察法是指主管人员直接观察员工在工作中的表现,并对员工的表现进行记录。例如,一个主管人员看到员工粗鲁地与客户讲话,或者看到一个员工在完成了自己的工作之后热情地帮助其他同事工作等等。这些就是通过直接观察得到的信息。

(二)工作记录法

员工的某些工作目标完成的情况是通过工作记录体现出来的。例如财务数据中体现出来的销售额数量,客户记录表格中记录下来的业务员与客户接触的情况,整装车间记录下来的废品的个数等,这些都是日常的工作体现出来的绩效情况。

(三)他人反馈法

员工的某些工作绩效不是管理人员可以直接观察到的,也缺乏日常的工作记录,在这种情况下就可以采用他人反馈的信息。一般来说,当员工的工作是为他人提供服务或者与他人发生关系时,就可以从员工提供服务或发生关系时的对象那里得到有关的信息。例如,对于从事客户服务工作的员工,主管人员可以通过发放客户满意度调查表或与客户进行电话访谈的方式了解员工的绩效;对于公司内部的行政后勤等服务性部门的人员,也可以向其提供服务的其他部门人员那里了解信息。

三、收集绩效信息的内容

收集绩效信息是一项非常重要的工作,那么我们应该收集哪些绩效信息呢?

我们不可能对所有的员工绩效表现都做出记录,因此我们必须有选择的收集。首先要确保所收集的信息与关键绩效指标密切相关。所以,确定收集哪些信息之前需要回顾关键绩效指标。

下面是一些关键绩效指标,结合这些关键绩效指标,我们来看一下应收集哪些信息(表 3-3)。

表 3-3 关键绩效指标

工作产出	指标类型	具体指标	绩效管理
销售利润	数量	·年销售额 ·税前利润百分比	·年销售额在 20 万—25 万 ·税前利润率 18%—22%
新产品设计	质量	上级评价: ·创造性 ·体现公司形象 客户的评价: ·性价比 ·相对竞争对手产品的偏好程度 ·独特性 ·耐用性	上级评价: ·至少有 3 种产品与竞争对手不同 ·使用高质量的材料,恰当的颜色和样式代表和提高公司的形象 客户的评价: ·产品的价值超过了它的价格 ·在不告知品牌的情况下对顾客进行测试,发现选择本公司产品比选择竞争对手产品的概率要高 ·客户反映与他们见到过的同类产品不同 ·产品使用的时间足够长
零售店销售额	数量	销售额比去年同期的增长	销售额比去年同期增长 5%—8%

针对上面列出的关键绩效指标我们所要收集的信息，基本可以分为3类。

第一类：来自业绩记录的信息。

例如：

年销售额在20万—25万；

税前利润率18%—22%；

销售额比去年同期增长5%—8%；

销售额和税前利润率可以在销售记录和财务资料中查找到。

第二类：由主管人员进行观察得到的信息。

例如：

上级评价：

至少有3种产品与竞争对手不同；

使用高质量的材料，恰当的颜色和样式代表和提高公司的形象；

这些信息主要是通过主管的直接观察得到的。主管人员需要注意收集与这些方面有关的信息。

第三类：来自他人评价的信息。

例如：

客户的评价：

产品的价值超过了它的价格；

在不告知品牌的情况下对顾客进行测试，发现选择本公司产品比选择竞争对手产品的概率要高；

客户反映与他们见到过的同类产品不同；

产品使用的时间足够长。

为了收集到这些信息，可以采用对客户进行问卷调查、访谈或召开专场座谈会的方式，了解客户对产品的评价。

通常来说，收集的绩效信息的内容主要包括：

- 工作目标或任务完成情况的信息。
- 来自客户的积极的和消极的反馈信息。
- 工作绩效突出的行为表现。
- 绩效有问题的行为表现等等

在收集的信息中，有相当一部分是属于“关键事件”的信息。关键事件是员工的一些典型行为，既有证明绩效突出好的事件，也有证明绩效存在问题的事件。

案例1：一个积极的关键事件

王林是一家公司的销售员，李志光是他的老板。一天，李志光路过王林的座位的时候，正巧他在打电话。李注意到王正在给买了产品的客户打电话，询问客户使用产品的情况：“您觉得用起来怎么样啊？”“您觉得我们的产品还有哪些需要改进的方面吗？”“除了我们的 产品，您还用过其他品牌的产品吗？他们在哪些方面比我们好？”并且看到王认真地记录下客户的意见。过了几天，一份整理完好的客户意见调查报告就呈现在了李的办公桌上。李发现，王详细地对客户使用产品的意见进行了总结和归类，并且有自己的分析意见，这些意见对于产品的改进很有帮助。

案例2:一个消极的关键事件

赵爽将一份打印精美的月度报告交给了高经理。高经理非常认真地阅读了这份报告,他对报告中的一些数据感到有些怀疑,于是就重新计算了一下,发现果然有错误。高经理忽然想到赵爽的报告与林垒的报告用的是同样的模板,于是他拿出了林垒的报告与其对照了一下,结果发现赵爽的报告中有些数据由于粗心没有被替换掉,用的还是林垒原来的数据,这样就导致了数据的错误。

四、收集信息中应注意的问题

1. 让员工参与收集信息的过程。作为主管人员,不可能每天8小时地盯着一个员工观察,因此主管人员通过观察得到的信息可能不完全或者具有偶然性。那么,教会员工自己做工作记录则是解决这一问题的一个比较好的方法。员工都不希望主管人员拿着一个小本子,一旦发现自己犯了错误就记录下来,然后将错误攒在一起到绩效评估的时候一起算账。我们需要反复强调的一个观点就是,绩效管理是主管人员和员工双方共同的责任。因此,员工参与到绩效数据收集的过程中来就是体现员工责任的一个方面。而且,员工自己记录的绩效信息比较全面,主管人员拿着员工自己收集的绩效信息与他们进行沟通的时候,他们也更容易接受这些事实。

但值得注意的是,员工在做工作记录或收集绩效信息的时候往往会存在有选择性的记录或收集的情况。有的员工倾向于报喜不报忧,他们提供的绩效信息中体现成就的会比较多,而对于自己没有做好的事情,则持回避态度。有的员工则喜欢强调工作中的困难,甚至会夸大工作中的困难。所以,当主管人员要求员工收集工作信息时,一定要非常明确地告诉他们收集哪些信息,最好采用结构化的方式,将员工选择性收集信息的程度降到最小。

2. 要注意有目的地收集信息。收集绩效信息之前,一定要弄清楚为什么要收集这些信息。有些工作没有必要收集过多的过程中的信息,只需要关注结果就可以了,那么就不必费尽心思去收集那些过程中的信息。如果收集来的信息最后发现并没有什么用途而被置之不理,那么这将是对人力、物力和时间的一大浪费。

3. 可以采用抽样的方法收集信息。既然不可能一天8小时一动不动地监控员工的工作(如果有必要获得工作过程中的信息的话,也只好如此),那么不妨采用抽样的方式。所谓抽样,就是从一个员工全部的工作行为中抽取一部分工作行为做出记录。这些抽取出来的工作行为就被称为是一个样本。抽样关键是要注意样本的代表性。

常用的抽样方法有固定间隔抽样法、随机抽样法、分层抽样法等。

固定间隔的抽样就是每隔一定的数量抽取一个样本。例如,每5个产品抽取一个进行检查;每隔30分钟抽取客户服务热线接线生的一个电话进行监听等等。这种抽样的方法比较固定,容易操作,但也容易让被评估者发现规律,故意做出某些服从标准的行为表现。

随机抽样的方法就是不固定间距地抽取样本。这种方法不易让被评估者发现规律。例如,每一个小时中监听一个电话,但不固定是哪个电话。在有的情况下,可以利用随机数表选择抽取的样本。

分层抽样法则是按照样本的各种特性进行匹配抽样。这种方法可以比较好的保证样本的覆盖率。例如,在进行客户满意度调查的时候,到底选取哪些客户作为调查的对象呢?这时就可以把客户的年龄、性别、学历、收入状况、职业等因素作为匹配因素，保证不同年龄、性别、学历、收入、职业的客户都能被调查，这样得到的信息才会比较有代表性。

4.要把事实与推测区分开来

我们应该收集那些事实的绩效信息，而不应收集对事实的推测。我们通过观察可以看到某些行为，而行为背后的动机或情感则是通过推测得出的。如果说“他的情绪容易激动”，这是对事实的推断得出来的，事实可能就是这样，因为“他与客户打电话时声音越来越高，而且用了一些激烈的言辞”。主管人员与员工进行绩效沟通的时候，也是基于事实的信息，而不是推测得出的信息。

◆复习思考题

1.谈谈绩效计划的内涵。

2.谈谈绩效计划制定的步骤?

3.谈谈制定组织绩效计划主要应做哪些准备。

4.绩效沟通的主要方式?

5.谈谈绩效信息收集的作用。

6.绩效信息收集的方法有哪些?

第四章 绩效管理的过程(二):绩效评估、绩效反馈面谈

第一节 绩效评估的主要方法

一、等级评定法

等级评定法是最容易操作和普遍应用的一种绩效评估方法。这种评估方法的操作形式是,给出不同等级的定义和描述,然后针对每一个评价要素或绩效指标按照给定的等级进行评估,最后再给出总的评估。

例1 ××公司绩效评估表

被评估者:王×× 职位:大客户部经理

所属部门:市场部 直接主管:林××

绩效期间:2014年8月1日至2015年1月31日

评价标准

工作目标	主要产出	完成期限	衡量标准	自我评估	主管评估
完善《大客户管理规范》(20%)	修订后的《大客户管理规范》	2014年8月底	·大客户管理的责任明确 ·大客户管理的流程清晰 ·大客户的需要在管理规范中得到体现	A	B
调整部门内的组织结构(10%)	新的团队组织结构	2014年9月15日	·能够以小组的形式面对大客户 ·团队成员的优越能够进行互补和发挥	A	B
完成对大客户的销售目标(50%)	·大客户的数量 ·销售额 ·客户保持率	2015年1月底	·大客户数量达到30个 ·销售额达到2.5亿元 ·客户保持率不低于80%	B	B
建立大客户数据库(20%)	大客户数据库	2014年12月底	·大客户信息能够全面、准确、及时地反映在数据库中 ·该数据库具有与整个公司管理信息系统的接口 ·数据安全 ·使用便捷 ·具有深入的统计分析功能模块	B	A

续　表

最后评估等级:B 被评估者签字:__________ 主管签字:__________ 日期:__________

A(10 分)出色,工作绩效始终超越本职位常规标准要求,通常具有下列表现:在规定的时间之前完成任务,完成任务的数量、质量等明显超出规定的标准,得到客户的高度评价。

B(8 分)优良,工作绩效经常超出本职位常规标准要求,通常具有下列表现:严格按照规定的时间要求完成任务经常提前完成任务,经常在数量、质量上超出规定的标准,获得客户的满意。

C(6 分)可接受,工作绩效经常维持或偶尔超出本职位常规标准要求,通常具有下列表现:基本上达到规定的时间、数量、质量等工作标准,没有客户的不满意。

D(4 分)需改进,工作绩效基本维持或偶尔未达到本职位常规标准要求,通常具有下列表现:偶有小的疏漏,有时在时间、数量、质量上达不到规定的工作标准,偶尔有客户的投诉。

E(2 分)不良,工作绩效显著低于常规本职位正常工作标准的要求,通常具有下列表现:工作中出现大的失误,或在时间、数量、质量上达不到规定的工作标准,经常突击完成任务,经常有投诉发生。

例 2　××公司绩效评估表

员工姓名:__________

员工职位:__________

所属部门:__________

评价人姓名:__________

评价人职位:__________

评估等级说明:

A:卓越。工作绩效非常突出,能创造性地解决问题,得到公司内部一致的公认。

B:优秀。工作一贯高质量,大多数方面超出绩效标准。

C:良好。达到工作绩效标准,称职和可信赖。

D:需改进。在绩效的某一方面存在不足,需要进行改进。

E:不足。工作绩效水平总的来说无法接受,必须立即进行改进。

工作职责	绩效标准	评估等级
录入、打印各种文件(文字材料)(25%)	·一个月内由于错误而被返回的文件次数不超过 5 次 ·一个月内没有在承诺的期限之内完成的文件次数不超过 5 次 ·秘书的主管通过向其他客户调查发现秘书的文件打印没有文字上和语法上的错误,能够在认同的期限内完成 * 优秀绩效的表现:主动采取一些排版方式提高文件的信息交流质量,例如采用一些字体和格式的变化等;能够主动纠正原文中的语法、文字错误;采用节省耗材的做法	等级:______ 评语:
起草通知、便笺或日常信件(40%)	主管人员认为仅对草稿做微小的修改就可以发送了 * 优秀绩效的表现:起草文件时仅需要极少的指导,一些日常的信件无需主管干预就可以正确处理	等级:______ 评语:
为出差人员安排旅程(15%)	主管人员调查出差者,了解如下情况: ·安排符合出差者的要求 ·按时、准确预定旅店、车辆费用报表按时、准确完成 * 绩效优秀的表现:帮助出差人选择最合理的旅程安排,使出差人节省时间,尽可能在旅程中舒适	等级:______ 评语:

续　表

工作职责	绩效标准	评估等级
安排会议(20%)	1. 在会议开始前准备好会议所需的设备和材料 2. 会议进程顺利、与会者不至于中途离开会议去解决由于事先准备不充分而造成的问题 * 绩效优秀的表现:会议材料和安排无需主管的监控	等级:________ 评语:

最后评估等级:________________
员工签名:________________
主管签名:________________
日期:________________

等级评定的方法简便易操作,但是也容易遇到一些问题。首先,由于操作上的简便使人们容易做表面工作,在进行等级评定时敷衍了事。其次,较多的主管人员和员工习惯于评定为比较高的等级,因此常常出现大量的绩效评定为优秀的员工。另外,有的时候会对等级评价的标准表述得比较抽象和模糊,例如到底什么样叫"创造性完成工作"、"明显超出绩效标准"往往令人产生歧义,这样不同的人在评估时标准可能会不统一。

为了使等级评定法更好的发挥效果,可以注意在等级评定法的以下几方面进行改进:

在让评估者做出等级评定的同时,请他们对确定的结果做一个简单的评语,用一些事实来说明被评估者的绩效水平。例如,如果一个被评估者的绩效为优秀,那么就需要列举出一些证明他绩效优秀的行为表现。

二、强迫分布法

为了避免由于大多数员工都得到比较高的等级而没有真正把绩效优秀的员工区分出来,可以使用强迫分布的方法,即对各个等级的人数比例做出限制。一般来说,各个等级的比例分布应该接近正态分布。例如对于上面提到的"卓越""优秀""良好""需改进""不足"5个等级的比例分布按照强迫分布法设定如下:

等级	卓越	优秀	良好	需改进	不足
比例	10%	20%	45%	20%	5%

强迫分布法的比例规定只是一个对总体比例的控制,具体到各个部门,可以有一定的上下浮动。例如,有的部门可能只有几个人,很难要求它严格地按照比例分布来进行评定。另外,很多公司将部门整体的业绩完成情况与部门内部员工绩效等级比例联系起来。当部门整体的业绩完成情况较好时,部门内部员工被评定为较高的绩效等级的比例相对比较高;相反,如果部门整体的业绩完成情况不好,那么部门内部的员工被评定为较高的绩效等级的比例相对比较低。还是以上面的等级评定为例,我们将部门整体业绩完成情况分为A、B、C、D、E 5个等级。当部门整体业绩完成情况为A级时,部门内部员工绩效等级比例分布如下:

等级	卓越	优秀	良好	需改进	不足
比例	10%	30%	45%	15%	0%

当部门整体的业绩评定为D时,部门内部员工绩效等级比例分布如下:

等级	卓越	优秀	良好	需改进	不足
比例	0%	15%	25%	40%	20%

为了尽量对内达成一致意见，一方面在定义标准时尽可能的比较清晰避免歧义的语言；另一方面，在进行绩效评估之前对评估者进行系统的培训，使他们掌握一致的评估标准。

三、排序法

排序法是一种相对比较的方法，主要是将员工按照某个评估因素上的表现从绩效最好的员工到绩效最差的员工进行排序。

排序法有利于识别出好绩效的员工和差绩效的员工。对于某个因素上绩效有问题的员工，可以作为在该方面培训的对象。

排序法通常的做法是：将所有参加评估的人选列出来，分别针对每一个评估要素开展评估，首先找出该因素上表现最好的员工，将他排在第一的位置上，再找出在该因素上表现最差的员工，将他排在最后一个位置上，然后找出次最好的员工，将他排在第二的位置上，然后再找出次最差的员工，将他排在倒数第二的位置上，依此类推。然后以同样的方法就第二个因素进行评估，排列员工的顺序。

表 4-1 是用排序法进行绩效评估的结果。

表 4-1　绩效评估排序表

因素一：工作责任感		因素二：问题解决能力		因素三：团队合作	
名次	姓名	名次	姓名	名次	姓名
1	李小波	1	袁　均	1	杜丽丽
2	杜丽丽	2	任　平	2	任　平
3	袁　均	3	李小波	3	李小波
4	任　平	4	杜丽丽	4	袁　均
5	张国通	5	赵秋生	5	张国通
6	赵秋生	6	霍　秦	6	赵秋生
7	霍　秦	7	张国通	7	霍　秦
8	桑　琦	8	王　露	8	罗　铣
9	罗　铣	9	桑　琦	9	桑　琦
10	王　露	10	罗　铣	10	王　露

排序法可以比较清楚地看到在每一个因素上表现好和表现不足的员工，但排序法的不足是它只适合对人数较少的团队进行绩效评估，因为人数过多将会使排序的工作变得非常烦琐。

另外，排序法可能带来的一个负面影响就是员工之间的相互攀比和竞争。竞争本来是好事情，如果一个员工为了达到比同伴排名高的目的努力工作做出更好的成绩，这是竞争的积极方面。然而竞争也不总是给人带来积极的效果，有时，一个员工故意采取某种手段使自己的同伴取得更差的成绩来使自己排名在同伴前面，这样的后果则不是我们所期望达到的结果。

四、对偶比较法

对偶比较法与排序法类似,也是一种相对的绩效评估方法。这种方法的基本做法是,在每一个评估因素上将每一个员工与其他的员工进行比较。

例如,我们要对5名员工运用对偶比较法进行评定,那么我们先制作一个表格(见表4-2所示)、将被评估者的名字写在表格的第一行中,同时也定在第一列中。然后分别与行中的每一个被评估者与列中的每一个被评估者中进行比较。如果在这个评估因素上,处于第n列第一行中的被评估者比处在第m行第一列中的被评估者表现得好,那么就在第n列第m行交叉处的方格里填写一个"+"号;如果处于第n列第一行中的被评估者不如处在第m行第一列中的被评估者表现得好,那么就在第n列第m行交叉处的方格里填写一个"-"号。最后统计每一列中的"+"号和"-"号的数量,用"+"号的数量减去"-"号的数量,得出被评估者的分数,按照分数可以排列出被评估者的次序或者选出较好和较差的被评估者。

表4-2　对偶比较法

评价要素:工作效率					
	A	B	C	D	E
	林　达	欧阳雪	夏伟俊	郭耀彤	胡　冰
A		-	-	+	-
林　达					
B	+		-	+	+
欧阳雪					
C	+	+		+	+
夏伟俊					
D	-	-	-		-
郭耀彤					
E	+	-	-		+
胡　冰					
名次	2	4	5	1	3

评估要素:创新精神					
	A	B	C	D	E
	林　达	欧阳雪	夏伟俊	郭耀彤	胡　冰
A		-	-	-	
林　达					
B	+		+	+	+
欧阳雪					
C	+	-		+	-

续 表

评估要素:创新精神					
	A	B	C	D	E
	林 达	欧阳雪	夏伟俊	郭耀彤	胡 冰
夏伟俊					
D	+	−	−		−
郭耀彤					
E	+	−	+	+	
胡 冰					
名次	1	5	3	2	4

从这一组的5名被评估者的情况来看,在工作效率方面评估最高的被评估者是郭耀彤,在创新精神评估最高的被评估者是林达。

对偶比较法比排序法更具有优势的地方是这种方法是通过对被评估者进行两两之间的比较而得出的次序、得到的评估更可靠。但是,我们可以看到,这种方法也仅适合于对人数较少的一组被评估者进行评估,而且在操作方面比较麻烦。

五、关键事件的方法

在前面一章中我们介绍了收集绩效信息的过程中很多时候我们可以收集到一些关键事件,那么在进行绩效评估时就可以对这些关键事件进行评估。但是应该注意的是,对关键事件的评估一定要与被评估者的关键绩效指标联系起来,也就是说,这些关键事件是与被评估者的关键绩效指标有关的事件。

例如,对客户经理进行评估,客户经理的一项关键绩效指标是获得客户的满意。针对这项关键绩效指标,他的主管人员记录下这样两件关键事件:

好的关键事件:

客户经理马力耐心地倾听客户的抱怨,回答客户的问题,认真地检查客户返回的产品,有礼貌地向客户做出解释和道歉,并立即给客户签署了退货单。

坏的关键事件:

在业务最繁忙的季节里,客户经理马力在休息时间过后迟到了30分钟回到办公室。他错过了4个来自客户的电话,并且已经有2名客户焦急地等在会客室中,他们是按照马力约好的时间来访的。

六、行为锚定等级评定法

行为锚定等级评定法(Behaviorally Anchored Rating Scale,BARS)是基于关键事件法的一种量化的评定方法。这种方法主要是建立一个行为性的评定量表,对每一个等级运用关键事件进行行为描述,因此它结合了关键事件法和等级评定法两者的优点。

下面是一个对教师课堂教学技巧进行评估的行为锚定量表,如表4-3所示:

表 4-3　行为锚定量表

评估要素:课堂教学技巧	
定义:课堂教学技巧主要是指教师在课堂上有效地向学生传授教育内容的技巧。	
等级	描　述
9	·使用多样化的教育方法,提高学生的自我学习能力。例如,有些内容采取让学生上来讲解、教师点评的方法
8	·鼓励学生提出不同的意见,引导学生进行创造性的思考
7	·能将具有关联性的问题前后联系起来讲解,使学生形成完整的知识体系
6	·讲解某些问题时,使用恰当的例子
5	·讲解问题时重点突出
4	·使用清楚、容易理解的语言讲课
3	·对稍有难度的问题讲不清楚,并且对学生的不同意见不接纳
2	·讲课乏味、枯燥,照本宣科
1	·经常讲错一些重要概念

那么,如何建立一个行为锚定式的评定量表呢?一般说来,建立行为锚定量表需要以下几个步骤:

第一,选定绩效评估要素。选取需要评估的要素,并对其内容进行界定。

第二,获取关键事件。通过对工作比较熟悉的人(任职者或任职者的主管人员)提供一些关键事件,包括工作做得好的关键事件和工作做得不好的关键事件。

第三,将关键事件分配到评定要素中去。

第四,由另外一组对工作同样了解的人对关键事件重新进行审定、分配和排序。将这一组与前面一组分配关键事件时,在一定程度上(80%)一致的关键事件保留下来,作为最后使用的关键事件。

第五,对关键事件进行评定,看看分配到各个要素的各个等级上的关键事件是否可以代表各自的要素和等级。

第二节　绩效评估的实施

一、主管人员评估

被评估者的工作目标主要是在与主管人员进行沟通之后设立的,因此主管人员最有责任和权利对被评估者的目标达成情况进行评估。大多数情况下,对一个任职者绩效的评估都是以主管人员评估为主。

二、自我评估

通过绩效评估,主要是想改进和提高被评估者的绩效和能力水平,同时也提高被评估者的自我管理、自我提高能力。通常,在进行绩效评估时多采取自我评估与主管评估相结合的方式，即对各个评估项目首先进行自我评估，然后主管人员再进行评估，最后的评他结果，由被评估者和主管人员进行沟通确定。

使用自我评估的方法有以下几点好处：

- 提高自我意识，使员工更好地认识到看书的优点和不足。
- 促进员工对绩效评估过程的支持。
- 有助于主管人员发现员工在自我认识和对绩效评估认识上的问题。
- 识别员工自身的培训和发展需求。

一般来说，在绩效评估的实施中通常采用自我评估与主管人员评估相结合的方式，如下面某公司的绩效评定表所示。

表 4-4　某公司绩效评估表

工作目标	目标分解	工作产出和绩效标准	完成情况	个人评分	主管评分

三、来自客户或下属人员的评估

对于被评估者绩效的某些方面，上级主管可能并不是最了解的人，而被评估者的客户或其他与之打交道的人却更了解他们的绩效情况。在这种情况下，我们就可以通过客户评估的方法了解被评估者的绩效。

例如对于一个教师来说，他在课堂上授课情况如何是其绩效的重要组成部分。而教师的上级主管却不可能全部了解教师授课的情况，最多他们只能抽取教师的部分课时进行听课和评估。作为教师授课对象的学生由于对教师的授课情况非常了解，而且教师的绩效中重要的组成部分是学生的满意程度，因此由学生对教师的授课质量进行评估是非常必要和恰当的。

下面是一个由学生完成的对教师的评估表，如表 4-5 所示。

表 4-5　教师教学情况评估表

教师姓名:________________　　　　课程名称:________________

评估者所在班级:________________　　　　评估者性别:________________

这份问卷主要是对任课教师的授课情况进行评估,评估的结果将对改进教学质量有很大帮助。

请您根据该教师授课的情况,如实填写本评估表格。

表格的填写方法是:根据实际情况判断对下面每一句陈述的同意程度,在适当的数字上划圈。

谢谢您的合作。

5	4	3	2	1
非常同意	基本同意	中立	基本不同意	非常不同意

1.该教师在上课前进行了认真的备课。	5	4	3	2	1
2.该教师上课时着装严肃、整洁。	5	4	3	2	1
3.该教师语言表达清晰、准确、有感染力。	5	4	3	2	1
4.该教师讲课的逻辑清楚,知识体系完整连贯。	5	4	3	2	1
5.该教师能与学生进行互动。	5	4	3	2	1
……					

对于一个管理人员来说,他的很多工作是对下属人员进行管理。作为他的上司很难观察到他对下属人员的管理情况,因此,管理者的下属是对管理人员进行评估合适的评估者。

下面就是一个由下属填写的管理人员评估问卷:

表 4-6　某公司经理人员绩效评估表

被评估经理姓名:________________　　　　所属部门:________________

评估者姓名(可以不填写):____________________________

评估者职位(可以不填写):____________________________

填表说明:

为了提高对管理人员评估的客观性和公平性,并提高经理人员对下属员工管理的水平,经理人员必须认真接受下属员工的评估。

该评定量表的结果将影响到被评估经理的绩效评估结果,希望您客观、公正地评估您的上级经理人员,以帮助他们提高管理技能。

填写方法如下:

请在每一句陈述后选择合适的选项的序号,在上面划圈。

题　目	完全不同意	基本不同意	中立	基本同意	完全同意
1.该经理能够为我设立清晰、合理的工作目标	1	2	3	4	5
2.该经理经常与我进行工作上的沟通	1	2	3	4	5
3.该经理的工作计划性很好	1	2	3	4	5
4.该经理的时间观念很强	1	2	3	4	5
5.当团队工作遇到困难时,该经理能鼓舞大家的士气	1	2	3	4	5
6.该经理能对我进行客观、公正的评价	1	2	3	4	5
7.在该经理的领导之下,我的工作能力会得到不断的提高	1	2	3	4	5
8.我的创新想法能够得到该经理的接纳	1	2	3	4	5
9.该经理对承诺的事情说到做到	1	2	3	4	5
10.该经理不会对我的过错耿耿于怀	1	2	3	4	5
11.该经理能够给我足够的权限	1	2	3	4	5
12.该经理能掌握足够的业务知识	1	2	3	4	5
……					

对于那些主要与客户打交道的员工来说，客户的满意度是其工作绩效的重要组成部分。所以，在对这些员工进行绩效评估的时候，可以采用客户评估的方法。

下面是一家咨询顾问公司对咨询师进行评估的问卷，该问卷由该咨询师所负责的咨询项目的客户进行填写。

表 4-7　某咨询顾问公司客户调查问卷

被调查咨询师姓名：____________________　　咨询项目名称：____________________

填表公司：____________________　　填表人：____________________

该问卷旨在对本公司的咨询师的工作质量进行调查，目的是不断提高咨询服务的质量，更好地满足客户的需要。

请您务必按照实际情况认真填写，因为您所提供的信息对我们提高服务质量十分重要。

请在您认为合适的选项上划圈。

谢谢您的合作！

第一部分：知识技能

1. 该咨询师具有足够的相关知识和技能。

A. 完全同意　B. 基本同意　C. 中立　D. 基本不同意　E. 完全不同意

2. 咨询师能够灵活运用知识技能解决实际问题。

A. 完全同意　B. 基本同意　C. 中立　D. 基本不同意　E. 完全不同意

3. 该咨询师有能力将自己的知识清楚简洁地讲解给别人。

A. 完全同意　B. 基本同意　C. 中立　D. 基本不同意　E. 完全不同意

……

第二部分：服务意识

1. 该咨询师能够严格遵守约定好的时间。

A. 完全同意　B. 基本同意　C. 中立　D. 基本不同意　E. 完全不同意

2. 该咨询师能根据客户的需要调整工作计划。

A. 完全同意　B. 基本同意　C. 中立　D. 基本不同意　E. 完全不同意

3. 该咨询师能履行合同中的承诺。

A. 完全同意　B. 基本同意　C. 中立　D. 基本不同意　E. 完全不同意

……

四、部门间满意度的评估

我们除了需要对每个人进行评估之外，还需要对部门的绩效进行评估。当我们以每个部门各自的工作目标完成情况对其进行评估时，往往忽视了部门之间的合作，而只有通过部门之间良好的合作才有利于整个组织目标的达成。特别是对于那些业务支持部门来说，其他部门对于它们所提供的服务支持的满意程度至关重要。因此，在绩效评估系统中还需要加入对部门间满意度的评估。

部门间满意度评估可以采用比较开放的方式，由评价部门列举出被评估部门所提供的主要服务内容，分别对每一项进行评估。这种方式主要是以列举事实为特点。以下就是某公司的部门间满意度评估表（表 4-8）：

表 4-8　部门间满意度评估表

提供服务的时间及内容	我部门对服务的要求	提供服务的情况	评估等级
5月5日至8日,年度项目招标会的后勤工作	·安排好外地参会人员的住宿 ·在会议开始之前准备好所需的设备和材料 ·提供会议期间的现场服务	·参与人员对食宿情况非常满意 ·会议所需的设备和材料能及时得到 ·事先没有预料到的突发事件也能得到很好的应对	A
5月中旬,制作市场促销的活动的宣传品	·按照市场部的要求制作 ·在5月18日之前完成	·能按时完成 ·发现一处印刷中的小错误	C

对该部门总体满意度等级:B
等级说明:
A 非常满意　　B. 比较满意　　C. 一般满意　　D. 不太满意　　E. 不满意
主要工作改进建议:
提高工作中的细心程度

在有些公司的评估系统中则采用比较结构化的方式进行评估,即系统地列出对被评估部门的评估要素,针对各个评估要素进行评估。而这些评估要素则是与被评估部门工作职责密切相关的一些方面。下面就是一家公司的部门间满意度评估表:

飞达公司业务支持部门绩效调查表

填表说明:本调查表旨在调查各部门对业务支持部门工作的满意度,以提高业务支持部门的服务意识和服务质量。

本调查表为不记名形式填写。请填写者持客观、公正的态度,如实地评估被调查部门的工作情况,任何对事实的歪曲一旦发现将会追究责任。严禁利用本次调查进行打击报复,本次调查的全过程将受到保护。

一、对行政部的评估

1. 总的来说,您对行政部的工作满意度为:

A. 非常满意　　B. 基本满意　　C. 尚可　　D. 不太满意　　E. 非常不满意

2. 请分别评价您对行政部工作中如下方面的满意程度:

(1)行政管理有关的规章制度的健全程度

A. 非常满意　　B. 基本满意　　C. 尚可　　D. 不太满意　　E. 非常不满意

(2)行政管理有关的工作流程的有序性

A. 非常满意　　B. 基本满意　　C. 尚可　　D. 不太满意　　E. 非常不满意

(3)客户服务意识

A. 非常满意　　B. 基本满意　　C. 尚可　　D. 不太满意　　E. 非常不满意

(4)工作效率

A. 非常满意　　B. 基本满意　　C. 尚可　　D. 不太满意　　E. 非常不满意

(5)办公环境和办公设施

A. 非常满意　　B. 基本满意　　C. 尚可　　D. 不太满意　　E. 非常不满意

(6)会议的会务工作

A. 非常满意　　B. 基本满意　　C. 尚可　　D. 不太满意　　E. 非常不满意

(7)员工的差旅安排

A. 非常满意　　B. 基本满意　　C. 尚可　　D. 不太满意　　E. 非常不满意

(8)前台接待人员的职业形象

A. 非常满意　　B. 基本满意　　C. 尚可　　D. 不太满意　　E. 非常不满意

(9)员工休息场所提供的服务

A. 非常满意　　B. 基本满意　　C. 尚可　　D. 不太满意　　E. 非常不满意

3. 您认为行政部的工作重点需要改进的方面有哪些?

二、对人力资源部的评估

1. 总的来说,您对人力资源部的工作满意度为:

A. 非常满意　　B. 基本满意　　C. 尚可　　D. 不太满意　　E. 非常不满意

2. 请分别评价您对人力资源部工作中如下方面的满意程度:

(1)人力资源管理有关的规章制度的健全程度

A. 非常满意　　B. 基本满意　　C. 尚可　　D. 不太满意　　E. 非常不满意

(2)人力资源管理有关的工作流程的有序性

A. 非常满意　　B. 基本满意　　C. 尚可　　D. 不太满意　　E. 非常不满意

(3)客户服务意识

A. 非常满意　　B. 基本满意　　C. 尚可　　D. 不太满意　　E. 非常不满意

(4)工作效率

A. 非常满意　　B. 基本满意　　C. 尚可　　D. 不太满意　　E. 非常不满意

(5)沟通的及时性

A. 非常满意　　B. 基本满意　　C. 尚可　　D. 不太满意　　E. 非常不满意

(6)简历提供的及时性和可选择性

A. 非常满意　　B. 基本满意　　C. 尚可　　D. 不太满意　　E. 非常不满意

(7)绩效评估的有效性

A. 非常满意　　B. 基本满意　　C. 尚可　　D. 不太满意　　E. 非常不满意

(8)薪酬制度的公平性和激励性

A. 非常满意　　B. 基本满意　　C. 尚可　　D. 不太满意　　E. 非常不满意

(9)培训的及时性和需求的满足程度

A. 非常满意　　B. 基本满意　　C. 尚可　　D. 不太满意　　E. 非常不满意

(10)员工活动的多样性和创新性

A. 非常满意　　B. 基本满意　　C. 尚可　　D. 不太满意　　E. 非常不满意

3. 您认为人力资源部的工作重点需要改进的方面有哪些?

三、对财务部的评估

1. 总的来说,您对财务部的工作满意度为:

A. 非常满意　　B. 基本满意　　C. 尚可　　D. 不太满意　　E. 非常不满意

2. 请分别评价您对财务部工作中如下方面的满意程度:

(1)财务管理有关的规章制度的健全程度

A. 非常满意　　B. 基本满意　　C. 尚可　　D. 不太满意　　E. 非常不满意

(2)财务资源管理有关的工作流程的有序性

A. 非常满意　　B. 基本满意　　C. 尚可　　D. 不太满意　　E. 非常不满意

(3)客户服务意识

A. 非常满意　B. 基本满意　C. 尚可　D. 不太满意　E. 非常不满意

(4)工作效率

A. 非常满意　B. 基本满意　C. 尚可　D. 不太满意　E. 非常不满意

(5)财务报销的速度和准确性

A. 非常满意　B. 基本满意　C. 尚可　D. 不太满意　E. 非常不满意

(6)财务报表提供的及时性和数据准确性

A. 非常满意　B. 基本满意　C. 尚可　D. 不太满意　E. 非常不满意

(7)资金使用的有效性

A. 非常满意　B. 基本满意　C. 尚可　D. 不太满意　E. 非常不满意

(8)成本控制的有效性

A. 非常满意　B. 基本满意　C. 尚可　D. 不太满意　E. 非常不满意

3. 您认为财务部的工作重点需要改进的方面有哪些?

四、对信息系统部的评估

1. 总的来说,您对信息系统部的工作满意度为:

A. 非常满意　B. 基本满意　C. 尚可　D. 不太满意　E. 非常不满意

2. 请分别评价您对信息系统部工作中如下方面的满意程度:

(1)信息系统管理有关的规章制度的健全程度

A. 非常满意　B. 基本满意　C. 尚可　D. 不太满意　E. 非常不满意

(2)信息系统管理有关的工作流程的有序性

A. 非常满意　B. 基本满意　C. 尚可　D. 不太满意　E. 非常不满意

(3)客户服务意识

A. 非常满意　B. 基本满意　C. 尚可　D. 不太满意　E. 非常不满意

(4)工作效率

A. 非常满意　B. 基本满意　C. 尚可　D. 不太满意　E. 非常不满意

(5)问题解决的及时性

A. 非常满意　B. 基本满意　C. 尚可　D. 不太满意　E. 非常不满意

(6)信息系统为工作带来的便捷性

A. 非常满意　B. 基本满意　C. 尚可　D. 不大满意　E. 非常不满意

(7)技术支持的力度

A. 非常满意　B. 基本满意　C. 尚可　D. 不太满意　E. 非常不满意

(8)先进的信息技术方法的引进

A. 非常满意　B. 基本满意　C. 尚可　D. 不太满意　E. 非常不满意

(9)技术培训的及时性和需求的满足程度

A. 非常满意　B. 基本满意　C. 尚可　D. 不太满意　E. 非常不满意

3. 您认为信息系统部的工作重点需要改进的方面有哪些?

第三节　绩效反馈面谈前的准备

一、绩效反馈面谈的目的

在有的企业中，不是很重视绩效反馈面谈这个环节，往往认为填写完评估表格、算出绩效评估的分数就算是绩效评估结束了。其实，仅仅做完评估还不够，还不能达到让被评估者改进绩效的目的。那么，怎样才能让被评估者了解自己的绩效状况呢？怎样才能将管理者的期望传递给被管理者呢？必须要通过绩效反馈面谈进行沟通。

因此，绩效反馈面谈主要的目的是：

1. 对被评估者的表现达成双方一致的看法对同样的行为表现，往往不同的人会有不同的看法。管理人员对员工的评估代表的是管理人员的看法，而员工可能会对自己的绩效有另外的看法，因此，必须进行沟通来达成一致的看法，这样才能制定下一步的绩效改进计划。

2. 使员工认识到自己的成就和优点。每个人都有被他人认可的需要。当一个人做出成就时，他需要得到其他人的承认或肯定。因此，绩效反馈面谈的一个很重要的目的就是使员工认识到自己的成就或优点，从而对员工起到积极的激励作用。

3. 指出员工有待改进的方面。员工的绩效中可能存在一些不足之处，或者员工目前的绩效表现比较优秀，但如果今后想要做得更好仍然有一些需要改进的方面，这些都是在绩效反馈面谈的过程中应该指出的。通常来说，员工想要听到的不只是肯定和表扬的话，他们也需要有人中肯地指出其有待改进的方面。

4. 制定绩效改进计划。在双方对绩效评定的结果达成一致意见之后，员工和管理人员可以在绩效反馈面谈的过程中一同制定绩效改进计划。通过绩效反馈面谈，双方可以充分地沟通关于如何改进绩效的方法和具体的计划。员工可以提出自己的绩效改进计划并且向经理人员提出自己需要他提供怎样的支持，以及如何让经理人员得到自己的绩效改进信息。经理人员则对员工如何改进绩效提供自己的建议。

5. 协商下一个绩效管理周期的目标与绩效标准。绩效管理是一个往复不断的循环。一个绩效管理周期的结束，同时也是下一个绩效管理周期的开始。因此上一个绩效管理周期的绩效反馈面谈可以与下一个绩效管理周期的绩效计划面谈合并在一起进行。由于刚刚讨论完员工在本绩效管理周期中的绩效结果以及绩效的改进计划，因此在制定绩效目标的时候就可以参照上一个绩效周期中的结果和存在的待改进的问题来制定，这样既能有的放矢地使员工的绩效得到改进，又可以使绩效管理活动连贯地进行。

二、绩效反馈面谈前的准备

要想充分实现绩效反馈面谈的上述目的，就必须做好充分的准备。由于绩效反馈面谈是主管人员与员工双方的责任，那么主管人员和员工都应该为绩效反馈面谈做好各自的准备。

（一）主管人员应该做的准备

1. 选择适宜的时间。选择什么时间进行绩效反馈面谈非常关键。主管人员在选择时间时通常要注意以下几个问题：

选择主管人员和员工双方都有空闲的时间。如果在绩效反馈面谈的时间又安排了其他事情,那么在绩效反馈面谈时就很难集中注意力,难免要想到其他事情。

尽量不要选择接近下班的时间。因为,在接近下班的时候,员工常常归心似箭,很难集中精力与主管人员进行交流。

主管人员要选择一个自己可以全身心投入到绩效反馈面谈中去的时间。这段时间不要被其他事情打断,不要将其他工作中的事情带入到绩效反馈面谈中去。

主管人员提出的时间要征得员工的同意。有些主管人员自己定下一个绩效反馈面谈的时间,就要求员工参加。这样做不利于员工很好的参与到绩效反馈面谈中去。因此,当主管人员定下一个进行面谈的时间后,一定要询问员工这个时间是否可行,这样一方面可以表示出对员工的尊重,另一方面也可以确认员工在这段时间是否有其他的安排。另外,还应该计划好面谈将要花费多长时间,这样有利于安排好手头的工作,给绩效反馈面谈留下足够的时间,也可以对绩效反馈面谈的时间有个总体的把握。

2. 准备适宜的场地。在什么场地进行绩效反馈面谈最好呢？通常,主管人员的办公室是最常用的绩效反馈面谈场地办公室给人以一种严肃、正式的感觉,这固然很好。然而,选用办公室作为绩效反馈面谈的场地也有一些局限性。首先,办公室里经常会遇到各种各样的打扰,例如电话、来访的客人等等;其次,办公室的情境会给人以明显的上下级的感觉,容易给员工造成层级的压力。

那么,除了办公室之外,我们还可以选择哪些场地呢？据说,有一家大的跨国公司在绩效反馈面谈时有一个不成文的规定,经理人员不得在自己的办公室里与员工进行绩效反馈面谈,他们必须要到类似咖啡厅这样的地方与员工进行面谈,因为在这样的环境中员工会感到比较放松,容易充分表达真实的感受。在有些公司里,有一些小型的会议室,适合 3—4 个人坐在那里谈话,而且会议室的环境布置得比较轻松、和谐。远离电脑、电话和成堆的文件,经理人员和员工坐在一起,喝上一杯茶或咖啡,这将是一种多么令人容易敞开心扉的情境啊!

在面谈的场地中,还应该注意安排好谈话者的空间距离和位置。这是面谈沟通中一个非常重要的问题。距离太远,沟通的双方无法清晰地获得信息;距离太近,又会使对方感到私人的领域受到侵犯,造成一种压抑感。面谈中的座位位置通常有以下几种:

A 为一种圆桌会议的形式,主管人员与员工分别坐在圆周上;

B 是方桌形式,主管人员与员工成一定的角度而坐;

C 是方桌形式,主管人员与员工相对而坐,距离较近;

D 是方桌形式,主管人员与员工相对而坐,距离较远;

E 是方桌形式,主管人员与员工坐在桌子的同一侧。

究竟采用哪一种位置最好呢?

在绩效反馈面谈中,如果采用 C 这样的形式,主管人员与员工面对面而坐,双方距离较近,目光直视,容易给对方造成心理压力,使员工感觉自己好像是在法庭上接受审判,使其紧张不安,以致无法充分表达出自己的想法。D 这样的形式,双方距离太远,不利于进行交流,同时,空间距离过远也增大了人们的心理距离,不利于双方更好地进行合作。如果采用 E 这样的形式,主管人员与员工坐在桌子的同一侧,心理距离较近,也不易造成心理压力,但如果对那些不够开放的员工来说,这样近的距离反而会使他们感觉到不自在、有压力,而且也不利于观察对方的表情。采用 A 这样的形式,排列成圆桌形,使人不会觉得心理压力太大,同时气氛也较为严肃。采用 B 这样的形式,主管人员与员工成一定的角度而坐,避免目光过于直射,可以缓和心理紧张,避免心理冲突,同时也有利于观察对方的表情和非言语行为。因此,我们建议在通常情况下最好采用A、B这两种位置排列来进行绩效反馈面谈沟通。

3. 准备面谈的资料

在进行绩效反馈面谈之前，主管人员必须准备好面谈所需的各种资料。这些资料包括对员工的绩效进行评估的表格、员工日常工作表现的记录等。在与员工进行绩效反馈面谈之前，主管人员必须对有关的各种资料谙熟于胸，当需要的时候可以随时找到相关的内容。在面谈过程中最尴尬的事情之一就是左翻右翻就是找不到所说的内容在哪里，或者当员工提到评估表格中的内容时主管人员表现出诧异状"是吗"。

4. 对待面谈的对象有所准备

在面谈之前，主管人员除了要准备时间、场地和资料外，还要对将要进行面谈的对象有所准备。这种准备是一种心理上的准备，也就是要充分估计到被评估的对象在面谈中可能表现出来的情绪和行为。要做好这种准备，就必须很好地了解被评估对象的个性特征，以及本次绩效评估结果对其的影响，被评估对象对本次绩效评估可能表现出来的态度等等。尤其是要准备好一旦被评估对象与主管人员的意见出现不一致时，将要如何解释和对待。例如，有的员工可能在本次绩效评估中得到的评价比较低，这虽然是基于事实的客观的评估，但可能与员工的自我评估有一定差距，员工对评估结果的接受可能会有一定困难。而且有些员工可能会过于敏感，情绪很不安和紧张。有些员工可能会提出超出绩效评估本身范围之外的问题，例如职位的晋升、薪资的调整和奖金的发放比例等等，因此也需要准备好对于这些可能会遇到的问题的回答。

5. 计划好面谈的程序

整个面谈的过程应该如何来安排呢？这也需要事先做好计划。计划的内容包括面谈的过程大致包括哪几部分，要谈哪些内容，这些内容的先后顺序如何安排，各个部分所花费的时间大致是怎样的等等。

(1)首先要计划好如何开始。绩效反馈面谈的开场白有各种各样的形式，采取什么样的方式开始面谈要取决于具体的谈话对象和情境。有的情况下，员工可能会对绩效反馈面谈比较紧张，这时主管人员不妨以一些轻松的话题，如运动、天气等开始谈话，缓和一下气氛。而如果员工对绩效反馈面谈的目的比较理解，并且能够比较心平气和地接受绩效评估的结果，那么不妨开门见山地直接切入主题。

(2)其次，要计划好绩效反馈面谈的过程，也就是在过程中先谈什么，后谈什么。绩效反馈面谈的过程有多种可选择的方式，以下这些做法都可以作为实施中的参考：

- 首先与员工沟通本次绩效评估的目的和评估标准，在这些方面达成共识之后再讨论员工的具体分数和对其的评估结果。
- 先让员工自己谈谈对本次绩效评估的目的和评估标准的认识，主管人员进行补充和纠正。这样做一方面可以发现员工对绩效评估的认识是否存在偏差，另一方面可以调动员工的主动性。
- 让员工先叙述自己的工作表现，并对自己做出评估，主管人员再表达自己的看法中与员工一致的和不一致的意见。
- 直接就评估表格中的内容逐项地与员工进行沟通，如果双方的认识一致就进行下一项讨论，如果双方的意见不一致，就经过讨论争取达成一致。对于实在无法达成一致的意见，可以暂时搁置，事后再做沟通或直接请主管的上级进行仲裁。
- 首先谈论员工在绩效期间内工作表现的优点，对成绩加以肯定，再谈论不足或有待进一步改进的地方。

- 主管人员就员工的每一项工作目标达成情况,首先谈自己意见,然后请员工谈是否有不同的看法。
- 主管人员在面谈一开始的时候就向员工介绍自己所设想的面谈的程序,首先在程序上使员工有一个整体的认识。

(3)最后,要计划好在什么时候结束面谈以及如何结束面谈。一般来说,在双方对绩效评估中的各项内容基本达成一致意见之后,就可以结束面谈了。如果双方就某些问题争执不下,主管人员可以建议将其作为双方回去继续思考的问题,留做下一次面谈时留典沟通的内容,而不一定非要在当时得出结论。

(二)员工应该做的准备

1.准备表明自己绩效的资料或证据

由于在绩效反馈面谈的过程中往往需要员工根据自己的工作目标逐项陈述绩效情况,因此员工需要充分地准备好表明自己绩效状况的一些事实依据。对于完成得好的工作任务,需要以事实为依据说明具体在哪些方面做得好,完成得不好的工作任务也需要以事实为依据来说明理由。

2.准备好个人的发展计划

绩效反馈面谈注重现在的表现,更注重将来的发展。因此,主管人员除了想听到员工对个人过去的绩效的总结和评价,也希望了解到员工个人的未来发展计划,特别是针对绩效中不足的方面如何进一步改进和提高的计划。能够自己提出发展目标和计划,而不是等待着主管人员为自己制定发展计划,这样的做法本身就是一种能够得到主管人员赞赏的行为;是应该鼓励员工具备的行为能力。

3.准备好想向主管人员提出的问题

绩效反馈面谈是一个双向交流的过程,不但主管人员可以问员工一些问题,员工也可以主动向主管人员提出一些自己所关心的问题。绩效反馈面谈通常是一对一地进行单独交谈,因此员工不必担心谈话内容被第三者所得知,可以比较开放地进行沟通。员工可以准备好一些与绩效管理有关的问题,以便在面谈中向主管人员提问。

4.将自己的工作安排好

由于绩效反馈面谈可能要占用约1—2个小时的时间,这段时间内员工无法在自己的工作岗位上,因此应事先安排好工作时间,在这段时间内避开一些重要的事情。如果有非常紧急的事情,应交代给同事,由同事帮助处理一下。

总之,绩效反馈面谈是主管人员和员工有计划有准备的进行的一项活动,在双方的共同努力下才能很好地完成这项工作。

第四节 绩效反馈面谈的过程

一、绩效反馈面谈中的十项原则

(一)建立和维护被彼之间的信任

绩效反馈面谈是主管人员与员工双方的沟通过程,沟通要想顺利地进行,要想达到理解和共识的目的,就必须有一种彼此互相信任的氛围。要建立这样一种信任关系,首先双方都必须摆正自己的心态，开诚布公，坦诚沟通。另外在沟通的环境方面，也应努力创造这样的气氛。例如，选择一个轻松的场合，安静、惬意，有着柔和的色彩和轻松的音乐。环境中没有压抑，没有上级对下级的威严，有的是平等、尊重和亲切。在座位的方式上不是双方隔着一张大桌子而坐，而是并肩或成一定角度而坐。最好能够来上一杯咖啡或其他饮料，这样有助于制造良好的气氛。在面谈开始时，花上几分钟的时间谈论一些轻松的话题也比较容易拉近双方的关系，促成彼此间的信任。

表 4-9 表示了比较信任和缺乏信任的两种不同的面谈气氛：

表 4-9　两种面谈的气氛的对照

信任的面谈气氛	缺乏信任的面谈气氛
自在、轻松	紧张、恐惧、急躁
舒适	不舒适
友善温馨	冷漠、敌意
敢于自由开放的说话	不敢开放的说话
信任	挑战、辩解
倾听	插嘴或打断
理解	不理解
开放的胸怀	狭隘的胸怀
乐于接受别人的批评	怨恨别人的批评
不同意时不攻击别人	不同意时争辩或侮辱对方

（二）清楚地说明面谈的目的

面谈双方如果想要使面谈取得良好的效果，就必须有一致的面谈目的。如果面谈双方对面谈的目的还没有一致的意见，各自怀着各自的目的，那么可以想象，面谈就不会朝着一致的方向进行。因此，主管人员在面谈开始时一定要清楚地说明面谈的目的。例如，可以这样表达："我们今天面谈的目的是基于你在过去一年中的工作目标对你的工作绩效进行一个回顾和评估，进而肯定你的成绩和优点，同时也找出你有待改进和提高的方面，接下去我们要谈一谈你的未来如何发展的问题。"并且在面谈的过程中，如果一方表达的方向偏离了面谈的目的时，另一方就可以重申这一面谈的目的，将对方拉回到正确的轨道上来。

（三）鼓励下属说话

这是每一个主管人员都应该牢记的一条原则，面谈是一种双向的沟通，必须让下属充分地得到表达的机会。在平时工作的时候，可能主管人员对下属发出指令的时候比较多，而下属人员可能没有太多的机会表达自己的观点。因此，借助绩效反馈面谈的机会一定要让下属人员把自己真实的想法说出来。有些下属可能会迫不及待地表达自己的意见，主管人员在这种时候不要过多地打断和压制他们；有些下属人员可能比较害羞或不敢说话，只有主管人员问话时才做出回答，这时主管人员就要通过互相信任的气氛打破僵局，鼓励下属人员主动发表意见。

（四）认真倾听

主管人员在鼓励下属说话的同时，要注意倾听。倾听并不只是保持缄默不说话，而是要真正用心去理解对方的话语。良好的倾听要保持目光的接触,并不时地用点头等动作或"嗯"之类的语气词来表示对对方语言的接纳。好的倾听要做到不带任何偏见,同时又能听出弦外之音。

(五)避免对立和冲突

由于在面谈的过程中双方可能会有不同的见解,因此出现争论的场面也是不可避免的。作为主管人员应该尽量避免激烈的对立和冲突的出现。在有的情况下,当出现不同意见时,主管人员往往习惯于用领导的权威对下属进行压制,这样做的结果是以不欢而散而结束,更加剧了主管人员与员工之间的对立和不信任。正确的做法是,主管人员应就有不同见解的问题向员工沟通清楚原则和事实,争取员工的理解,同时也多站在员工的角度,设身处地为员工着想,对自己错误的观点要勇于当着员工的面承认。承认自己的不对不但不丢面子,而且会赢得员工的信任。只有这样做才能达到双赢的结果。

(六)集中在绩效,而不是性格特征

在绩效反馈面谈中双方应该讨论和评估的是工作绩效,也就是工作中的一些事实表现,而不是讨论员工个人的性格。员工的性格特点不能作为评估绩效的依据。但是,在谈到员工的主要优点和不足时,可以谈论员工的某些性格特征,但要注意这些性格特征必须是与工作绩效有关的。例如,一个员工性格特征中有不太喜欢与人沟通的特点,这个特点使他的工作因此受到影响,由于不能很好地与人沟通,影响了必要的工作信息的获得,也不能得到他人很好的配合,从而影响了绩效。这样关键性的影响绩效的性格特征还是应该指出来的。

(七)集中于未来而非过去

绩效反馈面谈中很大一部分内容是对过去的工作绩效进行回顾和评估,但这并不等于说绩效反馈面谈集中于过去。谈论过去的目的并不是停留在过去,而是从过去的事实中总结出一些对未来发展有用的东西。因此,任何对过去绩效的讨论都应着眼于未来,其核心目的是制定未来发展的计划。

(八)优点和缺点并重

员工的优点和缺点都应在绩效反馈面谈中找出来,不能只重视其中的一个方面而忽视另一个方面。而且不能由于一个员工绩效很好、优点很多就可以掩盖他的缺点,也不能由于一个员工有比较明显的缺点就抹去他的优点。

(九)该结束时立即结束

当绩效反馈面谈的目的已经达到时,就应该结束面谈,不要拖延。值得说明的是,在很多情况下,绩效反馈面谈的目的并没有完全达到,也应该停止面谈。例如,双方的信任关系出现裂痕;下班的时间到了;员工已经面带倦容,注意力不能集中了;出现意外的急事打断;对某个问题有分歧等等。在这种情况下,一般要另外再约定一个时间继续进行面谈。

(十)以积极的方式结束面谈

要设法使下属员工怀着积极的情绪结束面谈,最好是使下属员工受到鼓舞,振奋精神,增强工作中的干劲。最好不要让下属员工将消极、不满的情绪带到面谈后的工作中去。在绩效评估中得到比较好的分数,得到正面评价比较多的员工容易有积极的情绪。而对于那些绩效评估分数不高、得到较多负面反馈的员工则比较容易产生消极的情绪。因此应多给员工一些鼓励,至少让员工感觉到:虽然我的绩效评估成绩不理想,但是我得到了一个客观地认识自己的机会,我找到了自己应该努力的方向,并且在我前进的过程中会得到主管人员的帮助。

二、绩效反馈面谈中的技巧

(一)倾听的技巧

绩效反馈面谈是主管人员与员工的双向沟通过程。而有的情况下,绩效反馈面谈却不太注重双向沟通,变成了主管人员对员工的训话。事实上,主管人员应通过面谈更多地了解来自员工的信息。因此,在绩效反馈面谈中,一定要给员工讲话的机会,多让员工表达自己的观点。这样,在沟通的过程中就要求具有很好的倾听的技巧。

很多人认为倾听是一种被动的行为,如果他们不参与谈话,很可能会感到烦闷、还可能会感到无精打采。善听则不是消极的行为,它是积极的行为。听者对于交谈的投入绝不亚于说话者。人们不真正去听的原因是如果他们这样做了,就不得不受外界新信息的影响,必须面对别人的看法。在这些新知识和新感悟的基础上,他们必须改变自己的观点和已经形成的看法。而对很多人而言;他们是不愿意改变自己一贯的思维方式的。他们认为回到自己驾轻就熟的东西上总比去实验新的东西要安全稳当得多。但是,如果我们不竭力去听懂他人,我们就不可能进步,也不可能成为这些人的优秀领导。

听的效果会受到很多因素的影响。以下列出了影响听的效果的 9 个障碍:

(1)身体本身不适。太热、过冷、疲倦或者头痛都会影响一个人听的能力和他对说话者的注意程度。

(2)扰乱。电话铃声、打字机声、电扇转动的声音及其他一切来自自然环境的声音都可能会打断沟通过程,影响听的效果。

(3)心中另有事情、惦记着其他的会议、文件或报告都会阻碍听力。

(4)事先已有问题的答案。对别人提出的问题自己已经形成了答案或者总是试图快点回答他们所要提的问题。这些都会影响你专注地去听。

(5)厌倦。对某人有厌倦感,因此在他有机会说话之前你已经决定不去听他说些什么。

(6)总想着自己。心中总是充斥着自己则必然破坏沟通。

(7)个人对照。总是认为别人在谈论自己,即使在并非如此的时候也这么认为。

(8)对他人的情感倾向。对某人的好恶会分散人的听力。

(9)有选择性地听。仅仅听取一个人所说的话中与谈及的问题有关的个人意见或与自己相异的观点。这样会影响听到的内容,而且包含他字面下所隐含的意义。你可以用这样的方法,如说"你的意思是……"来重述别人的话,自我检测一下。

你是否在倾听下属讲话和聆听老板讲话时表现得一样积极。对很多人而言,作为下属他总是努力去寻找他的上司想要什么,需要什么和渴望得到什么。然后他再竭尽全力去投其所好。而身居高位的上司则很难同样去弄清他的下属想要什么,需要什么以及渴望什么。他们自己的要求被满足就够了。而好的主管人员是那种既能考虑到上司的要求又能体谅下属要求的主管。而且这种主管对同一级别的人而言是一名好同事。因此请务必开放地、积极地倾听包括你的老板、你的同事以及你的下属在内的所有人的谈话。

☞关键提示:倾听中的误差

在现实生活中,我们有时会对别人说的话产生错误的理解,有时人们常常由于相互之间不能正确理解对方的语言而产生矛盾。例如,有这样一个故事:老张请了 4 个朋友老赵、老钱、老孙、老李到家里来吃饭,老赵、老钱和老孙都来了,唯独老李没有来。老张就自言自语地说:"怎么该来的没有来?"老赵听了这句话,心里想:该来的没有来,那么我是不该来的了。于是就走了。老张看到老赵走了,嘴里又嘀咕:“哎,这不该走的倒走了。”老钱听了这话,心里想:他是不该走的,那我一定是该走的了。于是,老钱也走了。老张追悔莫及,说道:“其实,我不是在说他们嘛!”老孙听了这话,心里想:不是在说他们,那一定是在说我了。于是,老孙也走了。你看,就是由于对语言产生了错误的理解,搞得朋友们不欢而散。

这样的例子举不胜举,在生活当中,我们每个人都不自觉地会犯倾听的错误。比如,你的下属对你说:“我要干的事情太多了,我简直不知道该从哪儿下手了。”这时你会怎样回答呢?从每个人的回答中,我们可以发现许多倾听错误。下面列举了比较常见的几种错误。

1. 机械重复。

机械重复就是指一字不差地对说话者的语言进行重复。例如,对前面提到的那句话,你也同样地对你的下属说:“你要干的事情大多了,你简直不知道该从哪儿下手了。”这种机械重复不能表明一种积极有效的倾听,因为你很可能并不理解说话者的话,而仅仅是像鹦鹉学舌一样重复自己并不理解的话。对于说话者来说。如果自己说出的信息像碰到了回音壁一样被原封不动地反弹回来,他会感觉很不愉快,甚至会感到恼火。有些时候,小孩子故意一板一眼地重复别人的话,以激怒对方,就是这个道理。

2. 夸大。

夸大也是一个比较常见的错误。夸大往往是将说话者所说的内容夸张,或者夸大了说话者的情绪强度。例如,对上面这句话,你的下属这样说了之后,你可能会对他说:“面对这么多事情,你感到绝望和压抑了。”也许你的下属只是在抱怨而已,他根本就没有感到绝望和压抑。你这样一说,他反而会感到不高兴。即使他真的感到十分抑郁。也不会喜欢你这样说,因为任何人都不喜欢别人将自己看作是“过分多愁善感的人”。

3. 轻描淡写。

这种错误与上面讲的夸大恰恰相反,将说话者所说的事实进行缩减或将程度减轻。例如,你可能会这样回答说话者的话:“你今天是有点忙。”你这样说就会使说话者觉得你对他缺乏理解和同情,他会觉得你对他不够重视。

4. 滞后。

滞后是指对说话者所说的反应滞后,由于没有集中注意力去倾听说话者的话,或者其他的原因而丧失了对说话者的话的敏感性,不能及时做出反应。例如,下属对你说完上面的那句话之后,你可能会问他:“你几分钟之前说……”这样就会让说话者感觉你刚才心不在焉,他会怀疑你是否在听他说话,他可能会失去与你说话的兴趣,你们的谈话就很难继续下去。

5. 抢先。

有时,当说话者的话还没有说完的时候,你就对说话者的话做出反应;或者当说话者有一些话即将说出口时,你就替他说了出来。在这种情况下,你可能正在为自己的机敏和高明而沾沾自喜,其实,你这样做反而会使说话者感到灰心丧气。例如,还是上面的那句话,你对说话者说:“你正计划着把必须要做的事情列出来。”这也许就是说话者所要说的话,你抢先说了,这似乎显得你比他高明,但是你也许没有想到,这样做有时也会伤害说话者,因为任何人都不愿被视为比别人笨。当我们倾听别人说话的时候,很重要的一点是跟随说话者的信息,在适当的时候做出反应,而不是抢先做出反应。

6. 断章取义。

所谓断章取义,就是指不对说话者全部的意思做出反应,只抓住他话中的一部分意思做出反应。例如,对上面的那句话你可能会做出这样的反应,你对你的下属说:“你还没有决定首先应该做什么。”这样的回答实际上就是一种断章取义，因为你只针对了说话者的后半句话做出了反应，对他的前半句话却没有做出任何反应，这样就遗漏掉一些重要的信息。

7. 主观臆断。

对于说话者的话主观臆断地分析、判断，并倾向于用自己的观点去引导对方，也就是尽量使自己处于说话中的主导地位。例如，对上面这句话，你可能对你的下属说：“很多事情本来该大家共同做，现在却让你一个人来承担，这使你感到不公平了。”你这样回答并不是在倾听说话者的话的内容，而是将自己的观点强加给对方，将自己置于一种主导的地位。一个人谈论自己的问题时，他会有一种处于主导地位的需要，你的这种做法很可能会伤害他的情感。或者，你可能会对你的下属说：“是时间掌握得不好，使你觉得混乱而没有头绪。”你对问题产生的原因进行了分析，在帮助对方找出原因。殊不知这样会使对方感到恼火，因为大多数人都不喜欢别人分析自己，又何况这种分析常常是主观臆断的。

既然列出了这样几种典型的错误，那么怎样才是对说话者的说话内容做出了正确反应呢？怎样的倾听才是正确的倾听呢？

当你倾听说话者说话的时候，需要将自己全部的注意力都集中在对说话者的语言的精确理解上，了解他所讲的真实的内容，准确把握信息的发出者传递给你信息时的情绪。就上面这个例子而言，你可以这样对你的下属说：“你同时有这么多的事情要做，简直令你应接不暇了。”在这个答复当中，“你同时有这么多的事情要做”是对他的前半句话。“我要干的事情太多了”的反应，而后面的“应接不暇”是对他的后面半句话“我简直不知从哪儿下手”的反应，这样就对说话者的话进行了准确的反应。

（二）表达的技巧

在绩效反馈面谈中，除了要善于倾听之外，还要善于运用各种表达技巧。

1. 提一些开放性的问题。在绩效反馈面谈中，主管人员应该多给员工一些表达的机会，那么主管人员就不应该问那些用“是”“不是”就可以回答的问题，而是应该尽量问一些开放性的问题。通过提问开放性的问题，你可以得到员工对事情真正的观点或如实的表述。

常提的开放性问题有：

“你觉得……怎么样？”

“你认为……如何？”

提出开放性问题的优点是：

(1)表示对对方的兴趣。当别人对我们所想的问题或我们所了解的某些事情感兴趣时，我们会感到很得意。通过提问开放性的问题，也是让下属感觉到上级对自己以及对自己的某些观点感兴趣，这样容易拉近上下级之间的关系，更容易从员工那里获得比较多的信息。

(2)这样的提问能调动对方的主动性，使对方感到很舒服。被提问者得到一个主动表达的机会，这些开放性的问题使他处在一个主动的地位上。

(3)使员工排除戒备心理，让主管人员了解到更多的有关员工个人的情况，可以发现问题所在，以便制定出更有针对性的计划。

2. 适当的做出反应。在仔细倾听对方的发言之后，以重现或是用自己的语言进行表达，对讲话者做出回应，这也是比较好的一种沟通技巧。为了能够准确地反映他人的感觉，就必须要真正的倾听，而不要只考虑自己打算说什么。在很多情况下，做出适当的反应非常必要因为：

(1)通过适当的反应，可以展现出你已经明白了别人所说的话。如果你的反应正确，别人会更感兴趣说下去；如果你的反应不正确，那么他人就会对你进行纠正，这样反复下去，最终会创造出相互了解和理解的结局。

(2)通过双方相互对对方做出反应,谈话会越来越找到共同的感觉,在共同的感觉基础上趋向于创造出达成协议的气氛。

(3)有效的反应可以使人抓住主要的观点,以便进行一次有逻辑性的交谈。

(4)反应可以推动他人进一步表达自己的观点或者澄清一些问题。

(5)反应是避免争议的好办法。因为它能使你在不拒绝或不接受他人意见的情况下做出反应。

3.学会问问题。在交流中提问是非常重要的一种获取信息的手段。通过有效的提问,可以让对方更好地在你所关心的某一方面拓展或进一步解释。在绩效反馈面谈中,当主管人员听到员工表明自己对某事物的看法时,可以直接提问以获取进一步的信息。

常用的提问方式有:

"你觉得你在……方面做得很好,那么你能具体讲讲好在哪里吗?"

"你说你希望……,那么具体我们能做些什么呢?"

"你觉得他们这样做不合理,那么你觉得应该怎么做呢?"

直接对员工提问具有以下优点:

(1)使主管人员得到关于员工的工作和思想状况的更多的信息,而这些信息对主管人员非常重要。

(2)给员工以信任的机会,使员工更加开放地表达自己,有利于最终达成共识。

(3)建立员工与主管人员之间良好的关系,使沟通有和谐的氛围。

(三)非语言沟通的奥妙

在绩效反馈面谈中,除了传递语言信息,同时也在传递非语言信息。在非语言沟通中要把握好手势与姿态语。我们需要重视的不是手势、姿态本身有多么重大的意义.而是结合到具体的环境中,这些手势和姿态表达了什么样的意义。体态语,在表达意思时有一些最基本的规则。但必须注意,单独的体态语在很多时候毫无意义。

☞关键提示:一些体态语的基本意义

(1)说话时捂上嘴(说话没把握或撒谎)。

(2)摇晃一只脚(厌烦)。

(3)把铅笔等物放到嘴里(需要更多的信息,焦虑)。

(4)没有眼神的沟通(试图隐瞒什么)。

(5)脚置于朝着门的方向(准备离开)。

(6)擦鼻子(反对别人所说的话)。

(7)揉眼睛或捏耳朵(疑惑)。

(8)触摸耳朵(准备打断别人)。

(9)触摸喉部(需要加以重申)。

(10)紧握双手(焦虑)。

(11)握紧拳头(意志坚决、愤怒)。

(12)手指头指着别人(谴责、惩戒)。

(13)坐在椅子的边侧(随时准备行动)。

(14)坐在椅子上往前移(以示赞同)。

(15)双臂交叉置于胸前(不乐意)。

(16)衬衣纽扣松开,手臂和小腿均不交叉(开放)。

(17)小腿在椅子上晃动(不在乎)。

(18)背着身坐在椅子上(支配性)。

(19)背着双手(优越感)。

(20)脚踝交叉(收回)。

(21)搓手(有所期待)。

(22)手指叩击皮带或裤子(一切在握)。

(23)无意识的清嗓子(担心、忧虑)。

(24)有意识的清嗓子(轻视、训诫)。

(25)双手紧合指向天花板(充满信心和骄傲)。

(26)一只手在上,另一只手在下置于大腿前部(十分自信)。

(27)坐时架二郎腿(舒适、无所虑)。

(28)一个人有太多如下的体态语时可被认为是在撒谎:眨眼过于频繁、说话掩嘴、用舌头润湿嘴唇、清嗓子、不停地做吞咽动作、冒虚汗和频繁地耸肩。

需要记住的重要一点是语言信息常常是人们在无意识的状态下接受、反应、诠释进而储存下来的。人们在谈话中常说"我感觉……""我不敢肯定……""她不是我这种类型……""她使我感到不轻松……""有些事关于她……",或者是"他使我想起……"等这些话并没有指明人们到底要说什么。人们从一些非语言信息组合的行为中获取信息。而这些非语言信息的组合使人们能够对这些行为做出分析判断。人们注意到是什么使人们在非语言沟通中做出无意识的反应,这对于用意识去把握这种反应十分重要。

(四)其他有用的技巧

1."我们——你们"技巧。这种技巧是指在交谈中什么情况下使用"我们",什么情况下使用"你们",这是改善主管人员与员工之间关系的很有用的一种技巧。简单说,就是要用"你们"去称赞员工,用"我们"来批评自己。例如,"你们正在做一项非常有价值的工作","我们的工作中还存在许多问题"等等。这样做的内涵就是使称赞成为个人的事情,而使批评成为非个人的事情。使用这种方式进行沟通,往往很容易被接受。

2.使用"第二手称赞"。"第二手称赞"是指管理人员使用从第三方那里得到的对员工表现的赞扬来对员工进行称赞。例如,管理人员对员工说"听行政部的小张说上次你帮了他一个大忙,我觉得你这种客户服务意识很好",有人研究表明,如果员工听到这样的表扬,相当于从主管人员那里得到20次直接表扬。而且这也使员工知道自己的很多表现主管人员都知道,虽然他们当时可能不在现场。这是一个拉近与员工之间距离的很好的机会。

3.寻求员工的建议。从某种意义上讲,对于那些有能力的员工,最好的表扬也比不上一件事情——那就是问一问他们对一些事情的看法或如何处理一项他们干得很好的特殊工作。这样主管人员会发现员工比自己知道得多,而且能使员工感到主管人员对自己的能力的欣赏和认可,这就更容易激励员工好好工作。

4.善于解释给员工听。主管人员对于为什么要给员工这样的评估分数,一定要解释给员工听,因为员工需要的不仅仅是一个简单的分数,即使是一个非常好的分数。如果主管人员的评估分数来自于对员工工作的记录或向别人打听而来,那么就告诉员工依据的事实是什么。在解释给员工的时候,主管人员最好向员工表明评估结果是凭着自己所得到的信息做出来的,可能对一些情况并不了解,因此不一定是最准确的,这样做的目的是听到员工坦率的意见,及时更正不准确的评估结果。

5.乐于承认自己的错误。由于主管人员未必十分清楚员工做过的所有的事情,在绩效评估时也可能有的事情忘记了或者根本就不知道,因此主管人员做出的绩效评估结果未必是最准确的。如果在绩效反馈面谈中,员工的意见让主管人员感到自己的看法有偏差,就一定不要怕承认错误,要非常乐意地去改正。只有这样,才能建立起充分信任的关系,并为今后的沟通打下基础。

(五)结束面谈的技巧

总结是每次面谈的一部分,但它却常常被忽略了。实际上如何结束面谈也是一种技巧,它是管理者能够运用的最有用的工具之一。你也许曾经经历过这样的面谈,由于面谈的时间持续过长,而使在面谈前面部分取得的成果丧失殆尽。我们都希望能够在面谈达到高潮时结束它,因为这时已经达到了面谈的目标,而且双方的心情都比较舒畅。结束面谈可以用以下这些方式:

"好,让我们来回顾一下今天所讨论的内容……"

"再回过头来看看今天我们都讨论了哪些问题……"

"……这是我的一些想法,无论怎样,在今天的面谈之后你可以随时与我沟通。"

进行面谈总结时所要完成的3项具体任务:

(1)使对方很清楚:面谈即将结束。

(2)如果讨论稍微脱离主题(这也是正常现象),你可以重复面谈中的要点,使你们回到面谈的讨论主题上来。

(3)以友好的方式结束,并且为以后的面谈留下机会。

三、如何同各种类型的员工沟通

在绩效反馈面谈中,我们会遇到各种各样的员工,那么,该如何根据不同员工的特点与他们进行沟通和交流呢?

1.优秀的员工。当遇到一名优秀的员工的时候,与其面谈的时候要注意以鼓励为主。因为优秀的员工在其职责范围内的工作上一定做得非常好,并且有很多别的员工所不具备的优异的表现,所以一定要首先对员工的优秀表现加以认可,并且多了解一些他们做得好的典型行为,以便推广到其他员工身上。另外,优秀的员工往往有比较强烈的个人发展愿望,在绩效反馈面谈时可以花比较多的时间了解员工的未来发展设想,这样可以更好地为其发展创造机会和空间,有的时候,主管人员和员工可以一同来制定未来发展计划。最后,要注意的一点就是,优秀的员工往往对自己比较自信,对提升和加薪等事情也觉得在自己应得的范围之内,在这种情况下,主管人员就更应该谨慎对待,不要轻易做出加薪或晋升的承诺,以免不能兑现。

2.一直无明显进步的员工。有的员工绩效总是在徘徊的,没有什么明显的进步,对待这种员工该怎样进行绩效反馈面谈呢?一般来说,应该分析一下,员工一直没有明显进步的原因可能是什么。可能的原因不外乎有以下几点:

(1)个人的动机问题。自己为自己设立的目标比较低,没有提出较高的要求。

(2)目前的职位不适合他。这个员工也许有许多潜能,也有成就愿望,但是没有办法在现在的职位上发挥出来。

(3)工作的方法不对。有的员工可能在一个职位上做了很长时间,但是却一直没有找到适当的工作方法,这样他的工作绩效始终提高不上去。

(4)有其他的个人困难。对待一直没有明显进步的员工,应该开诚布公地与他们进行交流,查明他们没有进步的原因,然后对症下药。如果是个人的动机不足,那么应该充分肯定员工的能力,必要的时候可以使用"激将法","你看,××原来还不如你呢,现在人家都超过你了"。这样可能会激起员工的上进心。如果是现在的工作职位不适合这位员工,就可以一方面帮助员工分析什么的职位适合他,另一方面听听员工自己想做什么,再做出决定。如果是员工的工作方法不对,就可以帮助他一起分析在哪些方面可以改进。总之,既要让员工看到自己的不足,又要切实为员工着想,帮助他们找到有效的改进方法。

3.绩效差的员工。主管人员可能都会有这样的感觉:与那些绩效好的员工进行面谈是一件比较愉快的事情,而跟那些绩效差的员工进行绩效反馈面谈却是一件比较令人头疼的事情。绩效差的员工可能不太容易面对一个很差的分数的事实,但主管人员却又不得不让他们去面对。有的绩效差的员工可能会比较自卑,认为自己一无是处,破罐子破摔。有的绩效差的员工可能并不认为自己绩效差,这样在绩效反馈面谈中就容易与主管人员产生冲突。对待绩效差的员工,要注意的一点就是一定要具体分析其绩效差的原因,不要一概认为是个人原因。

4.年龄大、工龄长的员工。有些年龄大、工龄长的员工,在过去为组织做出了很大贡献,而现在可能对一些新知识、新技术的掌握比较慢,因此绩效可能不高。这些员工可能会有各种复杂的想法,比如说某些年轻的员工绩效比他们好,比他们提升得快,他们会觉得心理不平衡;认为组织在对他们的价值提出质疑,渐渐地以年轻人来取代他们;会比较自卑等等。对待这些年龄大、工龄长的员工一定要尊重他们,首先要肯定他们过去为组织做出的贡献,并且对他们表示亲切的关怀,但也一定要让他们知道,过去的成绩是不能被抹掉的,可也不能代表现在或将来的成绩。绩效评估是对一定时间范围内的成绩的评估,而且是有客观依据的,因此也应该让他们接受现实的差距。

5.过分雄心勃勃的员工。有的员工可能成就动机过强,显得雄心勃勃。他们往往期望自己能够为组织做出更加重要的贡献,他们会提出很多未来的设想和计划。对于这样的员工,虽然要用事实向他们表明一些现存的差距,但不能对他们一味地泼冷水,要与他们讨论未来发展计划的可能性,帮助他们制定现实的计划。

6.沉默内向的员工。有的员工非常沉默内向,在绩效反馈面谈的过程中,除非主管人员问到他们一些问题时他才做出回答,否则,他不会主动表达自己的想法。他们在与主管交流时可能会局促不安,紧张而手足无措;也有可能表现得沉静、冷漠、矜持。对待这种员工,要善于提问开放性的问题使他们多表达,同时多征询他们对事情的意见,这样可以迫使他们有较多的说话机会。

7.发火的员工。有时,在绩效反馈面谈的过程中,员工的意见与主管人员的意见发生冲突,员工可能会由于强烈的不同意或不满意而发火。在这种情况下,主管人员应该耐心地听员工把话讲完,不要急于和员工争辩,而是要等到员工冷静下来后,再同员工一起找原因,分析问题。

四、绩效反馈面谈过程示例

在第三章中我们介绍了一个案例:宏正公司的市场部总经理林总与大客户部经理王红军之间关于制定绩效计划的沟通过程,在第四章前述又介绍了对绩效进行评定的结果。下面我们来看一看林总和王红军在绩效评估结束后进行绩效反馈面谈的过程。这里需要说明的是他们在绩效反馈面谈之前都已经分别对王红军的绩效情况做出了评定。

林总(后面简称“林”):王红军,今天我们打算花大约一个到一个半小时的时间对你在过去半年中的绩效情况做一个回顾。在开始之前,我想还是先请你自己谈一谈我们做绩效评估工作的目的是什么?看看你是怎么理解的,我们的理解是否有不一致的地方。好,你先谈吧:

王红军(后面简称“王”):我自己是这么理解的,不知道对不对?我认为做绩效评估主要是为了发现自己在哪些地方做得好,哪些地方做得不够好,今后还需要加强,我觉得这对我今后的工作很有帮助。

林:你说的基本正确。做绩效评估一方面是为了肯定你的成绩和优点,并对你的业绩给予实事求是的回报;另一方面,也是为了找出你的差距和今后进一步发展的空间。通过绩效评估,我可以发现今后如何为你的发展创造条件以及如何利用你的优势为组织做出更大的贡献。

既然我们的出发点一致,那么下面我们来看一看这次绩效评估的评分标准。我们首先必须对打分的标准有一致的意见,才谈得上讨论后面对每一个项目的打分。

我们的打分标准分成 A、B、C、D、E 5 个等级。C 等就是合格的标准,会有比较多的人在这个等级上,而做得比较好、优良就是 B 等,只有极少数的能达到 A 等,那真是特别出类拔萃的。

王:我在有的项目上可能给自己打分高了。

林:好,我们现在就逐项讨论一下。你先说一下自己的每项工作完成得怎么样,给自己打分的依据是什么?

王:我的第一项工作目标是完善《大客户管理规范》,我觉得这项工作完成得很好,在规定的时间之前就完成了,而且有了这个规范后,现在的大客户管理比以前顺畅多了。所以我给自己打 A。

林:不错,我承认你这项工作完成得很好,但我觉得这个规范中还有一些不尽完善的地方需要进一步完善,所以我认为达不到 A 这样的等级,可以打 B。

王:是的,我同意您的意见,也觉得 B 更合适些,我开始给自己打的分太高了。

林:接下去。

王:我的第二项工作目标是关于团队建设的,这是我在这段时间花费精力比较多的一件事情,我觉得通过我的调整和组织,不仅完成了销售额,而且还没有增加人手,为公司节省了人工成本,所以给自己打了 A。

林:让我再想一想,我原来给你打的是 B,可能对你太苛刻了。好吧,这一项就以你的为准,打 A。接着说后面的。

王:关于销售额方面,现在的大客户已经达到了 32 个,销售额在 2.7 亿元,客户保持率在 85%,这一项我觉得超出了工作标准,给自己打了 B。

林:这一项没有太多可说的,我跟你的观点一致,因为这有客观事实依据。

王:最后一项是关于建立大客户数据库的,由于这件事情由企划部负责做,我们部门只是配合,我觉得我们配合得较好,因此我给自己打了个 B。

林:我从企划部的张力那里听说,这次做数据库你给了他很大帮助,提供了大量有用的信息和建议,还在你们部门人手紧缺的情况下,抽出人员支持他们,我觉得这样做非常好,这种团队合作的精神应该鼓励,因此,我给你在这一项上打了 A。

王:谢谢领导的鼓励。

林:最后的总和等级我给你的是 B,你看有什么意见吗?

王:没有意见。

林：下面我们来讨论一下你的主要优点和不足的地方，以及你今后的发展问题。你先自己谈谈吧：

王：我觉得我的主要优点是做事情比较认真、投入，负责任，对待同事、下属都比较热情，跟人合作的能力比较强。我的弱势就是有时做事情计划性不够好，不够细心。我今后的发展方向是想成为一个全面的管理者，其实我很想当总裁的，“不想当元帅的士兵不是好士兵”嘛。

林；我觉得你还有一个最大的优点就是凡事能够从整个组织的大局出发考虑问题，而不是局限在自己的小部门。另外，你有一个有待提高的方面就是如何做一个管理者，你现在有很多事情都亲自去做，一个好的管理者应该善于调动别人的力量去完成工作，在这方面你还需要再加强一些。我觉得你具有做管理者的才干和潜能，因此你当元帅的理想我觉得可行。

王：谢谢领导。

林：好。现在我们来回顾一下今天谈话的内容，首先我们对本次绩效评定的标准达成了一致意见，然后回顾了你在这半年中的工作绩效，接下去讨论了你的主要优缺点和今后的发展目标。我想，我们今天谈话的主要目的已经达到了，那么，回去以后希望你自己制定一个今后半年的工作计划，我们另找一个时间再进行交流。谢谢你。

◆复习思考题

1. 试述绩效评估的主要方法及各方法之间的区别。
2. 绩效评估的主体有哪些？
3. 绩效反馈应该遵循哪些原则？
4. 如何同各种类型的员工沟通？

第五章　绩效评估结果的应用及应注意的问题

第一节　绩效评估结果的用途

多年以来，实施绩效评估的人们认识到，绩效评估实施成功与否，很关键的一点在于绩效评估的结果如何应用；很多绩效评估的实施未能成功，其主要原因也是没有处理好绩效评估结果应用中的问题。

传统上，人们进行绩效评估最主要的目的是帮助做出一些薪酬方面的决策，例如奖金的分配和工资的晋升等。现在看来，很显然，这种做法是片面的。因为对于一个企业、一个组织来说，它需要保留住那些能够取得好绩效的员工，并且不断地促使他们做出更好的绩效。薪酬的因素对于保留员工来说仅仅是一种保健因素，也就是说这方面不足的话员工会产生不满意，而有了也不会让员工感到特别满意；而员工所看重的还有很多激励因素，例如培训和自我提高的机会。绩效评估的目的也是为了改进和提高员工的绩效。因此绩效评估的结果有多种用途：

1.用于报酬的分配和调整。这是绩效评估结果的一种非常普遍的用途。一般来说，为了增强报酬的激励作用，在员工的报酬体系中有一部分报酬是与绩效挂钩的。对于从事不同性质工作的人，这部分与绩效挂钩的报酬所占的比例不同。例如，销售人员的报酬中较大的比重是由绩效决定的，主要是促使销售人员取得更好的业绩。而对于一些行政人员，报酬体系中由绩效决定的部分相对就会比较小。另外，薪酬的调整往往也由绩效来决定，例如工资晋升的等级是与绩效联系在一起的。

2.用于职位的变动。绩效评估的结果也可以为职位的变动提供一定的信息。员工在某方面的绩效突出，就可以让其在此方面承担更多的责任。如果员工在某方面的绩效不够好，也很可能是目前他所从事的职位不适合他，可以通过职位的调整，使他从事更加适合他的工作。

3.用于员工培训与发展的绩效改进计划。是绩效评估的结果最重要的用途。通过绩效评估，员工可以知道自己哪些地方做得好，哪些地方做得不够好，这些做得不够好的地方就是今后培训和发展的空间。在第二节中我们将详细介绍如何进行绩效改进。

4.作为员工选拔和培训的效标。所谓“效标”，就是衡量某个事物有效性的指标。绩效评估的结果可以用来衡量招聘选拔和培训的有效性。如果选拔出来的优秀人才实际的绩效评估结果确实很好，那么就说明选拔是有效的；反之，就说明要么是选拔不够有效，要么是绩效评估的结果有问题。员工接受了培训之后的效果如何呢？这也可以通过培训之后一段时期内的绩效表现反映出来。如果绩效提高了或提高得很显著，就说明培训确实有效果；如果绩效没有什么变化，就说明培训无效果。

第二节 绩效改进计划

一、制定个人发展计划

(一)个人发展计划的内容

个人发展计划(Individual Development Plan,IDP),是指根据员工有待发展提高的方面所制定的一定时期内完成的有关工作绩效和工作能力改进和提高的系统计划。

个人发展计划通常是在主管人员的帮助下,由员工自己来制定,并与主管人员讨论,达成一致意见的实施计划。主管人员应承诺提供员工实现计划所需的各种资源和帮助。

个人发展计划通常包括以下几方面的内容:

1.有待发展的项目。通常是指在工作能力、方法、习惯等方面有待提高的地方。这些有待发展的项目可能是现在水平不足的项目,也可能是现在水平尚可但工作需要更高水平的项目。这些项目应该是通过努力可以改善和提高的。一般来说,在个人发展计划中应选择一个最为迫切需要提高的项目,因为一个人需要提高的项目可能有很多,但不可能在短短的半年或一年时间内完全得到改善,所以应该有所选择。而且,人的精力是有限的,也只能对有限的一些内容进行改善和提高。

2.发展这些项目的原因。选择某些项目列入个人发展计划中一环,是有原因的。这种原因通常是由于在这方面的水平比较低而工作又需要在这方面表现出较高的水平。

3.目前的水平和期望达到的水平。绩效的改进计划应该有明确清晰的目标,因此在制定个人发展计划时要指出需要提高的项目目前表现的水平怎样,期望达到的水平又是怎样的。

4.发展这些项目的方式。将某种待发展的项目从目前水平提高到期望水平可能有多种方式,例如培训、自我学习、他人对我的改进等。对一个项目进行发展可以采取一种方式,也可以采取多种方式。

5.设定达到目标的期限。预期在多长时间内能够将有待发展的项目提高到期望水平,指出评估的期限。

(二)制定个人发展计划的过程

通常来说,制定个人发展计划需要经历以下过程:

1.员工与主管人员进行绩效评估沟通。在主管人员的帮助下,员工认识到自己在工作当中哪些方面做得好,哪些方面做得不够好,认识到目前存在的差距。

2.员工和主管人员共同就员工绩效方面存在的差距分析原因,找出员工在工作能力、方法或工作习惯方面有待改进的方面。

3.员工和主管人员根据未来的工作目标的要求,选取员工目前存在的在工作能力、方法或工作习惯方面有待改进的地方中最为迫切需要改进的地方作为个人发展项目。

4.双方共同制定改进这些工作能力、方法和习惯的具体行动方案,确定个人发展项目的期望水平和目标实现期限以及改进的方式。必要时确定过程中的检验计划,以便分步骤地达到目标。

5.列出改进个人发展项目所需的资源,并指出哪些资源需要主管人员提供帮助获得。

（三）个人发展计划的实例

个人发展计划样例 1

王俊，东方医疗设备公司的一名销售代表，他到这家公司担任销售代表有一年的时间。这一年中，上级主管给他设定的销售业绩指标是 20 万元，他完成了这个业绩指标，实际销售额为 21.9 万元。但是像他这样的销售代表平均的销售额为 35 万元，王俊距离这样的水平还有很大差距。而且，由于他以前不是在医疗设备的行业中工作，对一些专业知识不够熟悉。分析一下，他目前存在的有待改进的方面主要是销售技巧方面，体现在与客户沟通时如何倾听客户的需求上；另外，对于一些专业领域的知识他还需要进一步学习；再有，他的销售报告写得也不是很令主管满意，在这方面需要学习提高。同事们普遍评价他善于与人合作，与同事们相处得很好，也乐于帮助别人。主管认为他还是比较愿意学习的，在这一年中，与他自己相比，进步还是很快的。客户们对他的工作态度反映较好，只是有时对客户需求的理解方面会出现偏差。针对现状，王俊在主管的帮助下制定了以下个人发展计划：

个人发展计划

姓名：王俊　　　职位：销售代表　　　部门：业务一部

直接主管姓名：刘利　　　制定计划时间：2014 年 3 月 5 日

有待发展的项目	发展原因	目前水平	期望水平	发展的措施与所需的资源	评估的时间
客户沟通技巧	与客户沟通是销售代表的主要工作，本人在这方面有较大欠缺	客户沟通评估分数 2.5 分	3.5 分	·参加“有效的客户沟通技巧”培训 ·自己注意体会和收集客户的反馈 ·与优秀的销售人员一同会见客户，观察学习他人与客户沟通时好的做法	2014 年 12 月
医疗设备专业知识	销售人员需了解较多的产品知识，本人以前对这些方面的知识接触甚少	专业知识评估分数 3 分	4 分	·阅读有关的书籍、资料 ·参加产品部举办的培训班 ·多向他人请教	2014 年 5 月
撰写销售报告	销销人员需要以书面的形式表达销售情况，与主管和同事交流信息	销售报告评估分数 3 分	4 分	·学习他人撰写的销售报告 ·主管人员给予较多的指点	2014 年 8 月

个人发展计划样例 2

李志强，斯迈特公司的印刷部主管，他的主要工作职责是承接各个部门的印刷工作，帮助各个部门印刷文件、表格、图片等。他有 3 名下属。李志强是一位印刷技术方面的专家，过去是印刷部的一名技术人员，精通印刷设备的维护和使用，能处理各种印刷技术方面的难题。去年，由于他的工作表现出色，被提升为印刷部的主管。他的部门所提供的印刷产品在质量上常常得到其他部门的好评。并且他还经常热心地帮助其他部门设计印刷文稿。他在目前的工作中存在的主要问题是没有处理好来自各个部门的印刷稿件的优先顺序，常常导致任务积压，有的部门的任务到期没有完成。他最初的处理办法是完全按照来件的先后顺序安排工作，这样做对一些急件没有照顾，耽误了一些急件的交稿时间；后来，他又常常优先处理急件，由于大家都把自己的稿件当作急件，最终还是有一些稿件不能如期交付。因此，他的时间管理和设定优先顺序的能力有待提高。另外，他对于自己的主管角色认知不够清晰，常常事必躬亲，不善于向下属授权，这也是造成他自己很劳累而工作却又积压的一个原因。他也不善于对下属进行绩效管理，他的一名下属在绩效方面存在较严重的问题，他一直不予以干预，直到他的上级主管向他过问起此事时，他才与那名下属谈话。针对自己的绩效问题，他制定了如下个人发展计划：

个人发展计划

姓名：李志强　　职位：印刷部主管　　部门：印刷部

直接主管姓名：张斌　　制定计划时间：2014 年 3 月 5 日

有待发展的项目	发展的原因	目前水平	期望水平	发展的措施与所需的资源	评估的时间
主管技巧包括如何授权、如何管理下属绩效、如何进行团队管理等	·作为一名主管人员主要的责任是使下属的绩效得到提高，让下属做得更出色 ·本人作为一名新任主管，缺乏管理下属的技巧，很多情况下只是自己在埋头工作	·上级评估分数 2.5 分 ·下属评估分数 2 分	3.5 分	·参加“如何做一名优秀的主管”培训 ·参加“如何管理下属的绩效”培训 ·学习上级主管和其他部门主管管理下属时好的做法 ·阅读有关的书籍 ·请上级和下属做监督	2014 年 10 月
时间管理	印刷部的工作很重要的一点就是管理好时间，处理好印刷任务的优先顺序，保证最大限度地满足客户的要求，本人在这方面的表现明显不足，造成很多任务延误	客户评估分数 2 分	3.5 分	·参加“时间管理与设置优先顺序”培训 ·学会使用排序表格 ·让其他部门了解目前的任务量和进度情况，以便计划自己的工作 ·利用外部资源满足急件的需要	2014 年 10 月

二、如何处理员工的绩效问题

（一）处理绩效问题的困惑

作为主管人员来说，处理员工的绩效问题往往是一件棘手的事情，因为这意味着你必须要去唱“黑脸”。一个主管人员遇到下面这样的情况将会非常头疼：

唐伟力是某公司客户部的主管。今天早上一上班，他刚在自己的办公桌后坐好，主管客户部的副总裁叶总的秘书李敏玲就打了一个电话给他，说叶总叫他过去一下。唐伟力到了叶总的办公室，原来叶总是要跟他讨论他手下的一个客户经理王林的问题。在上次的绩效评估中，王林的评估结果远远低于平均水平。叶总找唐伟力谈话也就意味着这件事已经引起了公司高层的关注，叶总的意思是让唐尽快做王林的工作，他说：“小唐，你应该赶快做王林的工作，给他一个月的时间，如果他还是没有改进的话，就劝他走人。我们不允许因为他影响公司的效益，你必须对他采取一些措施。”

一整天，唐伟力都在想着与叶总谈话的事情，他心里想：“是啊，我是应该采取一些措施。我一直对这件事情保持沉默，其实我非常希望王林能够改进绩效。在绩效反馈面谈的时候，我谈了一些希望，但看得出来，王林最近情绪也不太好，因此最近两周的业绩仍然没有什么起色。他可能也对自己的前途问题很敏感，我该怎样做呢？看来，我必须再找王林好好谈一谈。”

如果你是唐伟力，遇到这样的情况，是否也会感到很尴尬？管理者难免要遇到纠正员工不良绩效的问题，这是管理者必然的职责。问题在于，我们用什么样的方式来处理员工的绩效问题。

（二）处理绩效问题的几个原则

1. 主管人员应该及时主动地与存在绩效问题的员工沟通，沟通得越及时，就越有利于问题的解决。

2. 经理人员要设法让员工正确地认识到自己所存在的绩效问题，并让员工自己勇敢地承担起解决绩效问题的责任。

3. 经理人员要帮助员工认识到自己绩效方面切实的差距，确定分阶段提高绩效的方法。

4. 经理人员应该首先以帮助者的角色出现来帮助员工解决绩效问题，应该尽量使用教导、培训等积极的方式解决绩效问题，但是如果这些方式不能有效解决问题时，也应向员工指明如不能改进绩效时可能遭受的处罚，并且经理人员要按照约定实施这些处罚措施。

5. 要给员工施加尽可能小的压力。因为员工会因为自己的绩效问题而感到有很大压力，这个时候，如果经理人员再给他们施加很大压力，容易使他们丧失信心或者产生逆反情绪。

（三）处理绩效问题的步骤

处理员工的绩效问题可以采取以下步骤：

第一步：沟通与识别问题。

在这个阶段中，主管人员应该与存在绩效问题的员工进行沟通，同员工一起查找员工的实际绩效与期望的水平之间的差距到底有多少。然后分析造成差距的原因是什么，是由于员工能力的原因还是因为努力不够或者有些行为风格不太合适，或者有什么员工自己不能控制的因素在起作用，最关键的是要从这些原因中找出与员工本人有关的可以通过具体措施改进的问题。如果问题不是由于员工本人的因素造成的，而是由于周边环境的一些客观因素造成的，那么主管人员就应该设法去解决这些客观环境的因素，而不应该改变员工的工作方式。如果确实是员工的能力问题，就应该安排培训或者其他的方式帮助员工提高能力水平。

第二步：采取帮助措施。

在通过沟通确认了员工的绩效问题以及造成绩效问题的原因之后，主管人员应该首先以帮助者的角色出现，帮助员工一起制定绩效改进措施。根据员工的绩效问题，主管人员帮助员工共同制定目标，要给员工制定需努力才能达到的目标，同时在达到目标的过程中设置一些检查点，及时给员工一些检查和反馈。

第三步：采取处罚措施。

对于绩效有问题的员工，如果采取帮助措施仍然不能奏效，主管人员应该果断地采取一些处罚措施。采取处罚措施要注意几个问题：一是采取处罚措施之前要事先与员工沟通，让员工了解为什么要采取处罚措施、所要采取的措施是怎样的以及在什么情况下自己将要被处罚；二是所采取的处罚措施要合乎情理，而且要由轻渐重，不要过于苛刻；三是采取处罚措施之后要注意监控和评估处罚后的结果。

下面我们用前面提到的那个例子说明一下如何处理绩效问题。

前面那个关于唐伟力处理王林的绩效问题的案例似乎有点棘手，因为一方面看上去他们并没有进行持续的绩效沟通，在王林的绩效问题出现时，唐伟力并没有及时与其沟通，只是到了上司过问这件事情的时候才迫于上司的压力去处理；另一方面叶总的态度并没有把帮助者的角色放在第一位，而首先考虑的是处罚措施。如果按照正确的解决绩效问题的步骤，当唐伟力发现王林的绩效问题时就应该开始与其沟通。例如，当绩效计划实施了一段时间的时候，唐伟力发现王林的绩效水平停留在较低的水平，如果维持这样的水平，他将无法完成年度目标，而且时而又有一些关于王林的客户投诉，这就意味着绩效问题的征兆开始出现了。唐伟力在与王林谈话时可以对他说："按照你现在的绩效水平，可能完不成我们预先制定的目标，你觉得呢？而且最近我也听到了一些关于你的负面的评价，比如天星公司的赵先生对你有些不满意。我想这不是我们所期望的一种局面，因此，我们应该想个办法来解决这方面的问题。我希望知道你现在感到有困难的是什么？我能帮你做些什么？"

王林抱怨说："我现在的这些客户都很难对付，比如那个赵先生，好像故意在挑刺。我每天需要处理大量的信件、传真，没有人能够帮助我。再有，旁边的张丽通电话时的声音太大，影响我工作。"

看来，王林并没有意识到自己的绩效问题的主要原因在自己与客户沟通的态度和技巧方面，过分强调了客观原因。唐伟力在这时的沟通要点就应该放在如何让王林认识到自己的主观原因上。"难道你不认为自己主观上也存在一些原因吗？比如客户反映的你对他们的态度不够好不会是没有依据的吧？"

王林说："是有这样的事情，但我确实由于事情太多而着急……"

接下去唐伟力该帮助王林设计改进绩效的办法了。"王林，你看这样好吗，信件、传真的事情，我让小夏多做一些；张丽嘛，我和她讲一下，她有时是不太注重小节；至于有些不太好沟通的客户，像赵先生这样的，可以转给别人，赵先生也同意这样做，那么你就可以专心做好手上的其他客户，我可以将你的任务量降到30万元。另外，下周有一个沟通技巧的培训，你是不是愿意参加？"王林同意了这样的建议。唐伟力和王林约定过一个月之后检查一下问题的进展情况。

一个月之后，唐伟力询问了一下王林的一些客户，仍然有较多的客户指出王林做事比较拖拉，而且经常态度生硬，还弄错一些数据。看来绩效改进的计划并不很理想。唐伟力不得不对王林采取更加严厉一些的方式，也就是计划给出一些处罚。

唐伟力再次找到王林进行沟通，"王林，最近我了解了你的一些客户的反馈，他们感到你有时不够耐心，而且还出了一些错误。我想，我已经降低了你的任务量，而且让别人分担了一部分你的工作。这种情况下，如果你仍然达不到要求的话，我就很难对其他同事交代了。因此，再给你一个月的时间，看看问题有没有转变。如果你仍然不能改进的话，你的奖金不得不被取消。另外，希望你在这一个月中遇到问题来找我，我们共同解决。你的意见如何？"唐伟力在严厉地提出处罚的同时仍然不忘对王林给予帮助，王林自然接受了这些要求。

这一个月当中，在唐伟力的帮助下，王林的绩效有了一定转变。在后面的时间里，他们要走的路还很长，还需要他们共同去努力，但总的来说，这个开端不错。

三、运用强化的方法改进绩效

(一)什么是强化的方法

绩效的改进从本质上讲是促进一些符合期望的行为发生或增加出现的频率，或者减少或消除不期望出现的行为。这样就可以运用强化的方法来进行绩效改进。

强化的方法最早是由心理学家斯金纳等人提出来的。这种方法所利用的是操作性条件反射的原理，即当人或动物做出某种行为之后获得了一个对他有利结果时，这种行为以后就会重复出现；当做出某种行为后获得了一个不愉快的结果时，这种行为以后就会减弱或消除。

强化分为正强化和负强化，正强化是指给予一个愉快的刺激，促进某种行为的出现；负强化指的是去除某种不愉快的刺激，杜绝某种行为的出现。例如，一个员工制作产品的正确率达到 95%，给他一定的奖励，那么他会努力保持良好的工作质量；如果一个员工由于与同小组中的另一个员工关系不合影响工作，那么另一个员工就成为一种不愉快的刺激，假如把这名员工调离到其他组，这种不愉快的刺激就消除了，这名员工的工作质量就会得到提高。与强化相对应的是惩罚，惩罚是指去掉愉快的刺激或给予不愉快的刺激。例如，如果上班迟到就会被扣奖金。

(二)应用强化方法的原则

应用强化方法进行绩效改进时要注意一些原则：

1. 要依据不同的对象不同的情况采取不同的强化措施。因为不同年龄、性别、职业、学历、经历的人，他们的需求不同，因此强化方式也应该不同，以满足他们不同的需要。例如，有人比较看重物质利益，那么用发奖金的方式就可以激发出他们的工作热情，可以促使他们做出更多符合期望的行为；而有的人则比较看重发展机会，那么用提供给他们出国培训机会的方式对他们则是很好的强化。

2. 使用正强化的方式比使用负强化和惩罚的方式更为有效。这是很多专家经过研究得出的结论。因此，在使用强化手段时，应该优先考虑正强化，尽量不使用惩罚。

3. 采取小步子前进，分阶段设立目标的形式有利于达到预期的目的。因为人的绩效改进需要一定的过程和时间，如果急于求成，希望在短时间内达到很高的目标，往往会使人感到目标不易达到而丧失希望和信心，很难调动为达到目标付出努力的积极性。如果将大的目标分解成为具体的、切实可行的具有激励作用的小的阶段性目标，采取适当的强化措施，那么员工就会因为不断得到强化而增强信心，这样就更有利于绩效改进目标的实现。

4. 及时提供反馈。通过给予反馈的形式，将行为的结果告诉员工，是一种能够使员工得到激励的方式。反馈本身也可以成为一种强化，当一个员工做出了某种表现之后，主管人员以给予反馈的形式告诉员工他已经注意到了员工的表现，员工由于受到了关注会得到强化，已经做出的表现重复发生的可能性会增强。相反，如果不给予反馈，员工会感到主管人员对自己的行为漠不关心，因此这种行为就会减少或消退。

5. 强化的方法强调的是采用一些外部的刺激促使人的绩效改进，而真正实现绩效改进主要还靠人的主观努力，因此，在使用强化方法的同时，还要促使需要改进绩效的员工付出更多的主观努力。

第三节　制定和实施绩效管理系统应注意的问题

系统地介绍了绩效管理系统的实施之后，在这一节，我们将制定和实施绩效管理系统的过程中应注意的问题做一归纳，提示18点供绩效管理系统的设计和使用者参考。

一、关于绩效管理系统的18点重要提示

提示一：从完成工作的结果出发来制定绩效指标和标准。

这里有一个重要的分歧，即对绩效的评估到底是针对最终的结果还是过程中的行为。由于对行为进行监控需要耗费大量的时间，而且对于到底什么样的行为是好的行为往往存在着争议，因此评估完成的工作结果要容易得多，而且对于一项工作而言什么是好的结果也比较容易取得一致的见解。所以，我们主张从完成工作的结果出发来制定绩效指标和标准。

提示二：如果想将绩效与薪酬联系起来，即依据绩效评估的结果做出与薪酬有关的决策，那么必须保证绩效管理系统可靠。

这是一个两难问题。当不把绩效评估与薪酬联系在一起时，员工就不会特别注意绩效评估，这样就会有一部分员工对绩效评估没有持非常严肃认真的态度。而一旦将绩效与薪酬联系起来，绩效评估将变成一个格外敏感的问题，员工也会非常认真地对待这件事情。那么，如果绩效评估的结果不够可靠，容易引起争议的话，由此而做出的与薪酬有关的决策势必带来更大的矛盾冲突。

提示三：现场的绩效管理技术指导者将有助于绩效管理计划的实施。

当一套新的绩效管理系统付诸实施时，往往需要了解这一系统的技术专家深入各个部门中帮助主管人员与员工使用该系统。因为新的绩效管理系统的实施需要切合企业文化，而且管理者和员工都需要在界定那些难以衡量的工作上得到指导，同时也需要在如何进行绩效沟通方面的指导，所以现场的指导将有助于解决这些问题。

提示四：不到万不得已的情形，不要直接改变绩效管理系统。

直接改变绩效管理系统会带来较多的抱怨与抵触，因为使用者可能已经习惯了原有的管理方法。可以通过其他方式进行逐渐的改变。例如，可以通过培训的方式教管理者如何通过衡量员工的绩效和给予反馈来改善沟通，在培训中揉进新的管理方法。一旦主管人员认为新的管理方法有优势的时候，他们就会问人力资源专业人员这种新的方法是否能够运用到现有的绩效管理系统中。这样，绩效管理系统自然而然地就得到了转变，并且这个转变的过程不会带来震荡。

提示五：为了成功地实施绩效管理，主管人员需要一系列技能。

尽管主管人员可以请绩效管理的技术专家帮助进行绩效计划、设计评估和建立反馈体系，但由于他们需要直接与下属员工进行沟通，因此至少需要一系列与人际有关的技能，例如教导、激励、解释、倾听、提问、说服等。如果不具备这些基本的人际沟通技能，绩效管理就无法进行。

提示六：通常，让员工自己收集关于他们绩效的数据是可行的，并且也应该这样做。

在绩效管理中，收集与被评估者绩效标准有关的数据是一项浩大的工程，由主管人员进行收集往往会耗费大量的时间和精力，并且数据的准确性常常会引起争议。如果让员工自己来

收集与绩效标准相关的数据，一方面会节省管理人员的时间和精力，另一方面由于员工参与数据收集的过程，他们也不会怀疑数据的准确性。这样对绩效结果的反馈也会更加及时，效果也更好。当然，由员工自行收集绩效数据还需要相应的监控机制，并且对做假的行为设定严厉的惩罚措施，以保证大多数员工能够诚实地提供绩效数据。

提示七：组织内部的透明和公开化有助于绩效管理系统的实施。

在实施绩效管理时，员工最大的担心就是自己被蒙在鼓里。因此，通过各种各样的方式向员工公开有关绩效管理的事宜十分必要。这种沟通既可以通过主管人员与员工的直接交流，也可以通过信件、内部网页、会议等各种媒体。通过这样的沟通，使员工了解将要进行的是怎样的一件事情、为什么要做这件事情、做这件事情对自己会有什么样的影响等。

提示八：自上而下地实施绩效管理系统有利于这一系统的实施，但也有一定的风险。

自上而下地实施绩效管理系统也就意味着首先要培训公司的高层领导，使他们学会帮助下属建立绩效标准，并对下属的绩效进行评估。这样作为他们下属的管理人员就会以他们的做法为榜样，按照上司的做法去建立绩效标准。按照这种自上而下的方式，绩效管理系统比较容易贯彻实施。但是，如果高层领导对绩效管理系统不够认同或者有抵触情绪，这个系统就很难向下推行。

提示九：只有当绝对需要完美无缺的绩效标准时，才使用这样的标准。

有些工作要求不出任何差错，例如飞机驾驶，但是使用这些“零错误”的绩效标准就意味着没有了超越期望的空间，因而也就无法区分好绩效者和优异绩效者。事实上，对于大多数工作来说，“零缺点”几乎是不可能的，但是犯错误的比例可以越来越小。因此，可以首先设定一个切合实际的目标，例如70%正确率的标准；当70%的标准达到时，再将标准提高至75%—80%；当这个标准再一次达到时，就再一次提高标准。这种不断提高的标准比一次性设定“零错误”标准要更加实际和具有激励作用。

提示十：绩效管理系统与员工的职业生涯规划紧密相连。

当一个绩效管理系统忽视了员工的职业生涯规划的时候，这个绩效管理系统就不是一个完好的绩效管理系统。当一个员工不能达到期望的绩效标准的时候，他需要知道自己下一步该怎样做，如何能提高自己的绩效，甚至怀疑是否现在的工作不适合自己，自己需要改变职业发展的规划。如果一个员工绩效很好，他也许要知道自己接下去该向什么方向发展。因此绩效管理系统有必要提供员工职业生涯规划的一些基本成分。

提示十一：员工需要在绩效管理系统中承担起积极的角色。

绩效管理是主管人员和员工双方的责任。往往有人错误地认为绩效管理仅仅是主管人员对员工应该做的事情，员工在这一行动中完全是被动的被评估者。如果持有这样的态度，那么在具体的操作中就会表现为主管人员将设定好的绩效标准强加给员工，员工对这些强加的绩效标准很容易产生抵触。因此必须让员工主动地参与到绩效标准的设定和绩效管理过程中，这样才能更好地实现绩效管理的目标，即使员工的绩效得到提高并使主管人员对员工的期望和员工自身的愿望得到充分的沟通。

提示十二：在许多员工的心目当中，绩效管理系统和薪酬系统是同样的东西。

在许多员工的心目中，绩效管理永远与薪酬变化联系在一起，因此在他们看来，绩效管理与薪酬变化是同一件事情。这样对我们的一个启示就是，当薪酬系统存在某种问题的时候，就会使绩效管理系统受到影响。即使绩效管理系统本身很好，员工也会感到不愉快和不满意。单纯通过绩效管理系统的改进来提高对员工绩效的管理，提高员工的工作满意度是远远不够的，还必须考虑薪酬体系的问题。但是在员工的心目中往往存在一个误区，即他们认为依据绩效付薪酬往往是指薪酬的提高；如果告诉他们当他们的绩效下降或绩效不足时，薪酬也会随之下降，他们对绩效管理就远远没有那么热衷了。

提示十三：通过引入一些以客户为中心或强调团队精神的绩效指标，影响和改变组织氛围。

如果在某个企业当中，强调的是个人的绩效指标而忽视团队的绩效指标，那么常常会导致组织中缺乏合作的气氛，每个人都习惯于从自己的角度出发考虑问题，不能将相关的人员或团队当作客户来对待。例如，在一个广告公司中，绩效评估是按照每个业务员拉到的客户数量和广告费用来评定的，这样就出现了业务人员纷纷"圈地"，相互之间戒备、保密等倾向，反而使一些大客户丢失。在这种情况下，这个广告公司对绩效管理系统进行了改变，增加了团队绩效的指标，并且把将客户资料提供给他人作为在绩效评估中所鼓励的一种行为，这样团队的合作精神就有了好转，整个企业的组织氛由也得到了改善。

提示十四：一个经理人员的工作成果等于他的下属的工作成果的总和加上他个人的工作成果。

由于经理人员要通过领导一个团队来实现工作目标，因此我们常常说判断一个经理人员的工作完成得怎么样很大程度上是通过判断他的下属的工作完成得怎么样来体现的。对于经理人员来说，特有的工作产出包括提供的指导、资源，下属人员的管理、发展，为团队做出的决策等。

提示十五：绩效管理系统提供的益处需要一定的时间才能体现出来。

在实施一套绩效管理系统的时候，往往刚开始，人们需要花费很多精力去做绩效计划并设定绩效指标和标准，这些工作既让人觉得很枯燥费力，又不会立即带来效益，因此容易让人感到厌烦和灰心丧气。而只有当第一次或第二次绩效反馈面谈结束后，员工亲身体会到了绩效管理系统为自己带来的好处，才会逐渐地喜欢上绩效管理，对绩效管理的满意度就会逐渐提高。

提示十六："量化"并不是设定绩效指标的目标，"可验证"才是真正的目标。

人们常常抱怨绩效管理中不能将绩效指标进行量化，从而导致绩效管理的主观性。于是人们总是期望能通过某种方式将绩效指标进行量化，将所有的绩效表现都用数量化的指标进行衡量。其实，试图将所有的事物都用数字来衡量既不可能，也没必要。在很多情况下，有意义的绩效指标可以是描述性的，但这些描述必须是通过某种途径可以进行验证的。因此，量化并不能针对所有的绩效指标，但所有的绩效指标必须做到可以验证则是必须的和可行的。

提示十七：客户关系示图的方法是帮助我们识别工作产出的有效方法。

对于绩效管理来说，确定一个被评估对象的工作产出是一项重要的基础性工作。如果定义了错误的工作产出或片面的工作产出，将会使绩效管理的效果受到不良影响。客户关系示图的方法以被评估对象为核心，列出该个体或团队对那些组织内部和外部的客户提供的工作产出分别是什么。这种方法有利于全面、准确地得到被评估对象的工作产出。同时，客户关系示图的方法还有利于提高客户服务意识，使组织中的工作能够以客户为中心，以客户的满意为目标。另外，通过内部的客户关系将组织中的各个工作环节联系起来，有助于审视和提高各个环节的工作质量，真正实现全面质量管理。

提示十八：进行阶段性的绩效回顾和沟通十分必要。

如果说一年进行一次绩效回顾和沟通，并对被评估者的绩效进行评估，那么有相当一部分被评估者会对评估的结果感到诧异和生气，他们可能会抱怨管理者为什么不早一点将自己的绩效问题告知本人。因为在一年的过程当中,员工可能会存在绩效问题,同时也会有很多改进绩效的机会,所以应该让他们及时地了解自己的绩效并改进自己的绩效。也许有的经理人员会抱怨,一年之中自己哪有那么多时间与下属员工进行几次沟通,但正是因为缺少及时的沟通,他们可能每年会花费大量的时间来解决由于下属员工的绩效问题所带来的问题,而且花在这些事情上的时间可能比与员工进行几次绩效沟通的时间多得多。

二、制定和实施绩效管理系统的建议

(一)制定前的分析

1.如果绩效评估的结果用于裁减人员,那么这个绩效管理的制定就会变得容易引起情绪反应,我们就应该对绩效管理的制定持格外谨慎的态度。

2.除非迫不得已,不要轻易地直接改变绩效管理系统。变通的做法是,通过培训或其他手段推出一种新的绩效管理方法,其结果可以用于绩效管理的目的。

3.当制定和实施绩效管理系统的一个目的是使组织中的文化和氛围得到改变时,那么就需要定义出一系列行为性的指标,引导人们做出所期待的行为,通过行为的改变促使组织的文化和氛围得到改变。

4.在制定绩效管理计划之前,重新审视绩效管理与其他人力资源管理活动,包括薪酬体系、培训、接班人计划、职业生涯规划、员工的雇用,以及类似全面质量管理这样的管理体系之间的关系。

5.如果组织中没有实行依据绩效评估结果付薪酬,那么可以尽快尝试这样去做;如果组织中已经实行依据绩效评估结果付薪酬,那么就应该努力使与绩效有关的薪酬计划能够支持绩效管理计划。

6.如果想要设计一套成功的绩效管理系统,那么既需要考虑它的技术层面的问题,也需要考虑它的人际沟通层面的问题。

7.不要企图在一套绩效管理系统中解决所有的问题,要做到有所为有所不为。

(二)绩效管理系统的设计

1.从被评估对象所完成的工作产出的角度出发制定绩效指标和标准。

2.让被评估对象参与到收集与他们的绩效指标有关的数据的过程中。

3.一定要对使用绩效管理系统的人进行培训,这些培训应该包括如何定义绩效指标和设定绩效标准,如何跟踪和收集与绩效指标有关的数据,如何进行绩效反馈面谈,如何奖励优秀的绩效,人际沟通、说服的技能,指导和激励的技能等等。对主管人员和员工都应该进行培训。

4.对绩效管理计划的培训最好采用自定步调的培训方式,因为对不同的工作而言,制定绩效计划的难度和所需要的时间不同。另外在培训中使用小组角色扮演的方式也是一种不错的方法。

5.等到绩效评估的数据比较准确可靠的时候,再将绩效评估的结果与薪酬联系在一起。

6.分阶段地对绩效表现进行回顾和反馈,及时纠正绩效问题。

7.给出绩效计划和绩效指标的一些样例。

(三)绩效管理系统的实施

1.在整体推出之前,对系统进行局部的试验和测试。

2.用组织中最难衡量的工作进行测试,如果对这样的工作的评估都可以操作,那么就不用担心在其他工作上操作的难度了。

3.用组织中的人作为培训师和技术支持者,主管人员和员工均可,最好使用一部分员工,这样有助于使绩效管理系统获得更加广泛的认可和支持。

4.使用内部的公开媒介公布这一计划,并让员工逐步了解它的最新进展和结果。

5.在可能的情况下,采用自上而下的实施方法。

6.找到与被评估对象在工作中发生关系的其他部门进行评估,保证绩效标准在组织内部协调统一。

7.组建一个团队审计不同部门中的绩效管理,处理跨部门间不一致的问题。使所有的管理人员在制定绩效计划时都采用同一套系统。

(四)对绩效管理系统的评估

1.至少跟踪一个被评估者,看看他的绩效是否得到了改进。

2.定期(每季度、半年或一年)评估人们对该绩效管理系统的满意度,发现不满意的原因,对绩效管理系统进行调整。

3.在该系统使用两年之后对其进行审视,看看是否如您期望的那样发挥作用。如果有必要的话,可以对其进行修订。

第四节　绩效管理的培训

一、为什么要进行绩效管理的培训

(一)增进绩效管理的了解和理解,消除误解和抵触的情绪

员工和主管人员对于绩效管理往往都会有一定的认识上的偏差,如果不消除这些偏差,将会给绩效管理的实施带来很大隐患。当实施了绩效管理之后再做纠正,会带来很大消极影响。

员工对绩效管理可能会有各种各样的想法:

- 有的员工对任何正式的评估都会很敏感,认为是在找自己的缺点,内心会感觉自己的品格和责任受到质疑。
- 有的员工非常想了解上司的评价,想知道上司对他们的特别要求,希望了解上司的期望和发展设想。
- 有的员工希望绩效评估工作公正和公平,害怕自己受到不公正的评估。
- 有的员工可能会因此产生升职和加薪的期望。
- 有的员工平时对上司缺乏信任感,内心容易产生抵触情绪。
- 有的员工把绩效管理本身作为衡量上司管理能力的指标,想看看上司的水平到底怎么样。
- 有的员工则认为绩效管理是形式主义,走过场,抱着无所谓的态度。

主管人员对绩效管理也有各种各样的想法:

- 有的主管人员认为绩效管理是利用自己权力的机会,可以整一下某些人,也可以拉拢一下某些人。
- 有的主管人员担心给某些员工打不好的分数会影响自己同他们的关系。

·有的主管人员非常想借这个机会在部门内部树立一些榜样。

·有的主管人员想借此机会与某些员工好好交流沟通。

·有的主管认为自己只不过是走个过场，关键的责任还是在人事部门。

·有的主管也担心下属给自己打不好的分数。

主管和员工对绩效管理有这么多不同的看法，哪些是对的，哪些是错的，哪些是好的，哪些是不好的，我们通过前面几章已经了解了绩效管理，一定会做出正确的判断。但是如果没有经过前面的了解，在一个组织中对绩效管理存在这么多不同的想法，可想而知，绩效管理实施的效果会是什么样。

（二）学会绩效管理的操作技能保证绩效管理的有效性

从前面我们可以了解到，绩效管理中有许多操作技能，例如如何设定绩效指标和标准，如何做工作现场的表现记录，怎样评分，如何进行绩效沟通等，如果实施绩效管理的人不能掌握这些技能，就很难保证他们正确地运用绩效管理这个管理工具，绩效管理的目的也就无法达到。这些技能当中，有些是需要主管人员掌握的，有些是主管人员和员工都应该掌握的。

二、绩效管理培训计划的实例

下面，我们用一个实例来说明绩效管理培训的内容和操作方法。

绩效管理系列培训课程计划

本培训计划的目的：使学员了解和掌握绩效管理的理念与操作技能，运用有效的绩效管理提高组织的生产力。

单元一

题　目	绩效管理的介绍
本单元的目标	使受训者了解绩效管理的目的和操作方法，获得员工对绩效管理的接纳
行为性目标	1. 了解组织关于绩效管理的政策和程序 2. 了解自己在绩效管理中的角色 3. 了解评估者和被评估者在绩效管理中的互动关系 4. 列出绩效评估信息的用途 5. 了解进行有效绩效管理应注意的事项
讲师	专业培训师、咨询顾问、其他掌握绩效管理知识和技能的授课者
时间	1—2 小时
受训者	参加绩效管理的所有员工
受训者准备	阅读员工绩效管理手册
形式	讲授与问答
辅助材料	1. 视听设备、投影仪、印刷好的讲义 2. 课前要发给学员一份绩效管理手册，内容包括： ·什么是绩效管理？ ·绩效管理的方法和提供的信息有什么用？ ·组织中用什么样的程序保证绩效管理的客观性和准确性？ ·在绩效管理中使用什么样的工具？

续　表

题　目	绩效管理的介绍
课程内容介绍	1.这是大多数绩效管理的培训课程都有的开始性课程。对任何绩效管理课程来说,比较符合逻辑的开端是向员工解释组织为什么要使用绩效管理系统,它的目的是什么,有什么用途,以及组织中现在要使用的是一套怎样的绩效管理系统等等 2.本课程概要性地讲解关于绩效管理整个过程的知识。讲师将通过讲解、举一些组织中的例子让学员了解绩效管理的目的和过程,消除由于不了解绩效管理而带来的紧张和焦虑

单元二

题　目	绩效评估中的评估者的责任
本单元的目标	使评估者了解和理解自己在有效的绩效管理操作过程中的影响,以便更好地实施绩效管理
行为性目标	1.讨论正确进行工作描述和较好的定义绩效标准的重要性 2.识别评估者的错误和偏差 3.掌握如何减少评估误差
讲师	专业培训师、咨询顾问、其他掌握绩效管理知识和技能的授课者
时间	8—16 小时
受训者	参加绩效管理的评估者和审核者(主要是主管人员)
受训者准备	阅读预习资料"绩效评估中常见的误差"和"正确做出工作描述"
形式	讲授、角色扮演、案例分析、团队互动
辅助材料	视听设备、投影仪、角色扮演的脚本、案例、摄像机
课程内容介绍	1.讲师将与学员讨论和分享目前绩效评估中存在的影响准确性的因素,包括方法的选择、工作描述的准确性和绩效标准设定中的问题等 2.通过实际操作性的活动使学员学会如何做出好的工作描述。这一课程的最重要内容是关于绩效评估中的误差和偏差。使用角色扮演、案例分析、录影带等方法使学员识别光环效应、趋中误差、首因效应、对比效应等评估误差以及避免的方法
参考活动或练习	1.有关工作描述的活动与练习 活动 1:每个学员完成自己工作的活动与任务的问卷 活动 2:每个学员完成自己的工作任务列表 活动 3:完成工作职责的描述 2.有关评估误差的活动与练习 第一组: 活动 1:讲师描述评估误差并举例 活动 2:将班级分成小组(4—7 人一组),每组从自己过去的经验中举出一些评估误差的例子,并讨论为什么会产生这些误差以及如何减少这些误差 活动 3:每个小组派代表讲出自己小组所识别出的评估误差的例子,由全班学员给出解决办法。同时讨论这些误差所带来的危害 活动 4:讲师点评总结各小组的发言 第二组: 活动 1:讲师描述评估误差并举例 活动 2:观看录像,录像中有一位评估者对他的下属进行评估

续　表

题　目	绩效评估中的评估者的责任
	活动 3:学员做出两种评估,一种是他们认为录像中的评估者会对下属做出怎样的评估,一种是他们自己实际会对录像中的下属做出怎样的评估 活动 4:呼吁讲解评估的过程并给出结论,由学员讨论为什么会有不同的评估结果,存在哪些误差。如何避免绩效管理中的评估者的责任 活动 5:讲师总结并强调重点概念 第三组: 活动 1:讲师描述评估误差并举例 活动 2:讲师将角色扮演的脚本发给学员,一部分学员充当评估者和被评估者,其余的学员作为观察者,记录出现的评估误差 活动 3:学员进行表演,并且进行录像 活动 4:各组的观察者发言,识别出评估误差 活动 5:放映录像,观察者和演员重新回顾角色扮演中出现的评估误差,并讨论如何减少误差 活动 6:讲师总结评估误差并强调重点概念

单元三

题　目	如何设定关键绩效指标
本单元的目标	使学员了解关键绩效指标的定义、内容、学会设定关键绩效指标
行为性目标	1. 讨论设定关键绩效指标的重要性 2. 了解关键绩效指标的 SMART 原则 3. 学会建立客户关系示图和定义工作产出 4. 学会设定关键绩效指标和标准
讲师	专业培训师、咨询顾问、其他掌握绩效管理知识和技能的授课者
时间	6—8 小时
受训者	参加绩效管理的评估和被评估者
受训者准备	阅读预习资料“什么是关键绩效指标”和“客户关系示图”
形式	讲授、案例分析、分组讨论
辅助材料	投影仪、案例、讲义
课程内容介绍	1. 关键绩效指标的设定是进行绩效管理的基础。讲师将与学员讨论和分享目前绩效指标设定中的问题 2. 通过实际操作性的活动使学员学会如何运用客户关系示图的方法定义工作产出和关键绩效指标
参考活动或练习	活动 1:讲师描述关键绩效指标的设定方法并举例 活动 2:将班级分成小组,每组针对一个给定的职位画出客户关系示图并设定关键绩效指标 活动 3:每个小组派代表讲出自己小组所讨论的结果,由全班学员判断所设定的关键绩效指标是否符合要求 活动 4:讲师点评总结各小组的发言

单元四

题　目	对行为施加积极的影响
本单元的目标	使评估者了解员工绩效中出现的问题和障碍，并学会怎样克服它们
行为性目标	1. 识别员工存在的绩效方面的有关知识和技能、兴趣、动机、努力程度等方面的问题 2. 掌握针对各种具体问题如何给予教导和帮助
讲师	专业培训师、咨询顾问、其他掌握绩效管理知识和技能的授课者
时间	4 小时
受训者	参加绩效管理的评估者和审核者（主要是主管人员）
受训者准备	回顾和识别自己在为下属提供教导和咨询时所遇到的问题
形式	讲授、角色扮演、小组练习
辅助材料	案例和关于教导问题的讲义
课程内容介绍	对于一名合格的主管和评估者来说，教导和咨询的技能是基本必备的技能。讲师将帮助学员了解下属在绩效方面存在问题的可能原因，以及如何给下属提供一些教导和帮助
参考活动或练习	活动 1：讲师讲述关于教导下属的一些重要概念，以及建立支持性的上级与下属关系和识别下属的绩效问题的重要性 活动 2：将班级分成小组，每组将根据一个存在绩效问题的案例，讨论如何解决这些绩效问题 活动 3：全班学员讨论在什么情况下主管应该采取支持性的行为，什么情况下采取权威性的行为，什么情况下采取折中的行为 活动 4：讲师提供一些脚本，分组进行角色扮演，表演如何对下属进行教导 活动 5：讲师点评和总结

单元五

题　目	正确使用评估工具
本单元的目标	使评估者了解绩效评估中常用的评估工具，学会正确使用这些评估工具。
行为性目标	1. 描述评估工具的设计 2. 解释如何将被评估者的行为对应到评估量表中 3. 了解不同评估者评估的差异
讲师	专业培训师、咨询顾问、其他掌握绩效管理知识和技能的授课者
时间	8—10 小时
受训者	参加绩效管理的评估者和审核者（主要是主管人员）
受训者准备	回顾当前的评估工具，识别它们存在的问题，所存在的优势和不足
形式	讲授、个人演说、小组练习辅助材料评估工具
课程内容介绍	本课程通过讲解、练习等方法使评估者正确掌握评估工具的使用，并了解评估者对评估结果的影响

续　表

题　目	正确使用评估工具
参考活动或练习	活动 1:讲师讲述评估工具的开发,并以具体的评估表格来说明表格中每一项为什么要这样设计,如何完成这些项目的评估等 活动 2:将班级分成小组,每组将得到一个绩效维度,分别讨论在这个绩效维度上可接受的行为是什么样的,优异的行为是什么样的,不可接受的行为是什么样的。这样,把各个小组的结果收集到一起,就得到一个评定量表,每个维度上都包含从最好的行为到最不好的行为 活动 3:将这些行为样本打乱,各组重新对这些行为进行排序 活动 4:各个小组进行结果汇报 活动 5:讲师点评和总结如何制定行为量表

单元六

题　目	记录工作现场的行为
本单元的目标	使评估者了解如何识别和记录实际工作现场中的行为
行为性目标	1. 如实地记录工作现场中的行为 2. 如何存储和提取行为记录
讲师	专业培训师、咨询顾问、其他掌握绩效管理知识和技能的授课者
时间	2—4 小时
受训者	参加绩效管理的评估者(主要是主管人员)
受训者准备	预习材料“记录工作现场行为的必要性”
形式	讲授、角色扮演、团队互动
辅助材料	视听设备、角色扮演脚本、案例、讲义、工作表现记录表
课程内容介绍	本课程通过讲解、练习等方法使评估者正确掌握如何在工作现场记录员工的工作表现

单元七

题　目	准备绩效反馈面谈
本单元的目标	使评估者了解如何有效地准备绩效反馈面谈
行为性目标	1. 列出绩效反馈面谈中所要做的活动 2. 计划绩效反馈面谈的时间
讲师	专业培训师、咨询顾问、其他掌握绩效管理知识和技能的授课者
时间	2 小时
受训者	参加绩效管理的评估者(主要是主管人员)
受训者准备	预习绩效反馈面谈,准备检核表
形式	讲授、问答、个人作业
辅助材料	案例绩效评估工具、绩效管理政策和程序手册
课程内容介绍	本课程通过讲解、练习等方法使评估者正确掌握如何准备绩效反馈面谈,预期在面谈中可能出现的问题,以及如何计划时间等

单元八

题　目	实施绩效反馈面谈
本单元的目标	使评估者了解如何有效地实施绩效反馈面谈，提高面谈技巧
行为性目标	1. 对照有效的和无效的绩效反馈面谈技巧 2. 描述非语言行为在绩效反馈面谈中的作用 3. 掌握如何控制面谈的过程使之不偏离预期的轨道
讲师	专业培训师、咨询顾问、其他掌握绩效管理知识和技能的授课者
时间	8—16 小时
受训者	参加绩效管理的评估者(主要是主管人员)
受训者准备	预习材料“如何实施绩效反馈面谈”
形式	讲授、角色扮演、团队互动
辅助材料	视听设备、案例、角色扮演脚本、幻灯片、投影仪、录像设备、讲义
课程内容介绍	本课程通过讲解、练习等方法使评估者正确掌握如何实施绩效反馈面谈，掌握面谈中的各种技巧，例如，如何建立双向沟通关系、如何利用非语言交流、如何控制谈话的方向等

◆复习思考题

1. 绩效评估结果在人力资源管理决策中有哪些作用?
2. 如何制定个人发展计划?
3. 如何制定和实施绩效管理系统?
4. 谈谈绩效管理培训的内容和操作方法?

第六章　绩效管理的应用实例

案例一　K 公司的绩效管理规程

前面我们已经介绍了许多有关绩效管理的方法和程序方面的知识，我们已经知道了绩效管理的各个环节应该如何操作，也知道了如何设定关键绩效指标，现在我们大家肯定都非常关心如何把这些绩效管理的方法运用到实际的工作之中，形成一套完整的绩效管理制度和程序。下面我们就通过一个企业的具体实例说明一下如何制定绩效管理规程。

K 公司绩效管理规程

1. 总则

1.1 目的

为了建立和完善 K 公司的员工绩效管理系统，使员工的贡献得到认可并提高员工的绩效，使公司得到可持续性发展，特制定本规程。

1.2 释义

绩效管理是根据 K 公司核心价值评价理念与标准，依据一定的程序与方法，对员工的工作产出与贡献进行制度性的管理。

1.3 定位

绩效管理是 K 公司人力资源管理体系的基础，绩效评估的结果是确定员工晋升、岗位轮换、薪酬、福利、奖惩等人事决策的客观依据，同时也是员工职业生涯发展规划与教育培训的客观依据。

1.4 基本目标

K 公司绩效管理规程的基本目标是：

(1)通过绩效管理系统实施目标管理，保证公司整体目标的实现，提高在市场竞争环境中的整体运作能力与核心竞争实力。

(2)通过绩效管理帮助每个员工提高工作绩效与工作胜任力，建立适应企业发展战略的人力资源队伍。

(3)在绩效管理的过程中，促进管理者与员工之间的沟通与交流，形成开放、积极参与、主动沟通的企业文化，增强企业的凝聚力。

1.5 基本原则

K 公司绩效管理规程运行的基本原则是：

(1)公开性原则:管理者要向被管理者明确说明绩效管理的标准、程序、方法、时间等事宜,使绩效管理有透明度。

(2)客观性原则:绩效管理要做到以事实为依据,对被管理者的任何评价都应有事实根据,避免主观臆断和个人感情色彩。

(3)开放沟通原则:在整个绩效管理过程中,管理者和被管理者要开诚布公地进行沟通与交流,评估结果要及时反馈给被评估者,肯定成绩,指出不足,并提出今后应努力和改进的方向。发现问题或有不同意见应在第一时间内进行沟通。

(4)差别性原则:对不同部门、不同岗位进行绩效评估时,要根据不同的工作内容制定贴切的衡量标准,评估的结果要适当拉开差距,不搞平均主义。

(5)常规性原则:绩效管理是各级管理者的日常工作职责,对下属做出正确的评估是管理者重要的管理工作内容,绩效管理的工作必须成为常规性的管理工作。

(6)发展性原则:绩效管理通过约束与竞争促进个人及团队的发展,因此,管理者和被管理者都应将通过绩效管理提高绩效作为首要目标。任何利用绩效管理进行打击、压制、报复他人和小团体主义的做法都应受到制度的惩罚。

1.6 适用范围

本管理规程的适用范围是 K 公司总部及各地分公司的全体员工。

1.7 绩效管理依据

绩效管理的依据是员工在绩效期内工作过程中的工作表现和工作结果,员工工作过程之外的言行均不作为绩效管理的依据。

1.8 管理者(评估者)

各管理者(评估者)必须把绩效管理作为管理过程中的重要组成部分,有效地利用绩效管理,提高自己的管理水平与管理效果。在绩效管理过程中,各级管理者有责任指导、帮助、激励和约束下属,使下属尽快成长起来,下属的工作表现与业绩是各级管理者绩效的重要体现。

1.9 被管理者(被评估者)

被管理者(被评估者)只有通过个人自身的长期不懈努力,才能得到绩效管理规程的高度评价,进而享受到公司的高级待遇。

被管理者(被评估者)有权利了解个人的绩效管理依据与绩效评估结果,有权依照制度规定的程序对不公正的绩效管理进行申诉。

1.10 绩效评估方式

绩效评估实行自我评估与直接主管的评估相结合,以双方沟通达成一致的结果,结合其他部门对工作产出的满意度评估进行全方位的绩效评估。

人力资源部负责全公司绩效评估工作的组织、实施、调整和监控以及制度的解释和处理有关评估投诉。

1.11 评估的时间和频率

绩效评估每半年进行一次,分别在每年的 6 月和 12 月进行。

1.12 评分标准

评分标准采取 5 分制,具体标准如下:

5 分:出色,工作绩效始终超越本职位常规标准要求,通常具有下列表现:在规定的时间之前完成任务,完成任务的数量、质量等明显超出规定的标准,得到来自客户的高度评价。

4 分:优良,工作绩效经常超出本职位常规标准要求,通常具有下列表现:严格按照规定的时间要求完成任务并经常提前完成任务，经常在数量、质量上超出规定的标准，得到客户的满意。

3分：可接受，工作绩效经常维持或偶尔超出本职位常规标准要求，通常具有下列表现：基本上达到规定的时间、数量、质量等工作标准，没有客户的不满意。

2分：需改进，工作绩效基本维持或偶尔未达到本职位常规标准要求，通常具有下列表现：偶有小的疏漏，有时在时间、数量、质量上达不到规定的工作标准，偶尔有客户的投诉。

1分：不良，工作绩效显著低于常规本职位正常工作标准的要求，通常具有下列表现：工作中出现大的失误，或在时间、数量、质量上达不到规定的工作标准，经常突击完成任务，经常有投诉发生。

1.13 申诉

各类评估结束后，被评估者有权利了解自己的评估结果，评估者有向被评估者反馈和解释的职责。

被评估者如对评估结果存有异议，应首先通过沟通方式解决。解决不了时，员工有权向人力资源部提出申诉。申诉时需提交《绩效评估申诉表》及相关说明材料。

人力资源部需在5个工作日内，对员工的申诉做出答复。

如员工的申述成立，必须改正申述者的绩效评估结果，同时评估者个人的评估结果将因此受到影响。

2.绩效计划与关键绩效指标的设定

2.1 释义

绩效计划与关键绩效指标是进行绩效管理的基础和依据。绩效计划是在绩效管理期间开始的时候由主管人员和员工共同制定的绩效契约，是对在本绩效管理期间结束时员工所要达到的期望结果的共识，这些期望结果是用关键绩效指标的方式来体现的。

2.2 程序

设定绩效计划与关键绩效指标的过程如下：

(1)根据目标分解和被评估者的工作职责确定其主要工作目标。

(2)确定各项工作目标的主要工作产出和预计完成的期限。

(3)确定各项工作产出的衡量标准以及获取评估信息的来源。

(4)确定各项工作目标的权重。

将绩效计划与关键绩效指标填写在《绩效目标计划表》中。如果在实施过程中，绩效目标发生变动，则在《绩效目标变更表》中填写，最后的评估以变更后的结果为准。

3.自我评估

3.1 释义

自我评估是指在绩效管理期间结束时，由被评估者按照预先设定关键绩效指标和衡量标准对自己的工作目标完成情况进行评估。64支评估是公司绩效管理制度的有机组成部分，它是利用被评估者对自己工作所做的反思、总结、检查和评估，来激励被评估者不断地改进工作方法，端正工作态度，提高工作能力，提高工作绩效。

3.2 自我评估的基本原则

自我评估制度运行的基本原则是：

(1)被评估者必须以对个人负责、对工作负责和对公司负责的态度，认真进行自我评估。

(2)在自我评估过程中，被评估者必须严格自律，客观、公正地对自己的工作做出正确的评估。

3.3 自我评估的依据

被评估者自我评估的依据主要是预先设定的关键绩效指标和衡量标准，单纯地与他人进行比较而得出的自我评估结果，将得不到本制度的承认。

3.4 自我评估程序

(1)工作绩效评估

在绩效管理期末时，被评估者根据事先确定的工作产出和衡量标准对个人的工作目标完成情况进行自我评估，评分标准参见1.12。

(2)制定自我发展计划

被评估者根据自己在工作绩效中有待改进的地方，提出自我改进与提高计划，并提出自己未来职业发展的兴趣点。

4.主管评估

4.1 释义

主管评估是指在绩效管理期间结束时，由被评估者进行自我评估之后，由被评估者的直接主管对被评估者的工作目标完成情况进行评估。主管评估是公司绩效管理制度的有机组成部分，它是实现管理的监督和控制职能的重要途径，同时主管人员通过绩效管理帮助被评估者提高工作能力，提高工作绩效。

4.2 主管评估的基本原则

主管评估制度运行的基本原则是：

(1)评估者必须以对工作负责和对公司负责的态度，认真进行评估，评估应该以事实为依据。

(2)主管评估针对的是被评估者的工作表现，而不要对被评估者的个性特征进行评价。

(3)主管人员对下属的评估应以发展和提高下属的工作绩效和工作能力为最终目标，不得以个人的好恶进行评判。

4.3 主管评估的依据

主管评估的依据主要是预先设定的被评估者的关键绩效指标和衡量标准，单纯地将被评估个人与他人进行比较而得出的评估结果，将得不到本制度的承认。

4.4 主管评估程序

(1)工作绩效评估

在绩效管理期末时，评估者根据事先确定的被评估者的工作产出和衡量标准对被评估者的个人工作目标完成情况进行评估，评分标准参见1.12。

(2)提出工作期望

评估者对被评估者的主要优缺点进行总结，并根据被评估者在工作绩效中有待改进的地方，提出改进与提高的期望。

4.5 评估结果反馈

直接主管和被评估者根据评估结果进行绩效反馈面谈，根据被评估者自我评估和主管的评估，共同达成对该员工的最终评估结果，共同制定提高绩效的方案。评估者与被评估者在评估表上签名，并将此表上交给上级主管，由上级主管审核评估结果。

5.相关部门的满意度评估

5.1 释义

部门间的满意度评估是指由接受某部门服务的相关部门对该部门提供的服务进行评估，主要体现为对该部门提供的服务的满意程度。相关部门的满意度是部门绩效的重要组成部分，并且与该部门中员工的个人绩效评估最终结果有关。

5.2 适用范围

本项评估主要针对业务支持部门，例如人力资源、财务、行政、管理信息系统等部门。业务支持部门的工作性质决定了其为其他部门提供服务的特点，其他部门对其提供的服务是否感到满意应该成为其绩效中的重要组成部分。

每一个为其他部门提供服务的部门都应该接受其服务对象的评估。每一个接受其他部门服务的部门都有责任对服务的提供者进行认真客观的评估，帮助其他部门提高工作绩效。

5.3 评估关系的确定

在进行满意度评估时，评估关系按照工作产出的方向来确定。被评估部门的某项工作产出是提供给哪个或哪些部门的，对该项工作产出的满意度就由哪个或哪些部门来评估。作为评估部门，只对自己所接触到的被评估部门的工作产出进行评估，不对被评估部门做全面的评估。

5.4 评估的时间和频率

部门间的满意度评估每年两次，上半年一次，6 月份进行，下半年一次，12 月份进行。

由于部门间满意度评估的结果与部门内员工绩效评估的最终结果有关，因此部门间满意度评估的结果应该在个人评估结果得出前进行，以便为部门内个人评估结果的调整提供依据。

5.5 满意度评估的实施

人力资源部是满意度评估工作的组织者和协调者。

每年年初，人力资源部向各部门发放《部门间满意度评估表》。

各部门的主管组织本部门员工认真填写接受其他部门服务的内容、时间，对该项服务的满意程度。在重要事实记录中主要填写被评估部门在提供该项服务时的一些主要表现，与评估部门的需求的差异等。

每年 6 月和 12 月，人力资源部向各部门发出回收《部门间满意度评估表》的通知，评估部门根据半年来对被评估部门所提供服务的记录，对被评估部门的总体满意程度做出评价，同时给出被评估部门工作改进的建议。

人力资源部对各个部门的评估结果和工作改进建议进行整理，得到每个部门总体的相关部门满意度程度，并将评估结果和工作改进意见反馈给被评估部门。

5.6 满意度评估的等级说明

部门间满意度评估按照以下等级标准进行：

5 分：非常满意，提供的服务始终超越接受服务部门的常规标准要求，通常具有下列表现：在规定的时间之前完成任务，完成任务的数量、质量等明显超出规定的标准，能够设身处地为接受服务的部门着想，积极主动沟通，态度热情，给接受服务部门的工作带来极大的方便。

4 分：比较满意，提供的服务经常超越接受服务部门的常规标准要求，通常具有下列表现：严格按照规定的时间要求完成任务并经常提前完成任务，经常在数量、质量上超出规定的标准，能够了解接受服务的部门的要求，态度比较热情，给接受服务部门的工作带来方便。

3 分：可接受，提供的服务维持或偶尔超越接受服务部门的常规标准要求，通常具有下列表现：基本上达到规定的时间、数量、质量等工作标准，不影响接受服务部门的正常工作。

2 分：不够满意，提供的服务基本维持或偶尔未达到接受服务部门的常规标准要求，通常具有下列表现：偶尔有小的疏漏，有时在时间、数量、质量上达不到规定的工作标准，或有时服务态度不好，有时影响接受服务部门的正常工作。

1分：非常不满意，提供的服务显著低于接受服务部门的常规工作标准要求，通常具有下列表现：工作中出现大的失误，或在时间、数量、质量上达不到规定的工作标准，经常突击完成任务，服务态度不好，严重影响接受服务部门的正常工作。

6.评估结果的应用

6.1 释义

评估结果的应用是指将依据对被评估者的评估结果，实施相应的人力资源管理措施，将绩效管理与其他人力资源管理制度联系起来。

绩效评估结果主要运用于以下几个方面：

(1)作为绩效改进与制定培训计划的主要依据；

(2)作为薪资调整和绩效奖金分配的直接依据，与薪酬制度接轨；

(3)作为职位等级晋升(降)和岗位调配的依据；

(4)记入员工发展档案，为制定员工职业生涯发展规划提供依据。

6.2 绩效改进计划

各级评估者和被评估者应及时针对评估中未达到绩效标准的项目分析原因，制定相应的改进措施。评估者有责任为被评估者实施绩效改进计划提供指导、帮助以及必要的培训，并予以跟踪检查。

6.3 薪资调整

依据绩效评估结果，依照一定的程序和方法，改变岗位薪资等级，从而激励员工在更好地做好本职工作的基础上，享受公司更好的人事待遇。即由原职位薪资等级进入(或降入)职位要求更高(低)、工资待遇更高(低)的上(下)位职位薪资等级。

职位薪资级别升(降)级级数与年度评估档次直接对应，具体标准每次绩效评估结束后再行制定。

6.4 员工发展档案

各级管理者应将员工历次评估结果记入员工发展档案，作为员工培训发展的依据。

人力资源部有责任依据公司目前的员工状况，制定有针对性的培训计划，安排、组织各部门员工参加培训。员工的岗位轮换、调动也应以评估结果为依据。

6.5 免职

对于年度绩效评估结果为"1分"的员工，除按制度规定降低其职位工资等级外，还应酌情给予调离原工作岗位，参加人力资源部组织的脱岗培训，经培训考试合格后方可重新上岗，否则做辞退处理。

对于管理人员评估结果为"1分"的管理者，除按制度规定降低其职位工资等级外，还应在对其综合能力进行全面评估的基础上，由人力资源部向公司领导提出免职或降职处理的建议。

附表1　K公司绩效评估表

被评估者：＿＿＿＿＿＿　职位：＿＿＿＿＿＿　所属部门：＿＿＿＿＿＿

直接主管：＿＿＿＿＿＿　绩效期间：＿＿＿＿＿＿

评估表填写说明

本评估表用于对公司员工工作绩效的评估。工作目标、工作产出、完成期限和衡量标准应该在绩效管理期间之初确定，在绩效期间，工作目标若有变动，在《工作目标变更表》中填写。

在绩效期末，根据实际的工作目标确定权重。首先由被评估者进行自我评估，然后再由被评估者的直接主管进行评估，最终的评估结果将由被评估者和其直接主管沟通达成。

	提供服务的时间及内容	我部门对服务的要求	对重要事实记录	权　重	评估分数

评价标准：

5 分：出色，工作绩效始终超越本职位常规标准要求，通常具有下列表现：在规定的时间之前完成任务，完成任务的数量、质量等明显超出规定的标准，得到来自客户的高度评价。

4 分：优良，工作绩效经常超出本职位常规标准要求，通常具有下列表现：严格按照规定的时间要求完成任务并经常提前完成任务，经常在数量、质量上超出规定的标准，得到客户的满意。

3 分：可接受，工作绩效经常维持或偶尔超出本职位常规标准要求，通常具有下列表现：基本上达到规定的时间、数量、质量等工作标准，没有客户的不满意。

2 分：需改进工作绩效基本维持或偶尔未达到本职位常规标准要求，通常具有下列表现：偶尔有小的疏漏，有时在时间、数量、质量上达不到规定的工作标准、偶尔有客户的投诉。

1 分：不良，工作绩效显著低于常规本职位正常工作标准的要求，通常具有下列表现：工作中出现大的失误，或在时间、数量、质量上达不到规定的工作标准，经常突击完成任务，经常有投诉发生。

绩效评估部分					
工作目标	主要产出	完成期限	衡量标准	自我评估	主管评估
综合评估等级：					

评估结束后，评估者与被评估者将通过沟通的方式讨论被评估者的绩效改进和未来职业发展规划。

员工发展计划部分

附表 2　部门间满意度评估表

被评估部门：________________　　接受服务部门：________________

接受服务部门主管：________________　　评估时间：　　年　　月　　日

	提供服务的时间及内容	我部门对服务的要求	重要事实记录	权重	评估分数
1					
2					
3					
4					
5					
6					

对该部门总体满意度分数：

接受服务部门负责人签名：

主要工作改进建议：

评估等级标准和操作说明：

5分：非常满意，提供的服务始终超越接受服务部门的常规标准要求，通常具有下列表现：在规定的时间之前完成任务，完成任务的数量、质量等明显超出规定的标准，能够设身处地为接受服务的部门着想，积极主动沟通，态度热情，给接受服务部门的工作带来极大的方便。

4分：比较满意，提供的服务经常超越接受服务部门的常规标准要求，通常具有下列表现：严格按照规定的时间要求完成任务并经常提前完成任务，经常在数量、质量上超出规定的标准，能够了解接受服务部门的要求，态度比较热情，给接受服务部门的工作带来方便。

3分：可接受，提供的服务维持或偶尔超越接受服务部门的常规标准要求，通常具有下列表现：基本上达到规定的时间、数量、质量等工作标准，不影响接受服务部门的正常工作。

2分：不够满意，提供的服务基本维持或偶尔未达到接受服务部门的常规标准要求，通常具有下列表现：偶尔有小的疏漏，有时在时间、数量、质量上达不到规定的工作标准，或有时服务态度不好，有时影响接受服务部门的正常工作。

1分：非常不满意，提供的服务显著低于接受服务部门的常规工作标准要求，通常具有下列表现：工作中出现大的失误，或在时间、数量、质量上达不到规定的工作标准，经常突击完成任务，服务态度不好，严重影响接受服务部门的正常工作。

附表3　绩效评估申述表

申述人	职位	部门	主管部门
申述理由（可以附页）			
申述处理意见 主管签名： 日　期：			

续　表

申述人	职位	部门	主管部门
申述处理意见 人力资源部负责人签名： 日期：			

注：(1)申述人必须在知道绩效评估结果5个工作日内提出申述，否则无效。
(2)申述人直接将该表交人力资源部。
(3)人力资源部需在接到申述的5个工作日内提出处理意见和处理结果。

点评：

在设计K公司的绩效管理规程的时候，主要根据公司原有的绩效管理状况重点考虑了以下一些方面的问题：

1. 对绩效管理进行了明确的定位

K公司原有的绩效管理仅仅是以发奖金和涨工资为目的的绩效评估，这是片面的和不正确的。因此，在1.3定位和1.4基本目标中对绩效管理的定位和目标进行了规定，把绩效管理作为提高员工工作绩效和工作能力的手段，将其作为员工职业发展规划和教育培训的依据。而且在评估结果的应用中也明确地规定绩效评估的结果作为绩效改进计划和培训计划的主要依据。

2. 强调绩效管理过程中的沟通

过去，K公司的绩效评估是“背靠背”的打分，评估者给被评估者打分，被评估者不知道，因此被评估者也就无法提高自己的绩效。在新的绩效管理规程中，对沟通的强调主要体现在几个方面：

(1)在绩效管理的基本目标中强调通过绩效管理促进管理者和员工之间的沟通与交流；

(2)在绩效管理的基本原则中强调了公开性和开放沟通的原则；

(3)绩效管理的实施中，分别由被评估者本人和其直接主管进行打分，最终的绩效评估结果由双方进行交流达成；

(4)被评估者对评估结果如果有不同意见，可以提出申诉；

(5)评估者和被评估者在进行绩效沟通时，不仅对工作目标的完成情况进行沟通，还要就被评估者的绩效改进计划和未来发展计划进行沟通。

3. 将绩效沟通作为管理者的日常工作内容之一

过去在K公司，往往将绩效评估当作是人力资源部的工作内容，而不是管理者的工作内容。因此在绩效管理的基本原则中提出了“常规性原则”，也就是要让各级管理者将绩效管理当作自己的日常工作。

4. 强调了公司内部客户的满意度

过去，在K公司中业务支持部门的服务意识不强，有时存在脸难看、事难办的现象。针对这种情况，在新的绩效管理规程中增加了由相关部门对某部门提供的服务满意度评估内容，并且将其他部门的评估与该部门中员工的绩效评估分数联系起来，这样做主要是为了提高业务支持部门服务的质量。

5. 强调了目标管理与计划的职能

过去，K公司在绩效管理实施到了年底时才开始做评估计划，忽视了与预先设定的目标的联系，甚至很多情况下事先没有设定目标和关键绩效指标。在新的绩效管理规程中要求必须在绩效管理期开始时设定绩效目标并设定关键绩效指标和标准，这样在绩效期末进行评估时就会有据可依。

案例二　C公司的绩效沟通制度

在绩效管理过程中，我们越来越强调沟通的作用。只有通过有效的沟通，才能使绩效管理真正发挥应有的作用。C公司为了强化绩效管理中的沟通，制定了一份关于有效沟通制度的规定，旨在通过建立有效的双向沟通制度来真正达到绩效管理的目的，并实现则个人与团队绩效的改进与提高。下面就是这项制度的有关内容。

C公司人力资源部文件

C人文〔2000〕04号　　　　签发人：

通　知

公司各部门：

现将《在绩效管理中建立有效沟通制度的规定》下发，请各部门负责人仔细阅读、领会并组织本部门人员学习。本文件旨在通过建立有效的双向沟通制度来真正达到绩效管理的目的，并实现员工个人与部门绩效的改进与提高。

本文件为试行稿，将在实践中逐步修改、完善。各部门若有疑问，请与人力资源部联系。

本文件自签发之日起执行。

人力资源部

2014年1月15日

在绩效管理中建立有效沟通制度的规定

一、目的

本文件旨在为各级主管定期对其下属进行绩效管理时建立起有效的双向沟通制度。我们应该明确，各级主管不仅负有评估、督导其下属工作的职责，而且还负有培养、训练、引导、支持、提高其下属工作绩效与工作能力的职责。同时，员工也有权利在工作、管理中得到其主管的培养、训练与支持，应有机会不断提高自己的能力，在工作中实现个人发展。

我们目前的绩效管理还是浮在表面上，没有形成真正的沟通，往往只是主管打个分，然后要求下属确认，无法把公司的理念和目标贯彻下去，也不能使下属在工作中得到有效的培养与提高。合理的绩效管理不仅给工作做出总结、评估，更重要的是要发现存在的问题及改进的措施。要通过坦率的沟通使员工找到工作的不足之处及改进的办法，端正工作态度，同时通过各种措施使其工作能力与绩效大幅提高，使其工作目标与本部门目标相一致，并加强团队合作精神。缺乏有效的双向沟通的绩效管理，往往不能真正达到目的。

同时，沟通也是对各级主管的能力与管理水平的一种检验。“面对面”的沟通使主管必须在工作中做出表率才能坦然指出下属工作中存在的问题或不足之处；为使沟通达到理想的效果，也对主管的管理技巧与管理水平提出了较高的要求。与下属“沟通”应列为对各级主管考核的指标之一。

我们要在绩效管理中建立有效的沟通制度，使双方明确绩效管理的目的与要求；清楚工作目标与任务，通过沟通使整个团队向同一目标努力；对工作目标完成情况及工作产出做出客观评价；同时分析存在的问题及时采取措施并探讨员工自我发展方面的需求和愿望。

二、要求

1. 主管在与下属进行沟通时，要与所有下属都单独沟通，员工也可以提出与主管进行沟通。

2. 沟通不同于一般的谈话，主管及员工均应在沟通之前按其内容要求做好相应准备。

3. 沟通要形成沟通记录并根据情况形成个人发展计划。沟通记录表应由主管填写，一式三份，主管与员工各持一份，并将另一份与绩效评估结果共同上报人力资源部。

4. 个人发展计划指结合员工岗位需要及个人发展意向，双方经沟通达成的促使员工自身素质、技能提高的发展计划，可以包括参加培训、特别指导、指派特别项目、岗位轮换等。个人发展计划可根据实际情况至少每半年填制一次，一式三份，员工与主管各持一份，并交人力资源部一份存档。

三、注意事项

1. 沟通之前双方应有充分的准备。

2. 沟通内容可以参考本文件中的“沟通内容建议”，主管与员工均应按此内容做相应的准备。

3. 沟通应在坦率、相互信任的气氛下进行，其间要谈及优缺点、改进措施、个人目标与发展计划等；双方应明确哪些内容不能传给第三者，哪些可公开，而写入记录的内容应该是能够公开的。

4. 如果条件不允许直接面谈，可以采取电话沟通的方式。

四、沟通内容建议

沟通内容应由 3 部分组成，即工作目标和任务、工作评估、改进措施。（可根据实际情况有所增删）

1. 确认工作目标和任务（使本部门或团队思想、行动保持一致）。

2. 主管和下属按计划完成情况及效果，目标是否实现。

3. 主管阐述部门中、短期目标及做法。

4. 员工阐述自己的工作目标，双方努力把个人目标和本部门目标结合起来。

5. 共同讨论并确定下个绩效期的工作计划和目标及为达此目标应采取的措施。

6. 员工向主管提出工作建议或意见。

7. 对员工工作做出评估。

8. 回顾和讨论过去一段时间工作进展情况，包括工作态度（责任心、敬业精神、团队精神等）、工作绩效、企业文化建设等，什么做得好，什么尚需改进。

9. 讨论员工工作现状及存在的问题，如工作量、工作动力、与同事合作、与上下级合作、工作环境、工作方法。

10. 讨论对员工工作的要求或期望。

11. 讨论员工可以从主管那里得到的支持和指导。

12. 改进措施(应有相应的个人发展计划)。

13. 双方讨论前一阶段个人发展计划落实情况(如工作能力、经验的提高)。

14. 在分析工作优缺点及存在问题的基础上提出改进措施或解决方法。

15. 制定短期和长期个人发展计划(或需求)。

附:在当前职位上提高工作方法的改进措施可以有:管理培训、技术培训、商务培训、演讲及沟通培训、本部门经理指导、其他人指导、访问其他公司、同事间会议讨论、项目工作、岗位轮换等。

本文件解释、修改权在人力资源部。

本文自下发之日起执行。

人力资源部

2014 年 1 月 15 日

附表 1　沟通记录表

谈话日期______年____月____日

员工姓名________________　部门________________　员工职位________________

主管姓名________________　主管职位________________

确认工作目标和任务:(讨论目标计划完成情况及效果,目标实现与否;双方阐述部门目标与个人目标,并使两者相一致;提出工作建议或意见)

工作评估:(对工作进展情况与工作态度、工作方法做出评价,什么做得好,什么尚需改进;讨论工作现状及存在的问题)

改进措施:(讨论工作优缺点;在此基础上提出改进措施、解决办法及个人发展建议)

补充:

主管签名:________________　员工签名:________________

注:(1)在进行绩效管理沟通时由主管填写,注意填写内容的真实性。

(2)该表与评估结果共同交至人力资源部,主管与员工亦应每人持有一份。

(3)谈话内容可参见文件中"沟通内容建议"。

(4)具体内容可根据实际情况适当增删,不必完全拘泥于本文件建议的内容与格式。

附表 2　员工个人发展计划表

制定日期　　　　　　　　有效期

员工姓名		部门		员工职位	
主管姓名		主管职位			
发展计划内容	达到目标	实施方式		评估时间	
1					
2					
3					
4					
5					
6					
签名	员工	主管			

注:(1)本计划指结合员工岗位需要及个人发展意向,双方经沟通协商达成的促使员工个人发展的计划。可以发挥员工自身的潜力及利用部门或公司的资源,如参加培训、特别指导、岗位轮换等。

(2)至少每半年制定一次、一式三份,员工与主管各持一份,交人力资源部一份存档。

案例三　W保险公司广东分公司2013年度员工

年终绩效考核方案

一、绩效考核的人员范围

本方案适用于全省内勤员工，不包括10月1日后新进的员工。

二、绩效考核的原则

1.公平、公正、公开。

2.以岗位职责为基础、业绩达成为依据，真实、客观评价员工绩效。

3.规范性与差异性并存，在统一的评价框架下，公司不同类别员工采用不同的评价方法。

4.评价结果强制分布，不同类别员工均应满足强制分布比例要求，让各层级员工都有机会脱颖而出。

5.评价结果反馈本人，帮助员工认识自身的优势和不足，推动员工更好的实现职业生涯发展。

6.严格执行评价淘汰机制。

三、绩效考核方法

分公司对不同类别员工采取不同的评价方法如下：

人员分类	评价维度	评价方法	方案类别
中支班子成员	KPI考核 领导力测评	根据机构负责人及各系列负责人绩效考核办法中的KPI指标，结合领导力得分综合评价。	非标准流程方案（KPI考核方案）
分公司部门经理/中支部门经理	部门KPI评分 内部客户满意度 领导力测评	根据部门综合评价及领导力综合评价。	
服务部经理	KPI考核 领导力测评	根据服务部经理绩效考核办法中的KPI指标，结合领导力得分综合评价。	
其他员工	个人绩效合约	按绩效合约评分 注：绩效合约评价得分以直线经理评分为基准。	标准流程方案（绩效合约评价方案）

四、绩效考核评分方法

不同的评价方法采用不同的评分方法：

1.绩效薪、准绩效薪人员（包括机构负责人、机构个险副总、机构银保业务负责人、服务部经理）根据分公司发文的考核指标进行考核，评分按照KPI发文执行。

2.分公司签订个人绩效合约评价的人员，按照个人绩效合约达成情况评分，绩效合约指标按照下表评分：

单项指标完成情况	考核结果	单项指标评分(单位:分) (最小调节单位:5 分)
关键绩效指标的实际完成情况大大超过预期目标，达到卓越水平，工作推进有力，工作成果对公司经营目标有明显、积极的贡献	卓越	121—150
关键绩效指标的实际完成情况超过预期目标，工作进展顺利，工作成果对公司/部门经营目标有积极的贡献	优秀	101—120
关键绩效指标的实际完成情况接近或达到预期目标，工作效率、工作成果均能够达到平均水平	良好	86—100
关键绩效指标的实际完成情况离预期目标有一定差距，工作效率、工作成效低于平均水平	有待改进	71—85
完全没有开展计划中的工作或出现严重的延误、差错	不合格	0—70

绩效合约评价得分＝∑(各单项指标得分×指标权重)

3.领导力测评得分公司对各级管理干部均进行领导力测评。领导力测评以干部素质能力模型为依据，进行 360 度调查，调查按百分制进行。

(1)领导力测评得分＝上级评分＊40％＋同级评分＊30％＋下级评分＊30％；(如果只有两个层级评分，则各占比 50％。)

(2)各级管理干部领导力测评维度表：

人员	上级评	同级评	下级评
部门经理	分公司总经理 分公司分管总 (后援部门:办公、人事、财务，分公司全体班子成员均参评)	分公司其他部门经理 中支总经理	本部门员工
中支总经理	分公司总经理 分公司分管总	分公司部门经理 其他中支总经理	中支部门经理 中支服务部经理 本中支班子成员
中支班子其他成员及中支部门经理	分公司分管总(个银负责人适用) 分公司对口部门经理 中支总经理	中支其他部门经理	本部门员工
服务部经理	中支总经理	中支部门经理	本部门员工

4.内部客户满意度评价得分。

满意度是由分公司总经理室、中支总经理、分公司部门经理对分公司各部门的服务、支持及管理工作效率、质量及专业性等方面进行的整体评价，通过调查问卷完成，调查按百分制进行，建议机构各部门可参照执行。

内部客户满意度调查得分＝总经理室评分＊30％＋中支总经理评分＊40％＋分公司部门经理评分＊30％

五、绩效考核结果分布比例要求

1. 员工绩效考核结果按照绩效考核得分排名确定，年度评价结果分为：卓越、优秀、良好、有待改进、不合格五个等级。

2. 全省各机构和分公司各部门员工评价结果分布比例受机构和部门评价等级影响，分公司部门评价等级按部门评价得分排名确定：

员工评价结果 \ 机构/部门评价等级	A	B	C
卓越	≤5%	≤5%	0%
优秀	≤20%	≤15%	≤15%
良好	60—75%	60%	60%
有待改进/不合格	0—15%	20%	25%

3. 各机构评价等级确定原则。

A. 截止 2013 年 11 月 30 日，连续 2 年个险（含收展）正增长的中支（详见附表），整体评价结果按 A 类执行；

B. 截止至 2013 年 11 月 30 日止，连续 2 年个险（含收展）负增长超过 10%的中支（详见附表），整体评价结果按 C 类执行；

C. 除符合 A 和 C 类条件的中支外，所有中支均按 B 类执行；

D. 内勤人力超编的中支，超编人数 100%列入不合格系列；去除掉超编人力外，其余人员按中支相应的评价等级进行考核强制分布；

E. 人员编制有结余的中支，按结余的 50%减免有待改进和不合格的人数；

4. 分公司各部门评价等级确定原则。

A. 按部门绩效考核结果，排名前 10%进入 A 类进行评价，排名后 10%进入 C 类进行评价；中间 80%进入 B 类进行评价；

B. 内勤人力超编的分公司部门，不进入 A 类排序；

C. 内勤人力超编的分公司部门，超编人数 100%列入不合格系列；去除掉超编人力外，其余人员按部门相应的评价等级进行考核强制分布。

5. 员工绩效考核结果按照所在统计单位的绩效考核得分排名确定。

其中支总经理、分公司部门经理不计入部门分布比例（人数），由人力资源部协助分公司总经理室领导进行评价并完成强制分布工作；

按部门进行统计的人员，首先部门整体分布比例（人数）要符合要求，其次各系列人员也要符合分布比例（人数）要求，让各层级员工都有机会脱颖而出。

对于部门员工评价结果不符合公司强制分布比例（人数）要求的部门/机构，公司将采取如下措施：人力资源部将协助该总经理室分管领导，完成该部门/机构员工评价结果的强制分布工作。

人员类别如下：

机构	人员类别	统计单位
分公司	分公司部门经理、中支总经理	按分公司进行统计
	分公司部门其他员工	按部门进行统计
中支	中支班子其他成员、中支部门经理、服务部经理	按中支进行统计
	中支其他员工	按中支进行统计

4.员工在评价周期内受到警告及以上处分，其绩效考核等级不能评为优秀及以上。

5.特殊事项处理原则。

年内发生调动的员工，其评价得分原则上等于调动前后评分加权之和，权重以调动前后工作期限为基准。

六、绩效考核及评价结果的确认方式

绩效考核采取自我评分、上级经理评分、上级领导审核确认评价结果的方式，自我评分不计入最终评价得分。上级经理评分和上级领导审核确认评价结果可根据汇报关系等实际情况及管理需要，设置一级或多级评分及审核确认层次。人力资源部根据评价结果等级比例分布要求复核评价结果。

七、绩效考核结果的应用

1.公司各类人员绩效考核结果的应用。

人员分类	备　注
分公司绩效薪人员	奖金发放依据此类人员的考核办法执行； 个人年终综合评价等级作为职级调整、调薪、晋升、评优等工作的重要参考数据。
分公司部门经理	个人年终评价成绩作为奖金发放、职级调整、调薪、晋升、评优等工作的重要参考数据。 年度评价结果与次年全员绩效奖金发放相关：评为有待改进者按 80%发放，不合格者不予享受。
中支部门经理、分公司主管	
其他普通员工	

2.严格执行绩差淘汰机制。

（1）绩效考核等级为“有待改进”的员工，视为员工工作绩效表现低于公司平均水平，由直线经理对其进行培训指导，并实施为期 3 个月的绩效改进计划；对于无法完成绩效改进计划者，视为不能胜任岗位要求，公司将对其进行降职、降级等处理。

（2）绩效考核等级为“不合格”的员工，视为未能达成岗位工作要求，根据公司相关规定应调整其工作岗位，进行降职、降级等处理，由直线经理对其进行培训指导，并实施为期 3 个月的绩效改进计划；对于无法完成绩效改进计划者，公司将对其进行淘汰处理。

（3）员工出现违规或失误的关键性事件，对绩效目标实现产生消极影响，视为出现绩效问题，不胜任工作岗位要求。

八、绩效反馈与绩效申诉

分公司部门/机构确定评价结果后，以绩效面谈的形式将评价结果反馈至员工本人，员工获知评价结果后，可在申诉期内（绩效考核结果反馈 3 个工作日内）书面向分公司人力资源部/

中支公共资源部提出申诉，分公司人力资源部/中支公共资源部会同相关部门及领导提出处理意见，由申诉最终处理者确定申诉结果。

分公司人力资源部汇总全省绩效考核结果上报总公司，经总公司审核通过后（符合公司分布比例要求），员工可通过 ehr 系统知悉个人年终评价分数和评价结果。

九、绩效考核工作分工

分公司人力资源部负责组织完成除分公司班子成员之外其他员工的评价。

中支人事岗负责协助分公司实施对中支班子成员的评价，并完成中支其他员工的评价。

十、绩效考核工作进度安排

时　间	相关部门	工作内容
12 月 2 日前	人力资源部	启动分公司年终绩效考核工作（公告通知）
12 月 10 日前	人力资源部	1. 完成相关人员领导力测评的问卷调查、分公司各部门的满意度调查 2. 全省完成线下年度评价
12 月 15 日前	分公司、各机构	1. 完成中支总经理及部门经理综合评价（KPI 考核和领导力测评） 2. 分公司部门/机构将员工《员工个人年终绩效考核表》《部门/机构评价结果汇总表》《不合格员工情况说明》报分公司人力资源部存档。
12 月 20 日前	分公司 各机构	完成绩效考核 E—HR 线上操作
12 月 25 日前	分公司 各机构	完成 2013 年度员工年终绩效考核工作
12 月 31 日前	分公司 各机构	完成绩效考核结果反馈工作（包含绩效申诉）
1 月 4 日前	分公司	将 2013 年度员工绩效考核结果上报总公司
1 月 10 日前	分公司 各机构	完成绩效改进计划制定工作
1 月 17 日前	分公司 各机构	沟通、准备下年度绩效计划制定工作

附件：

一、个人行为能力调查表（部门经理/中支总/服务部经理 适用）

二、个人行为能力调查表（中支部门经理适用）

三、分公司部门内部客户满意度调查问卷（分公司总经理室评）

四、分公司部门内部客户满意度调查问卷（中支总经理评）

五、分公司部门内部客户满意度调查问卷（分公司部门经理评）

六、2011—2013 年各机构个险业绩（含收展）达成情况

个人行为能力调查表
（部门经理/中支总/服务部经理适用）

评价说明：

1. 评价人按照被评价人与各条目所列情况的符合程度对被评价人进行评价，每一条目的评价分值满分为5分，多于5分的评价结果无效。评价标准如下所示：

(1)"完全符合"——被评价人总是符合条目内容；为5分；

(2)"比较符合"——被评价人在绝大多数情况下符合条目内容；为4分；

(3)"基本符合"——被评价人总体上说基本符合条目内容；为3分；

(4)"比较不符"——被评价人绝大多数情况下不符合条目内容；为2分；

(5)"完全不符"——被评价人完全不符合条目内容；为1分。

2. 评价人进行评价时，注意分值应为整数，不要有小数。

综合评价要素	
一、个性与品德（满分为20分）	总分
1.为人正直无私，人品高尚；坦率、诚实、可靠，被广泛信任和尊重；尊重同事与领导，乐于助人；谦虚谨慎，平易近人，富有亲和力。	
2.正确认识、对待或使用组织授予的权力，不以权谋私，不打击报复。	
3.虚怀若谷、心胸宽广，与人为善；能正确对待能力比自己强的员工；能宽容地对待与自己看法和观点不一致的员工，允许、鼓励发表不同的意见、观点。	
4.对待工作中的失误、不足及上级的批评，勇于承担相应的责任，不向外推脱；能够有原则地为本单位或他人的利益而牺牲自己的个人利益。	
二、工作态度与工作品质（满分为20分）	总分
1.办事不拖泥带水，效率高，处理问题恰当准确；在困难和压力面前能够泰然应付而不忙乱。	
2.工作安排合理有序，分清轻重缓急，规划工作，忙而不乱，工作很少存在失误。	
3.严格贯彻执行公司制度及上级指令，遵守公司规定和纪律要求。	
4.责任感强，能够完全、负责地履行本单位及本人应承担的职责，尽职尽责为公司工作。	
三、学习能力、团队意识、合作精神（满分为30分）	总分
1.有很强的学习和提高的意识，能够不断自发寻找合适的机会、采取恰当的行动不断学习知识、提高技能。	
2.能够经常性地为上级和同事的工作提出建设性建议，促进本单位工作绩效提高。	
3.在工作中与员工之间互相帮助，能够在力所能及的条件下，积极协助本单位以外其它单位的工作，对公司内部和外部的服务对象的合理需求及时做出反应。	
4.团结同事与下级，工作合作性好，乐于、善于与人合作并发挥自己的作用；有集体荣誉感，注重维护团队荣誉。	
5.除了组织授予的权力外，还有足够的个人影响力及人格魅力充当领导角色。	

续　表

综合评价要素	
6.敏锐的观察力，对人和事物能够迅速辨别、发现有用信息，有很强的识人能力；善于发现、利用他人的长处和优势，能够用人所长。	
四、决策、计划、组织能力（满分为 30 分）	总分
1.能够迅速抓住问题的本质，迅速判断形势，适时做出正确决策而不是优柔寡断、犹豫不决。	
2.不因循守旧，工作中常能提出有价值的创新的设想，许多工作有创意或常能创造性地完成工作，能对他人工作中的创新有正确的判断和评价。	
3.能够根据本单位和公司的目标，制定符合实际的工作计划，并很好地组织实施。	
4.经常与员工进行交流与沟通，并真正了解员工的问题和想法，努力帮助解决他们关心的问题。	
5.能够与他人分享信息，尊重、承认他人的意见、建议、贡献。	
6.善于利用各种资源，通过正式渠道和非正式的网络等多种途径做好工作。	

个人行为能力调查表
（中支部门经理适用）

评价说明：

1. 评价人按照被评价人与各条目所列情况的符合程度对被评价人进行评价，每一条目的评价分值满分为 5 分，多于 5 分的评价结果无效。评价标准如下所示：

(1)“完全符合”——被评价人总是符合条目内容；为 5 分；

(2)“比较符合”——被评价人在绝大多数情况下符合条目内容；为 4 分；

(3)“基本符合”——被评价人总体上说基本符合条目内容；为 3 分；

(4)“比较不符”——被评价人绝大多数情况下不符合条目内容；为 2 分；

(5)“完全不符”——被评价人完全不符合条目内容；为 1 分。

2. 评价人进行评价时，注意分值应为整数，不要有小数。

综合评价要素	
一、个性与品德（满分为 20 分）	总分
1.为人正直无私，人品高尚；坦率、诚实、可靠，被广泛信任和尊重；尊重同事与领导，乐于助人；谦虚谨慎，平易近人，富有亲和力。	
2.正确认识、对待或使用组织授予的权力，不以权谋私，不打击报复。	
3.虚怀若谷、心胸宽广，与人为善；能正确对待能力比自己强的员工；能宽容地对待与自己看法和观点不一致的员工，允许、鼓励发表不同的意见、观点。	
4.对待工作中的失误、不足及上级的批评，勇于承担相应的责任，不向外推脱；能够有原则地为本单位或他人的利益而牺牲自己的个人利益。	

续 表

综合评价要素	
二、工作态度与工作品质(满分为 20 分)	总分
1.办事不拖泥带水,效率高,处理问题恰当准确;在困难和压力面前能够泰然应付而不忙乱。	
2.工作安排合理有序,分清轻重缓急,规划工作,忙而不乱,工作很少存在失误。	
3.严格贯彻执行公司制度及上级指令,遵守公司规定和纪律要求。	
4.责任感强,能够完全、负责地履行本单位及本人应承担的职责,尽职尽责为公司工作。	
三、基本知识与专业技能:(满分为 30 分)	总分
1.具有有效完成目前工作及更高一级工作任务和职责所必需的基础及专业知识。	
2.有承担更高层次的工作所需要的与本职工作有关的、足够丰富且实用的工作经验。	
3.能够运用所掌握的知识和积累的经验解决更高层次的问题,完成更高职务的工作职责。	
4.有较好的研究分析能力,对所发现问题进行深入研究,并能提出解决问题的可行性方案。	
5.正确理解自己所担任职务的角色、作用及其对本单位或公司的影响和作用;了解公司业务运作流程和管理模式,对本单位及上级单位在公司的角色和作用有正确、清楚的理解和把握。	
6.深刻理解现岗位在公司经营管理风险控制中所担当的职责和作用,并且有能力在本职工作范围内及时、有效地化解和降低公司面临的风险,善于控制、解决突发性事件,化解各种危机。	
四、创新能力、团队意识、合作精神(满分为 30 分)	总分
1.不因循守旧,工作中常能提出有价值的创新的设想,许多工作有创意或常能创造性地完成工作,能对他人工作中的创新有正确的判断和评价。	
2.能够经常性地为上级和同事的工作提出建设性建议,促进本单位工作绩效提高。	
3.能够与他人分享信息,尊重、承认他人的意见、建议、贡献。积极参与团队合作项目,并发挥一定的领导作用。	
4.在工作中与员工之间互相帮助,能够在力所能及的条件下,积极协助本单位以外其它单位的工作,对公司内部和外部的服务对象的合理需求及时做出反应。	
5.团结同事与下级,工作合作性好,乐于、善于与人合作并发挥自己的作用;有集体荣誉感,注重维护团队荣誉。	
6.能够经常与上级领导沟通、汇报工作,合理地寻求来自上级的支持。	

分公司部门内部客户满意度调查问卷
(分公司总经理室评)

评价内容(对如下三方面进行综合评价):

1.分公司各部门为机构提供的服务、支持及指导的工作效率、专业性;

2.该部门与分公司其他部门之间沟通协作的效率;

3.该部门为总经理室提供分析数据、决策建议的准确性与有效性.

请在选项栏内画√。

序号	分公司各部门	综合评价					
		非常满意	比较满意	一般	不太满意	非常不满意	不了解/不评价
	评价标准	5	4	3	2	1	0
1	办公室						
2	人力资源部						
3	计划财务部						
4	内控合规管理部						
5	信息技术部						
6	业务管理部						
7	客户服务部						
8	营销部						
9	培训部						
10	续期收展部						
11	电话行销部						
12	银保业务部						
13	银保业务支持部						
14	银保续期部						
15	银保销售本部						

分公司部门内部客户满意度调查问卷
（中支总经理评）

评价内容：对分公司各部门为中支提供的服务、支持及指导的工作效率、专业性进行整体评价。

请在选项栏内画√。

序号	分公司各部门	综合评价					
		非常满意	比较满意	一般	不太满意	非常不满意	不了解/不评价
	评价标准	5	4	3	2	1	0
1	办公室						
2	人力资源部						
3	计划财务部						
4	内控合规管理部						
5	信息技术部						
6	业务管理部						

续 表

序号	分公司各部门	综合评价					
		非常满意	比较满意	一般	不太满意	非常不满意	不了解/不评价
	评价标准	5	4	3	2	1	0
7	客户服务部						
8	营销部						
9	培训部						
10	续期收展部						
11	电话行销部						
12	银保业务部						
13	银保业务支持部						
14	银保续期部						
15	银保销售本部						

分公司部门内部客户满意度调查问卷
（分公司部门评）

评价内容：对分公司其他部门与本部门之间沟通协作的效率、专业性进行整体评价。请在选项栏内画√。

序号	分公司各部门	综合评价					
		非常满意	比较满意	一般	不太满意	非常不满意	不了解/不评价
	评价标准	5	4	3	2	1	0
1	办公室						
2	人力资源部						
3	计划财务部						
4	内控合规管理部						
5	信息技术部						
6	业务管理部						
7	客户服务部						
8	营销部						
9	培训部						
10	续期收展部						
11	电话行销部						
12	银保业务部						

续　表

序号	分公司各部门	综合评价					
		非常满意	比较满意	一般	不太满意	非常不满意	不了解/不评价
	评价标准	5	4	3	2	1	0
13	银保业务支持部						
14	银保续期部						
15	银保销售本部						

2011—2013年各机构个险业绩(含收展)达成情况

分组	中支	全年累计业绩			当年1—11月累计			备注
		2013	2012	2011	2013	2012	同比	
A	广州	2535	2314	3330	2535	2218		
	梅州	2228	2380	2601	2228	2300	−3%	
	佛山	2367	2203	2687	2367	2104		
	湛江	1993	2070	2282	1993	1996	−0.15%	
	河源	1881	2072	2175	1881	1995	−5.7%	
	东莞	1440	1626	1790	1440	1574	−8.5%	
B	云浮	1529	1705	1510	1529	1649	−2.7%	
	肇庆	1492	1466	1442	1492	1421		连续两年正增长
	汕头	1498	1625	1914	1498	1555	−3.7%	
	潮州	1548	1391	1722	1548	1277		
	揭阳	816	1054	1356	816	1003	−18.6%	连续两年负增长超过10%
	汕尾	1037	1082	1516	1037	1042	0.5%	
	中山	1285	1021	1372	1285	982		
	惠州	665	732	1143	665	705	−5.7%	
C	清远	545	636	478	545	620		
	江门	571	582	604	571	574	0.5%	
	茂名	484	528	597	484	509	4.9%	
	韶关	354	330	663	354	316		
	珠海	504	389	504	504	380		
	阳江	264	241	442	264	224		

◆复习思考题

1. 谈谈 K 公司的绩效管理规程的优缺点。
2. 评价一下 C 公司的绩效沟通制度。
3. 试谈 W 公司的绩效评估实施方案需要提高的地方。

下篇　薪酬设计实务

第七章　重视薪酬设计与薪酬战略的制定

薪酬设计是指一个组织针对所有员工所提供的服务来确定他们应当得到的报酬总额以及报酬结构和报酬形式的一个过程。在这个过程中，企业就薪酬水平、薪酬体系、薪酬结构、薪酬构成以及特殊员工群体的薪酬做出决策。同时，作为一种持续的组织过程，企业还要持续不断地制定薪酬计划，拟定薪酬预算，就薪酬设计问题与员工进行沟通，同时对薪酬系统的有效性做出评价而后不断予以完善。

薪酬设计对几乎任何一个组织来说都是一个比较棘手的问题，主要是因为企业的薪酬设计系统一般要同时达到公平性、有效性和合法性三大目标，企业经营对薪酬设计的要求越来越高，但就薪酬设计来讲，受到的限制因素却也越来越多，除了基本的企业经济承受能力、政府法律法规外，还涉及企业不同时期的战略、内部人才定位、外部人才市场以及行业竞争者的薪酬策略等因素。为了更好地认识薪酬设计，本章对薪酬及薪酬设计重新进行思考。

第一节　薪酬的本质及薪酬设计

薪酬设计涉及公司里每一个人的切身利益，所以薪酬设计有其特殊的重要性和敏感性。如何才能让公司现有的薪酬方案更科学、合理？如何应用薪酬设计原理设计薪酬方案才能有效地控制人力成本？

一、薪酬的本质及解析

我们天天都在谈薪酬，但是薪酬的本质是什么？薪酬的本质就是劳动力价值的价格。劳动者付出劳动，他的劳动是有价值的，它的一个度量就是价格，用价格标明劳动者劳动的价值。另外，薪酬是一种市场的交换行为。一个买一个卖，卖者付出了劳动，他得到了应有的回报，这是劳动力价值的价格，是市场交换行为。

既然是市场交换行为，就意味着：

1.不同的岗位的价值是不一样的。销售经理的价格和生产经理、研发经理的价格也不一样。既然不一样，那么我们怎样判别哪个经理的价值高，是研发经理的价值高，还是生产经理的价值更高？这就需要通过岗位的价值评估或岗位评估来判断。

2.多劳多得。既然是市场交换行为，一定是多劳多得，贡献大的，报酬就会多一些。那么，我们如何评判哪一个劳动的贡献更大，哪个贡献更小，这时候应该是通过绩效考核来进行。绩效表现好不好，贡献大与小，会影响到劳动者的报酬的多少。

3.市场的供求关系会影响薪酬水平。劳动力付出是一种交换行为，当市场供应很充足的时候，供求关系发生了不平衡，意味着同等的价值的情况，价格会变低。反之，如果供应很稀缺的时候，大家都来抢人才，意味着劳动力的价格随着行情见涨。在市场供求关系中，企业要善于把握，充分利用。比如现在应届毕业的大学生找工作不好找，因为供应量非常充分，这个时候，企业怎样充分利用这些供应量很充足的大学毕业生？

对于供应量很充足的应届大学毕业生，如何利用他们来为企业服务？

(1)应届大学毕业生的优缺点。应届大学毕业生的特点是理论多实践少，没有经验，但是同时有很多优点，很有创新能力，干劲十足。另外刚刚毕业的学生们对工作很珍惜，而且身体年轻健康，能适应长期加班。还有一个很大的优点，就是比较单纯，容易塑造。但是虽然有这么多的优点，但是大家还是不太敢用，主要的原因是应届大学毕业生工作经验比较欠缺，企业培训成本高。

(2)如何利用。如何利用这样很充足的优秀的应届大学毕业生为企业服务，这里面牵扯到的不仅仅是薪酬的问题，还牵扯到其他问题，比如应届大学毕业生没有经验，我们为他们假设导游这样的一个岗位。应届大学毕业生来了之后，要先他获得导游的资质。不同的应届大学毕业生，导游出来的水平是不一样的，差别很大，有的积极性高，有的积极性低。可是如果企业对已经获得了资质的或者是招一些没有导游资质的人，也没关系。他们到企业来之后，我们对每一个导游的产品，比如北京城区一日游这样一个旅游产品，我们建立起一套非常严格的流程，告诉他们怎么说话，到什么地方去，肢体语言、着装、讲解词等所有的动作要求全部归类好，就像演一台戏一样，一切都严格地编排一套剧本，让应届大学毕业生严格按剧本来训练。我们招那些帅气的、漂亮的、灵气的大学生过来，培养他们做导游，两三个月之后，边培养边演练，领导在旁边指导。当他们合格之后，就让他们上岗。经过两三个月的培训，这些大学生就会变得非常优秀。

这些人上岗之后，会给企业带来很多好处。第一个好处解决了人力资源人才短缺的问题；第二是解决了人力资源的成本问题；第三，因为应届大学毕业生容易塑造，他会很遵守原则，很珍惜工作机会，他们的服务质量会比较高，这就解决了产品的质量问题。

所以，要想把薪酬搞好，不仅仅要解决薪酬的问题，同时也解决企业的管理制度，特别是流程这一类的问题。其实，在很多岗位上，特别是服务类的岗位，我们不是缺人才，而是缺规范。没有这套规范制度，即使是一个好的人才，到企业工作了几年之后，也会变成一个庸才。相反，如果有一套非常严格的流程和制度以及严格的培训，一个不太好的、没有成型的人才，经过企业的雕琢之后，就变成了一个人才，变成一个可用之才。所以，我们在做薪酬设计的时候，除了要把薪酬设计好，其他配套的东西一定要做起来，因为整个管理是个系统工程。

4.可以讨价还价。既然是市场交换行为，那么一定意味着可以讨价还价，也就是薪资谈判。既不能完全听企业的，也不会完全听求职者的，双方有个协商。

既然是市场供求关系，那么是可以讨价还价的，这就意味着在薪资谈判的过程中，不管是求职者，还是企业，都希望自己处于一个有利的地位。那么如何才能够处于一个有利的地位呢？比如谈判的时候，求职者说，销售经理的岗位在北京地区薪酬是在 11000 到 18000 元之间，根据公司的情况，是否可以给他 13000 或 14000 元薪水。公司的决策层如何来判断求职者这样的一个诉求是否合理？他必须要掌握市场行情。如果他不掌握市场行情，他可能就认为这个要求非常合理。因为求职者告诉他现在的市场行情是 11000 到 18000 元之间。如果公司掌握了市场行情，公司就可以判断到底该不该给他到 13000，也许这个市场的行情并不是他所说的是在 11000 到 18000 元之间，而可能是在 8000 元钱到 15000 元之间。而求职者的这个信息，导致了公司给他 14000 元，而 14000 元在市场行情里已经是处于一个比较高的薪酬了，而一个新的销售部经理，凭什么一开始就给他很高的价格，企业并不知道他能不能胜任，他的工作出不出色。所以，要想在薪酬谈判中获得优势，必须要掌握市场行情。

二、薪酬相关的几个概念

1. 工资。工资就是货币薪酬，是单位或企业每个月给员工发的，基本上固定的这一块就叫工资。

2. 薪酬。包括工资、奖金、提成、分红等等这样的一些显性的现金的方式。

3. 报酬。所谓报酬，就是指薪酬之外再加上各种福利。福利包括养老保险、医疗保险、住房、交通补贴、通讯补贴等等，还包括股票以及一些培训的机会、带薪假期、舒适的工作环境、便利的生活条件等。比如公司给员工提供巴士、提供午餐等等。有这样的一些条件，大家显然更加开心，也是大家关心的。

4. 回报。大家来到一个企业求职，除了考虑薪酬之外，也关心公司的名气、成长的机会、是否是自己喜欢的工作、个人价值能否实现以及未来的谋职能力等。这些都是我们关心的。那么有些人到一家很知名的企业工作，是为了获得一段工作经历，这个经历对他未来的谋职能力有作用，另外他个人的能力在这个企业里面得到一定的培养。

把薪酬的这些概念综合起来，叫作 360°的回报体系。

三、薪酬设计的职能

薪酬设计有 6 大职能：

1. 留住人才。通过薪酬设计可以留住现有的人才。任何人都希望企业能够提供自己满意的薪酬，如果企业的薪酬没有竞争力，就留不住人才，员工干不了多久可能就要辞职，甚至跑到竞争对手那里。

2. 吸引人才。大家找工作，首先考虑的一般是看企业所能提供的薪酬，工资高不高，待遇好不好，薪酬高的企业自然能够吸引人才，这是毫无疑问的。

3. 激励员工。激励员工是企业的一个核心职能，把员工激励好，意味着企业可以花比较少的薪酬的成本，获得最大的效果。另外，在同等的薪酬成本之下，有激励的企业比其他激励性差的，没有激励性薪酬的企业效果要好。所以，激励员工是企业薪酬设计的一个非常重要的职能。

4. 协调职能。在企业里面，有一些岗位是我们希望淘汰的。当我们需要淘汰一些岗位的时候，在薪酬方案中，我们可以通过调资的方式，把薪资调低一点。通过这样的方式把这一部分人分流出去，是完全可以的。比如有一家企业希望把一些低学历的、年龄比较大的人给分流出去，在薪酬制度上，它可以这样设计：年龄在 50 岁以上或 45 岁以上的，学历比较低的或高中以下学历的，设两个薪酬值，工资比较低。通过这样的方式，起到分流的作用。

5. 资源配置职能。也就是在薪酬设计上采取一些措施来保证薪酬的科学性。比如到年底的时候，或者是一个阶段的半年期的时候，我们一定会发现有些岗位的薪酬不尽合理，工资发得比较高，而另外一部分发得比较低。

6. 补偿职能。当我们发现有些岗位的薪酬比较低的时候，我们其实可以通过奖金的方式或其他方式给一定的调节和补偿。这样使得我们整个的薪酬方案变得比较合理。

在这些职能里面，其实最后集中在一点，就是薪酬一定是体现了企业的价值导向。我们要想吸引人才，我们就把他的工资定得高一点。如果想把人分流出去，我们可以把他的工资降低一点。也就是公司做一些结构性的倾斜，比如一些核心岗位的薪酬水平可以定得高一点。

四、薪酬设计常见的6大问题及其应对

（一）案例描述

案例1

制样师杨军在某运动鞋企业工作5年了，月工资固定3500元。他技术水平高，工作又努力，深得领导的重用。考虑到公司领导对自己不错，所以有几次5000元月薪的跳槽机会，他都放弃了。他最近得知，另外一个新来的同事的工资竟然有5800元月薪。杨军就待不下去了，他马上找到公司领导，递交了辞职书，很快他在另一家运动鞋企业找到了同样的工作，月薪6000元，并且还有月奖、年终奖。杨军走后两个月内，那公司又有一批骨干员工辞职，其中几个人到了杨军所在的企业。

那么，这个企业的管理有什么问题，尤其是薪酬设计？

解答：首先，该公司的工资结构单一。它只有一个固定的工资。其次，它没有激励性措施，新员工的工资比老员工高，造成不公平。第三，它还不了解市场行情，外面已经几次5000元月薪的机会，杨军都放弃了，意味着现在的行情已经是5000元月薪了。这么多的信息全传递给企业，企业还是麻木不仁，不了解行情。其实这个公司的老板是了解行情的，因为他给了新员工5800元月薪的工资，但是他在了解行情的情况之下，还是给老员工3500元月薪。有一些老板们，以为金钱激励不一定有用，他们认为可以靠为人，靠自己对员工不错就可以挽留员工，这个办法短期内可以，3个月可以，甚至6个月也行，有的甚至一年也行，特别是创业期，老板跟大家一起同吃同住，天天一块拼命地干，大家也觉得很有干劲，没有什么怨言，工资拿了一点点也没关系。但到了一定的时间，就有一些人打退堂鼓了，如果超过2年的话，没人跟他玩了。所以薪酬激励是很重要的。

（二）薪酬设计常见的6大问题汇总

1.内部不公平性。这家企业的内部很不公平，杨军是在得知另外一个同事的工资竟然有5 800月薪的时候递交的辞职书。中国人患寡而患不均，凭什么人家拿5800元月薪自己拿3500元月薪，他没有办法接受这个。所以，导致内部的一些冲突，两个人容易掐起来，并且对公司产生怨言，最后离开。

2.没有市场竞争性。该企业对老员工的薪酬没有市场竞争力。企业的薪酬没有市场竞争力的时候，容易导致人才流失。

3.缺少激励性。一个企业的薪酬缺少激励性的话，意味着贡献大、付出多的人的收入和其他人一样。贡献大的人付出的比别人多，甚至还可能做出一些牺牲，可能是健康上的牺牲，感情上的牺牲。如果他付出了这么多，公司的薪酬又没有激励性，他就觉得得不偿失，这个时候干脆不干了。对企业来说，意味着剩下的都是一些懒人、庸人，这样的企业，灭亡是迟早的事。所以，激励非常重要，激励是薪酬设计的一个核心的职能。

4.战略导向性不明显。或者说是缺少结构性的倾斜。所谓结构性的倾斜，就是对那些支撑企业核心竞争力的岗位，我们给他的薪酬要给得更高。对于做订单的企业、制造业来说，打样的速度快，你就赢得了时间，打样的质量好，速度又快，你就赢得了订单。另外打样打得如何，最后生产也得按照这个来做，那么生产的相关的材料、一些工艺，都是一些小的影响。这些

小的影响对整个企业的生产成本，甚至品质都有一定的影响。所以，这样的岗位是一个核心岗位，而核心岗位在企业里面没有给予倾斜，说明这个老板的脑子是有问题的。

在改革开放的初期，出现了大量的老板，有的人是不懂管理的。我有一次我到一个企业里去跟人家访谈。访谈的第一天，他们会计就跟我说："老师，我都想递交辞职书，在递交辞职书的同时，我再递交一个求职书，我头脚辞职后脚再求职进来。"他说他们新来的出纳的工资都比他高，企业是老员工工资拿得低，新员工拿得高，它没有薪酬的调整。其实，薪酬的调整要与时俱进，随着竞争市场环境的变化而变化。

5.劳资不平衡。劳资不平衡在比较多数国企都存在，有相当多的国企是亏损的，但是管理层不亏损，管理层的腰包鼓鼓的，这叫穷了庙，富了方丈。这种情况其实导致股东的利益受损，员工的利益没得到保障。我们在制定薪酬方案的时候，像股东监管不到的企业会导致劳方和资方利益上不平衡，往往工资过高，导致资方的利益受损。这个也是不可以的。

有些老板常年在国外，回来之后发现公司是亏损的，一查账就发现，有的甚至引起诉讼，这样它就不能长久。这样的人自己的名声慢慢也变得越来越坏。中国现在没有建立个人信用体系，老总变坏了没关系，他到下一个地方还可以继续当老总。如果整个社会有了个人信用评估和记录体系，那就不一样了。总之，劳资的劳方和资方的利益要平衡。

6.薪酬万能论。早期的一些外企和现在的有些企业还有这种论调。有一个国有上市公司的人力资源总监参加我们课程之后，他打电话跟我说他想辞职，因为他觉得在这个企业里面学不到什么东西，样样都得听领导的，企业是唯领导意志是尊，更重要的是他和他的直接上司之间关系不好，他看不起这个直接上司。所以他一直觉得非常纠结。我问他可不可以考虑离开这个企业，他说自己很多次确实想离开，但是实在是舍不得薪酬，工资给的太高了。

试想，公司给那么高的工资，结果员工干得还不开心，他会努力去干吗？肯定不会。这种情况是比较突出的，尤其是国企，有体制上的问题。另外有的公司，一些高管会压制那些有才华的下属。总之，这种情况都导致高薪水发挥不了作用。

（三）问题应对办法

1.内部不公平性：岗位评估。对于那种内部的不公平，就要通过岗位价值评估，通过价值评估，判断哪个岗位值多少钱，值5800元就是5800元，大致上有一个波动，不要有太大差异。

2.没有市场竞争性：调整薪酬战略。对于没有市场竞争性，我们就要通过市场调查调整我们的薪酬战略。达到吸引和保留优秀人才的目的。

3.缺少激励性：绩效薪酬、奖金、提成、分红等。如果公司没有激励性，就设立一些激励性的薪酬，比如给员工发奖金、分红、提成，甚至一些激励性的补贴措施，都是可以的。通过设立一些绩效性的奖金、提成、分红等等这些措施，使得我们的薪酬具有激励性，让那些干得出色的人获得更高的收入。

4.战略导向性不明显：岗位倾斜。对于战略导向性不明显，我们就要对我们的薪酬进行改革，不要一刀切，而是进行结构性的倾斜。对于支撑我们核心竞争力的岗位，进行适当的激励和倾斜。

5.劳资不平衡：考虑到劳资双方的效益。如果劳资不平衡，就要考虑到双方的利益，我们企业管理的所有的制度，一定要在劳方利益、雇员利益、资方利益集合里边找到共同点，这样，企业才能长久。

6.薪酬万能论：与非薪酬方式并用。对于薪酬万能论，我们既要考虑到薪酬激励，同时也要考虑到其他各种各样的非薪酬的激励，比如荣誉等。

第二节　薪酬结构及其解析

一、薪酬结构模板

薪酬的结构应该是什么样的？这个问题很重要，企业的薪酬构成一般分成三大部分：工资、激励薪酬以及福利薪酬，如图 7-1 所示。

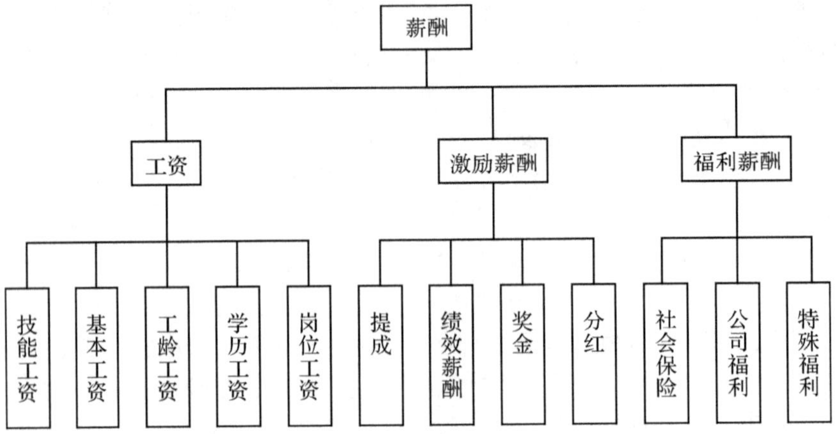

图 7-1　薪酬结构

二、薪酬三大构成解析

（一）福利薪酬或福利

按法律规定，所有的企业必须要有社保，如果不买社保，就是违法的，并且是公然违法。除了社保，公司自身还有一些福利，比如有的企业给一些核心人才买房付首期，给他车等等，还有一些其他的特殊福利。

1. 个性化的福利。在公司里面，不同年龄的人对福利的偏好是不一样的，59 岁的人对技能的培训不一定喜欢，23 岁的人却喜欢。另外，经济条件不同对福利的需求也不一样。一个家里现在正等着盖房子，或者给自己的弟妹付学费，你奖励他到海南岛旅游一圈，还不如给他现金，给他打 8 折、7 折都行。另外，男性和女性，有没有孩子，也不一样。一个 3 岁孩子的妈妈，更关心自己的孩子上幼儿园的问题，如果孩子到了 5、6 岁，她更关心孩子上小学的问题。如果公司能够提供一些入学的福利，她一定很开心。如果再进一步，公司能够提供巴士，每天接送公司员工的孩子，有孩子的员工会觉得非常好。所以，福利偏好是不一样的，所以，企业不能制定一刀切式的福利，而要提供个性化的福利。

在西方，个性化的福利叫弹性福利计划，也叫自助餐式的福利，对于不同层级的人，给他一个消费额度，再根据他的福利偏好，设计一些菜谱让他选择。比如在这一年或者是在两年之内，他享受这个福利，就不享受别的福利，下一个年度，或下两个年度，由公司来定，他再来换别的福利。

2. 福利沟通。在福利管理中一定要做好福利沟通。员工所认知的福利额度总是远远低于公司实际给的，比如公司给的是 1500 元的福利，员工不知道到底有多少，如果问他，他可能说有800元或900元、700元等，总之，员工会看低企业给他的福利的价值，这就造成双方信息的不对称，所以要做好福利沟通。

(二)工资

除了福利薪酬之外，薪酬设计还有另外两大块，一个叫工资，一个叫激励性薪酬。

工资往往包含了几部分：岗位工资、学历工资、工龄工资、基本工资、技能工资。

1.基本工资。一般的来说，有些企业设了基本工资，有些企业没有设基本工资，只设一个岗位工资，就是把岗位工资和基本工资合并在一起。如果有基本工资的，一般来说，只要能够符合当地的法律标准线就可以了。基本工资不要违法，如果公然违法，那你是自找没趣。

2.岗位工资。不同的岗位，工资不一样，通过岗位的价值评估、价值评价来得到岗位的工资。岗位工资里，总经理有总经理的岗位，研发部经理有研发部经理的岗位。他们的工资通过评价给出来。

3.工龄工资。很多人都知道，设工龄工资的目的是留人，为了增强员工的忠诚度。我们在设工龄工资的时候，要考虑是不是所有的员工我们都希望长期留下来。现实往往不是，有些我们希望他们长期留下来，有些并不希望他们长期干，而如果一直都给他涨工龄工资，并且越来越高，就是要把他长期留下来。那么对于那些我们不希望他长期留下来的员工，我们就不能这样做。所以企业里的工龄工资是可以调整的，工龄工资是可以不一样的，是可以取消，也可以增加的。到底是增加还是减少，或取消，取决于公司的意图。我们是不是想留下这批人。

我们在设立任何一个工资，设立一个项目的时候，我们一定要明白到底我们的意图是什么？我们在设定工资时，不要违法，要参照当地的标准。

4.学历工资。除了工龄工资，还有学历工资，这个问题相对来说比较复杂一点。学历工资到底是设还是不设，是有显性地设还是隐性地设？有的单位把学历工资单列出来，有的把学历作为薪酬要素的一个项目。其实，设学历工资是有一个前提，就是假设他的学历和岗位的能力之间是匹配的关系，如果没有匹配关系，就不要设，偏离的时候，也不一定要设，或者设得少一点、低一点。

比如在医院里，有医学博士、医学硕士和本科生。博士、硕士和本科，他们之间的差距一定要拉开。因为医学博士水平高一点，医学硕士相对低一点，本科又低一点。这种情况之下，这一类岗位里边，他的能力和学历之间是一个高度的结合的。医学的博士的学历工资可能能拿到5000块，硕士2500元，本科1500元，完全有这种可能。另外，有的公司里有一些技术工人，比如钳工、车工、宝石加工师傅，这样的岗位不需要请一个本科生来做钳工师傅，这类岗位很多人是没有学历的，有的是从技工学校毕业的。这类岗位里基本上不太考虑学历工资，更多的是个人技能，设技能工资，比如车工，分一级车工、二级车工、三级车工，一直到八级、十级车工，企业可以自己设。

另外，软件编程的程序员软件设计人员，里面有很多种，程序员往往大专毕业就可以了，本科稍微好一点点，不需要一个有博士学位的人过来编程序。总之，学历工资仅仅是在特定的学历阶层和岗位能力之间有一个相当好的匹配关系时，才有必要设。

设计学历工资需要一些技巧。比如一个岗位的学历工资，如果大专毕业，我们设成1200元的话，本科1300元、1400元、1500元、1600元都可以，这得看具体的岗位，比如编程人员也有差别，具体到一个岗位，员工的能力和他的学历之间到底有多大的差距。如果差距越大，设得越高，他的能力和他的学历之间要吻合、要匹配。如果一个博士学位的人过来应聘编程员职位，这时候在薪酬里完全可以不考虑对方的博士学位。对于有博士学位的人，比如本科是

1500 元，有博士学位的人，可以给他 1800 元，1600 元、1700 元、1800 元都可以。如果对方确确实实智商很高，很聪明，他在这个岗位上能力很强，那就变成通过另外一个渠道来获得他的薪酬保障了，就不是通过他的学历，而是通过他的专业技术能力。在我们企业里，我们可以设一个专业技术工资。这跟技能工资又有区别。

5. 岗位工资。在有些企业里面，岗位工资占的比重绝对大，其他的工资仅仅是一个象征。比如总经理、副总、总监、处长、科长，哪个岗位拿哪个钱，至于干得怎么样是另外一回事。那么这个时候可能会出现职责范围之外的事，他可能就不管。这跟技能工资有所差别。技能工资是获得了高技能的人，工资就相对高，他为了提高技能工资，他就要学，就要关心。

纯粹的岗位工资可能引发的问题如下：

(1)缺乏灵活性。岗位职责有什么就干什么，别的不管，这是逃避责任。

(2)不利于吸收自下而上的信息的传递。岗位工资是重视岗位的职权，它很强调职权，强调自上而下的决策贯彻或信息传递。从上往下的信息往往因为岗位层级的差别，可能会有一些阻断，往上比较难。强化了自上而下的决策和信息传递机制，不利于吸收自下而上的信息的传递。

(3)工作描述和工作评价程序可能会成为变革的障碍。因为要根据这种程序从整体上更新工作描述可能要花费大量的时间和成本。

(4)同样的岗位，任职者不同，导致薪酬失当。岗位工资可能会导致一个情况，同样的岗位，不同的人来任职的时候，如果我们一定要强调岗位工资就是这么多，可能会导致一些能力很强的人，拿的薪水比较低而一些能力比较弱的人，如果同样是岗位工资，他拿的就比较高，有的人就会觉得薪酬失当导致不满。所以，纯粹的、刚性的岗位工资是有问题的。事实上，即使是同一个岗位，不同的人来任职，他的工资也应该不一样。

(5)不利于横向流动。另外，纯粹的岗位工资，会鼓励员工都往上晋升，这个时候，横向调动比较难。如果一个技术经理被调为服务经理，这个岗位上去了，他们的工资就得往高调。如果往低调，他肯定不干。而问题在于可能技术经理这个岗位的工资比服务经理的岗位工资高一点，他就不干了，这就不利于横向的流通。

所以，岗位工资是不能够纯粹这么做的，要有相当大的弹性才比较好。

要解决以上问题，一般来说，有这么几个方法：

(1)增加激励性薪酬。打破纯粹的岗位工资，把岗位工资设成弹性，或者降低它的比重，增加激励性薪酬。激励性薪酬可分成分红、提成、绩效薪酬、奖金等等。适当增加激励性薪酬的比例，就很自然的降低了岗位工资的比例。

(2)增加技能工资和专业技术工资。比如企业内部搞一个职称工资。比如设立一级科学家、二级技术专家等等。

(3)组织扁平化。把原来很刚性的等级分成一级一级的，比如原来是 12 级，现在变成 4 级。每一级的弹性加大。

通过这几个方式，打破纯粹的岗位工资制。一个企业纯粹搞岗位工资制，一定会引发问题。

6. 技能工资。技能工资更加注重操作性，而技术工资除了注重操作性之外，还需要有大量的知识。学历工资注重岗位能力和学历之间要高度吻合。比如车工、钳工或宝石加工师傅，不同的人有不同的技能，一级跟八级师傅，加工出来的东西肯定不一样。这种情况下，技能工资其实很重要。

技能工资、技术工资和岗位工资之间的最大差别是岗位工资是付给岗位的，跟岗位挂钩。其实，岗位工资也有缺陷，因为真正拿工资的是人，不是岗位。位置高，拿的钱就高。技能工资和技术工资的支付对象是掌握技能、掌握技术的人。比如一级钳工拿一级钳工的工资，八级钳工拿八级钳工的工资，一级工程师拿一级工程师的工资，二级工程师拿二级工程师的工资，十级工程师拿十级工程师的工资。所以，技能工资和专业技术工资是对人。

(1)技术工资和技能工资。这类工资包括两大方面：一个是专业技术工资，或者叫职称工资，这个可以针对企业里面的一些技术部门、研发部门、工程部门，甚至财务人员、法律人士、企业里面的翻译、医生都可以。专业技术工资是专业工资，或者叫专业技术职称或职称工资，职称工资有别于咱们国内的所谓职称，国内的职称太粗，全国那么大，那么多职业，它就分成几大类。

另外一个是技能工资，比如工人、出纳、司机等等这些操作类的职位。技术工资更加是以知识认知和操作加起来。需要大量知识和很高学历的是专业技术类，而技能基本上是操作，不管有没有知识，有没有学历，会操作就行。

(2)设立技术或者技能工资的好处。

①提高员工的积极性。技术或者技能工资，主要是依据技能，而不是岗位，这样带来的好处是它是针对人而非岗位。员工获得的技能工资等级越高，意味着他的收入越高。大家都希望自己的收入高，所以为了收入高，大家就会努力地提升自己的技能，提高自己的技术水平。所以第一个好处是它刺激员工的积极性，员工会努力提高自己的技术水平，员工的技术水平提高了，对企业当然有好处。

②稳定人才。如果企业里面设立了技术技能工资，意味着企业里专门搞技术的人才就有了自己的发展通路，如果没有设立技术工资，这些技术人员要想获得高的工资，就必须通过提拔获得更高的管理岗位，会造成专业技术人员虽然做技术活做得很棒，但是管理不一定在行的问题。在企业里，我们需要各种各样的人员，既要技术水平很高的人，也需要对管理精通的人，如果大家都想往管理岗位走，不仅造成恶性竞争，也因为只有这一个通路，只有通过提拔才能够拿到高工资的话，可能会把这些拥有高级技术的人才赶走，或者把他提拔到一个他不胜任的管理岗位。所以，设立这类工资，实现了多重的职业通路，留住了这些技术人才，这对企业很重要。

③精简机构。很多企业非得把一些不适合做管理的人员提拔到管理岗位，造成企业管理混乱或低下。当然，因为那些不适合做管理的技术人员，不需要占据这些管理职位，就没有必要设计那么多层级，所以层级也会精简一点。

④满足员工的成就感。通过设立技术、技能工资，这些搞技术的人干起技术活来，特别地投入，特别地开心，很有成就感。很多编程程序员、软件设计人员，整个晚上都在搞设计、搞编程，他也没有抱怨，因为他很喜欢。如果我们设立了技术工资，让他们在这个领域能够有工资拿，又有比较好的待遇，工作的同时又获得成就和乐趣，他们当然更希望在企业长期干下去。这对技术类型的企业、高技术企业或以知识工作者为主的企业，技术工资或技能工资的设立就很重要。

(3)设立技能工资要注意的问题。当然，如果企业单纯、简单地设立专业技术工资，而不加以有效的控制的话，也会带来一些问题。比如一些国企里，行政师或政工师、工程师都有职称工资。职称对于工作岗位是没有价值的，对企业是很浪费的。

①专业技术工资要与企业相关。其实，可以让技术职称与他的岗位相关，第一跟岗位相

2.业务性补贴。另外一类补贴叫业务性补贴，比如比较典型的是手机通讯补贴，有些做业务、做客服的业务员经常要用手机来做服务，公司可能会给他很高的补贴，比如每月500元。而有些不需要用电话的，比如某副总、技术副总，基本上以专门内部研究为主的，可能只给补贴150元/月。这样的补贴叫业务性的补贴。

3.激励性补贴。还有一类补贴叫激励性补贴，比如北京公司要开发大西北市场，要派一个人到西藏去工作，一干就是二三年，大部分人会选择不去。现在公司说，一个月补贴3000元，就有人去了，但是有些人还是不去，补贴到8000元，终于有人去了。据不同的层级，会不一样，有家的没家的，也不一样。这种情况之下，我们一定会给他一个补贴，这叫激励性或补偿性补贴。另外，比如北京公司在香港成立办事处，要派一个人到香港工作，香港生活成本高，如果拿一样的工资，年轻人可能愿意去，因为他要体会一下香港和北京有什么不同。但是如果让他在那工作很长时间，又拿很低的工资，他租一个小房间，一个月就要6000元，工资才8000元，他肯定不乐意了。这种情况下，也要一个补贴，这也叫补偿性补贴。

所以，补贴有几种不同性质的补贴，我们在用的时候要心中有数。

四、不同级别、类型岗位的薪酬构成

不同类型的岗位，它的工资构成是不一样的：

1.一般职员。比如普通工人的薪酬构成，有基本工资或岗位工资，另外，还有计件工资、奖金、福利。也就是：基本工资＋奖金＋福利＝薪酬。

而技术工人，普工和技工，他的工资结构是不一样的，可能要有一个岗位工资、技能工资，也可以有个计件工资，计件工资当然可以根据他的不同的层级定额，可以有差别，另外还有奖金。

2.高级管理人员及研发人员。对于生产性的管理人员，他的工资可以有岗位工资、提成（比如针对这个订单，有一个提成，这个提成当然既要保证它的时间，同时也保证它的品质，要达到品质标准）、绩效工资。生产性的管理人员不仅仅要保证生产，还从事一些其他的职责，他们表现如何，可以通过绩效考评来加以实现。当然还可以有一些特别的奖金，这些奖金可以是单项奖，比如安全奖或品质奖，或其他培育员工奖等等，也可以设个综合奖。

对于生产管理人员来说，企业就是他们的营盘，营盘要抓住，可以考虑给他们高工资，因为给他持股，又觉得高了一点，但是如果要想让他留下来，如果不通过一些手段也不行，所以给他年工资。

这几种方式中，绩效工资很关键，它跟岗位的职责紧密挂钩。在众多的职责里，我们重视的东西，要把它做成指标，不重视的东西不要设。

3.销售业务人员。对于一般的销售人员，可能他的薪资构成由基本工资，或叫基础工资，或者叫底薪再加提成工资构成。另外，对于销售人员可以有一个绩效工资。销售人员不仅仅要抓销售，可能还要抓客户、维护客户，还有一定的市场开拓。这个也可以通过设立绩效考核指标的方式进行。另外可以设一些奖金，可以给他一些单项奖，比如客户开拓奖或客户维护奖，或员工之间的配合奖。为什么要设配合奖，因为销售人员每个人都面临着很大压力，可能销售人员之间会有一些不配合，我们通过设奖的方式，来强调配合，所以可以设一些单项奖。还可以把他个人的收益跟整个公司的收益挂钩，比如整个公司的销售额实现了5000万元的时候，奖金的比例会大一点，或者单独再拿一块也是可以的。

4.销售管理人员。对于销售经理人员，或销售主管，他的工资首先要有一个岗位工资。因为一个销售管理人员往往带几个人，销售总监带几十个或上百人，岗位是不一样的。而且他们也应该有提成，销售经理和销售总监往往都是销售上的高手，所以一定要给他分一些比较重要的客户群，让他来开拓，让他抓，他抓得好坏要有体现，所以要有提成。销售部经理的客户和他带着下属的客户之间应该不要重叠，一重叠就会发生抢客现象，所以不要重叠，给他界定清楚。

另外，他们也可以有绩效工资，因为销售管理人员承担的工作不仅仅是销售，也不仅仅是带团队，还有其他的一些事。销售总监有若干个职责，既然给了他这个职责，公司一定是看重的。既然看重，就要让他做好，怎么才能让他做好？要通过绩效考核进行。所以他可能有绩效工资。但是绩效工资里可能有一个指标，就是他整个团队的销售收入。当然也可以把整个团队的销售指标单独拿出来。所以他有可能有奖金或提成，还有一个综合效益奖。销售总监对公司的影响很大，他比一般的销售影响大得多了，这个时候就可以把他个人的收入和整个公司的销售收入，或整个公司的利润挂起钩来。

那么，销售总监的奖金到底是和整个公司的销售收入挂钩，还是跟整个公司的利润挂钩？事实上销售总监跟整个公司的纯利润是可以挂起钩来的。有些企业销售总监跟公司的老板之间互不信任，这个时候，跟纯利润挂钩有困难，公司没有办法让销售总监相信公司的纯利润是真的。反过来，如果销售总监跟公司的文化融得很好，跟老板之间关系很融洽，他相信公司的利润是真的，这时候是可以跟纯利润挂钩的，带来的好处是纯利润里面既包含了销售收入，也包含了各项费用，而销售总监如果控制的是500人、200人或100人，他控制的一大群人的行为方式对公司的费用的影响很大。所以，跟公司的利润挂起钩来，意味着他一定会关心公司的费用的控制情况。反之，如果让销售总监只关心销售收入，不关心利润情况，那么这个销售总监可能向公司施加压力，他做大量的广告、大量的拓展。广告做得少了，他不干。这样会造成公司成本提高。所以往往让销售总监的奖金和整个公司的利润挂钩，是比较好的。

如果销售总监跟公司的相互信任度不够，就没法挂钩。作为老板，应该想方设法让销售总监和公司之间有个融洽、信任的关系。如果销售总监这个层级的人跟公司的信任度不够，这个公司就很糟糕。另外，销售总监是重要的核心岗位，公司如果要长期把他留住，不要让他跑到对手那里去，公司最好要实施股权激励。股权是一个非常好的东西，是一个金手铐。公司给了他股权之后，销售总监会觉得他是主人了。不管给多给少，给了和没给，是个质的差别。要想让员工爱公司如家，他就得成为主人，如果他不是主人的话，他怎么能爱公司如家？所以给了他股权就不一样。给股权还有一个好处，就是在现金激励方面的数额可以相应地减少。另外，公司挣钱的时候，给了他股权他要分，如果公司亏本，给了他股权，他应该跟公司一块扛。所以，聪明的老板会实施这么一个方式，其实它是一把双刃剑。

中国的经济发展近30年来非常好，今年是多事之秋。海啸、风暴、衰退、萧条，中国也会有一定的波动。这个时候如果实施了股权激励，比如拿30%给员工扛和自己全扛，你会发现实施了员工持股的，这些人是跑不了的。如果是老板一个人的股权，其他人都下车了，就老板一个人开着破车。

5.研发人员。研发人员的工资方式，可能有这么几种：基本工资或岗位工资、福利、学历工资、技术职称工资、项目成果奖等。这个项目成果奖很重要，项目做得好，奖金就多一点。另外还有一个效益奖或项目效益奖，这两个奖之间有一点点差别。成果做出来了之后，不意味着成果能够变成公司的效益。另外不同的成果效益不一样。那么，怎么体现成果？比如工程师张三做了个成果，使公司赚了很多钱，他所研究出来的成果要跟他挂起钩来，这个奖叫项目效益奖。

项目成果奖和项目效益奖之间有的时候有关系，有的时候没关系。项目成果奖是项目做好了，达到公司的设计要求了，这就是项目成果奖。如果没达到，就没有奖。那么，什么情况之下设项目效益奖，什么情况下设项目成果奖？项目成果奖设还是不设？什么条件下设项目成果奖？有的企业只设项目效益奖，项目做出来变成产品，挣钱挣多了，给他做一个奖金激励，这是可以的。但有的时候，还要设项目成果奖，特别是在公司项目比较多的时候，有时是为了提高产品的性能。产品的性能提高了之后，产品的效益就好了。所以，成果做出来之后，就会给他奖励。

但是，有些项目并不是马上就能够转化成成果的，但是这样的项目对于整个公司的研发力量团队的培养，或技术储备有很大的帮助，或者以后能够转化成效益，或者是这个小的成果会构成一个大的项目的一部分。这几种情况之下，都可以通过设立项目奖的方式进行。直接见到效益的，就可以设效益奖。其他几种情况，比如为了培养团队，为了储备，为了以后出效益，这些都没有直接成果，但是对整个公司以后会有效益，这几种情况之下都是可以设的。只要对公司是有利的，就可以设一个项目成果奖。

技术人员、研发人员，往往靠技术吃饭，对研发人员要给一定的持股，这叫股权长期激励。对于研发管理人员，比如技术总监或研发部经理、总工之类的。他的工资要包括岗位工资、技术职称工资（或者叫等级工资）、绩效工资（根据岗位的职责和公司的要求，设立绩效工资）、项目成果奖以及效益奖和股权。这里面最主要的是它设立的岗位工资，其次是股权激励。

研发总监的项目成果奖和工程师的项目成果奖，它包含的含义也是不一样的。对于高层来说，他的薪酬结构应该是岗位工资很重要，绩效工资很重要，甚至有一个超额绩效奖。另外还可以有一个比较大的股权。当然有些企业实施了年薪制，年薪制就是针对绩效考核的结果而定的，平常发一部分，年终发一部分。此外，还有一个风险奖，如果超出比较多，风险奖会比较高。

第三节　薪酬战略与薪酬调查

一、薪酬战略

对于一个很普通的员工，比如工人、文员、操作人员、司机、清洁工等，我们是否要给予高出这个行业或者这个地区水平的工资？事实上，应该不一样的。我们给得高或低或给的是平均水平，这取决于我们的决策者自己怎么定。这叫薪酬定位或薪酬战略、薪酬策略。

（一）公司薪酬战略构成

薪酬到底是该给高一点还是按平均水平，还是给低一点，取决于我们的薪酬定位以及薪酬结构。我们是岗位工资固定，还是岗位工资＋激励工资，或者加学历工资、技能工资、专业技术工资，这构成了我们公司的薪酬策略或薪酬战略。

1. 确定薪酬结构。薪酬结构即各种不同薪酬形式的比例，如基本工资占多大比例？奖金多大比例？期权多大比例？这些因素构成了一个企业或一个员工的薪酬结构。一般来讲，不同岗位的员工薪酬结构也不一样，比如销售员，他的提成也许比他的基本工资要多，而对一个行政人员来说，基本工资占的比例比较大。而对于拥有股权的骨干员工来说，期权占的比例可能是最多。

2.确定薪酬水平。薪酬水平即薪酬数值在市场中所处的水平,如是处于中值,还是处于行业中的最高水平?如果是一个一流的企业,它的薪酬至少在同行业中处于中上水平,或者说是一流水平,这样才能留住人才,也才能保住它一流企业的地位。而一个三流的企业,一般它的薪酬也比较低。

(二)薪酬定位

当我们做薪酬调查的时候,是不是针对特定的岗位,这是一个很重要的条件。薪酬设计有个专业术语P,比如25P、50P、75P的概念,意思是说,假如有100家公司(或职位)参与薪酬调查的话,薪酬水平按照由低到高排名,它们分别代表着第25位排名(低位值)、第50位排名(中位值)、第75位排名(高位值)。

比如会计或销售、技术经理,或是人力资源经理,我们做薪酬调查的时候,我们把各个不同的公司送过来的薪酬的信息进行排名。如果恰巧是100个职位的话,从低往高排排到第25位,就叫25P;排到第40位,就是40P;排到50位就叫50P。这是从低而高的排位。但是有一个问题,我们做薪酬调查时,很少有刚好是100个职位的,所以这个时候还要取一个百分比。总之,多少P的概念表明了公司岗位的薪酬定位。

假设我们公司的财务经理参加了某某公司的薪酬调查,我们把我们的财务数据给他了,这个调查公司搜集了各种各样的数据之后,财务经理一排名,发现我们公司的财务经理是60P,但是我们公司现阶段准备融资,要引进新的资本,甚至未来两三年要上市,这时候财务经理这个职位变得很重要了。所以我们决定要给财务经理80P。也就是说,我们公司财务经理的现在工资给低了,才60P,和80P差比较远。因此,这多少P的用途,一个是指它的排位,一个是我们的定位;一个是现实的情况,一个是公司的定位。

(三)结构性倾斜

定位多少P,是业界的一个沟通术语。那么,我们各自的企业适合多少P的薪酬定位,是25P、50P或75P,还是别的?这个问题不是那么简单的,可能在我们各自的企业里面,我们除了要回答总体上是多少个P之外,我们同时必须考虑我们公司里面有一些岗位我们要给到80P,有些岗位给到50P,但是总体平均都很可能是60P。因此,我们在回答这个问题的时候,考虑的因素叫结构性的倾斜。也就是我们在考虑薪酬定位的时候,既要考虑到总体的水平,就是平均行业水平,还要考虑核心岗位的水平,即结构性的倾斜。要两者结合起来。

(四)效率工资理论

1.企业高度依赖于某些特定的人员时。企业是靠技术、研发吃饭,还是靠效率吃饭,还是工程做得很好,管理很到位,可以靠管理吃饭,有的是靠销售吃饭,企业有最棒的销售团队。对这些支撑我们核心竞争力的直系或者层级,要给它一个结构性的倾斜。在进行薪酬定位的时候,要把它结合起来。事实上,这个问题很多企业没有解决。很多企业不是很清楚自己的核心岗位。在企业里,大家注意到的总是一些比较特殊的岗位,这些特殊的岗位高度依赖于某一些人,比如他能够给企业带来大的客户订单,他能够拿到钱,离开这些人,企业就玩不转。这些人的工资,要给得高,甚至还有很多灰色的东西,有时还不能告诉别人。

所以,公司里的工资一定要保密。因为:第一,你说不清楚为什么给他那么高;第二还不敢说;另外,工资一旦不保密,员工都来找你要解释,解释不过来;还有一个,如果薪酬不保密,你的竞争对手想要挖你的人才的时候,他一挖就一个准。当然,保密不能够作为遮羞布来掩盖我们管理上的不足。因此,我们既要保密,同时在管理的方法、管理的体系上,也要尽可能做到科学。

2.某些人的可替代性很低时。如果某些人，比如一些专业技术人才比较少，可替代性很低。他离开之后，很难找到人。这种情况之下，我们也要给他高工资。

3.组织无法监督、观察员工的绩效时。还有一种情况，在很多企业里有一些岗位，很难考核它的绩效，并且这个岗位比较特殊。比如有些软件编程人员，只有两三个人或一个人，别人不是干软件工程的，外行人无法评价他工作的好坏，很难给他做绩效考核。这种情况之下，就得给他高工资。还有一些外派人员，比如办事处就一两个人，很难对他们监控。再比如有些大企业会派一些技术间谍或工业间谍去偷别人的方案，这样的人很难监控，并且他的身份单线联系很难，怎么知道他给你的技术情报是5件算好，还是50件算好，没办法评估。这个时候也要给他高工资，让他发自内心地工作。但是，给了他很高的待遇之后，他是否真的会发自内心地为企业效劳？不一定。因此，除了在工资上给他高薪酬之外，在用人上很重要。比如找软件人员，就找那些特别喜欢软件的人，上了机房什么都忘。这样的人如果薪酬给低了，他很容易就走了。所以，企业既要在用人上做文章，又要在薪酬上做文章。

二、薪酬调查

现实中，我们怎么知道人家拿多少工资，自己比别人拿得高或低？这就得通过薪酬调查看。薪酬调查这个东西牵扯的问题比较多，首先看薪酬调查的对象。

（一）薪资调查的对象

薪酬调查的对象可以是竞争对手，看竞争对手支付的工资水平信息。竞争对手有两类：

1.产品市场上的关键竞争对手。比如我们是卖软件的，对方也卖软件；我们卖笔记本，他也卖笔记本；我们卖玻璃杯，他也卖玻璃杯，这是典型的竞争对手。

2.劳动力市场的关键竞争对手。微软曾经挖过可口可乐公司的一个营销副总裁。可口可乐卖的是汽水，微软卖的是软件，为什么它要挖可口可乐的营销副总裁？因为是人才，所以，竞争对手还包括人才市场上的关键竞争对手。人才的竞争在高层更明显。所以，当我们考虑到薪酬调查对象的时候，应该考虑这个内容多一点。

（二）薪酬调查的渠道与方法

我们在做薪酬调查的时候，都调查什么东西？第一个是对方的薪酬水平、福利待遇、薪酬结构、加薪的频率、加薪的幅度等等诸如此类的因素，都在薪酬调查需要考虑的范围之内。薪酬调查的渠道有如下几种：

1.企业之间的相互调查。有的时候，企业之间会相互调查，看看同行业的是怎么个待遇，另外企业可以参加一些薪酬调查，买一些数据，或者人力资源的人，同职业的人聚在一起时，比如人力资源协会会有一些碰头会，大家都会说一些各自的行情。这是了解别人薪酬的一个渠道。

2.从公开的信息中了解。中介咨询公司、猎头公司、国家会经常公布各种各样的招聘信息，包括媒体，我们经常可以看到招聘广告里写的待遇。比如招聘高级钳工一名，月薪2800块钱，另外还有提供住房补贴、福利的。最近，网上还流行晒工资，一到论坛里就知道大家都挣多少。还有可以去招聘网站看一看该岗位现在的行情。同学聚会大家也会讨论工资待遇。

3.从流动人员中了解。面试的时候，一些应聘人会说出别人的单位的待遇。从这些流动人员口中，我们就可以大概知道竞争对手都给他们什么待遇，因此自己心里至少有个底，当然，对方有的时候会虚张声势，但总会得到一个大概的数目。包括上培训课时，大家私下可以讨论。

4.委托专业机构进行调查。当然，现在有的招聘是假招聘，在中国这个问题还是比较严重的，咱们作为一个发展中国家，跟发达国家比，中国的诚信度不高，假招聘在欧美国家是不可思议的一件事，一旦牵扯这些，这个企业从此就麻烦了。但是在中国还有人做，甚至假应试的也有，虽然说了这么多的方法，但目前为止，我们还没有一种可以依赖的方法。但在欧美一些比较规范的国家，它就可以通过购买薪酬数据调查公司的调查数据来调查。专门有人做这个，比如东京某一家公司，它把中国所有的各种各样的企业的薪酬统统搜集来，输入到数据库，然后对数据进行分析。它每个月都搜集，搜集完了卖给别人。比如珠三角普工的工资是多少，男工的工资是多少，女工的工资是多少，在珠三角不同等级的技术工的工资是多少，在北京、在环渤海、在天津地区，工资分别是多少，它就可以把这个信息公布给大家，但都是有偿的。因此，企业可以委托专业机构进行调查。

5.商业性、研究性、政府薪资调查。有的时候，政府或某个社会机构或专家学者等会搞一些社会调查，这些调查有时候会涉及行业薪酬、待遇的数据和分析，一般来讲，这些资料的可信度是比较高的，分析也头头是道，因此，企业可以有选择地采用他们的数据。

这是通过专业公司做的调查，但是在中国现在做不到专业调查的情况下，我们可以多选几种。比如我们可以通过查阅公开资料、书面问卷、电话访谈或个人面谈等自己进行调查，然后在公司里建立一个信息资料库，把所有对应的岗位统统列在数据库里面，再给它做数据结构化。通过不同方式得来的数据，都加入到数据库里，第一次、第二次、第三次，每一个岗位都有。当我们把来自不同地方、不同时间的同一个岗位的数据加得足够多的时候，再给它统计起来，做一些分析，这个时候，它的可信度就提高了。

三、制定薪酬战略的六大要点

(一)清楚本企业战略

首先，我们一定要清楚明白本企业的战略定位，我们企业到底是一流的企业，还是二流的企业或三流的企业。

1.领先战略，一流薪酬：75P以上。一流的企业就应该有一流的薪酬，这样才能吸引到一流的人才，一流的人才才能创造出一流的业绩，拥有一流业绩的企业才能算上是一流的企业。

那么，有没有可能是先给它办成一流的企业之后，再给一流的薪酬？这还得看企业情况，比如企业一开始能够拿到一大笔钱固然好，是国家愿意投或某一个VC愿意投，因为有了一大笔钱，比如500万美金，我们可以先找十来个人，但是肯定是高质量的人才，一流的薪酬造就一流的企业，这个企业肯定成功。

还有另外一个情况是：这个企业刚刚发展，是小企业，但它发展非常迅速，一开始的时候它给的薪酬肯定不高，但是员工也玩命，大家拼命地干，干一年、两年，先造就一个很好的企业，大家再分享成果，但是如果干了很长时间，发现没有变成一流的企业，薪酬没有提高，大家拼命干还没多拿薪酬，没有变成一流的企业。这种情况下，大家就没有干劲了。

甚至有一些老板带着一些人干，等企业发展起来之后，就把这些人给甩了，这叫过河拆桥，卸磨杀驴，这种情况就比较糟糕了。所以，一般情况下，薪酬战略是一流的领先战略，一流的薪酬，才有一流的企业。

2.跟随战略/模仿战略：二流薪酬，50P—75P。如果我们是二流的战略，我们是模仿、跟随别人，不想当领先。这个时候我们就可以给他50P、60P或65P。

3.低成本战略:50P 以下。如果我们是低成本战略,在薪酬上可以考虑低一点,比如 50P 以下。

总之,薪酬的定位跟企业的定位是关联的。在制定薪酬时,我们同时也必须注意到我们的制度、我们的流程是不是很优化。中国企业特别注重大家统一思想,而且中国成功的企业通常有一个很强势的老板,这个强势的老板制定出一套很强势的制度,然后形成强势的文化。具备这三个条件的企业往往比较成功。相反,如果老板比较弱势,比较民主,他的企业在中国会比较麻烦。所以,在中国制定薪酬战略,要把经营战略定位考虑在内,要统一员工的思想,一定要把员工的思想统一到老板的价值观里面去。

(二)了解本企业的业务特点

要想制定好薪酬战略,还要了解本企业的业务特点,比如我们的业务到底是劳动密集型的,还是知识密集型企业。

1.劳动密集型。劳动密集型的企业往往人很多,有大量的工人在生产线上,每一个工人不需要很高的技术,这样的企业的薪酬定位依赖于生产线,这种情况之下,薪酬定位可以考虑给他 50P 以下,比如 25P、40P、50P 等,给的不一样。这是从管理上考虑企业要想降低成本,就得给低工资,当然给得太低,员工也不满意,干活质量就容易出问题,如果太低也招不到好的人。这里的先决条件是依赖于生产线,不依赖于人,从管理的角度来看,可以给得很低。但是绝对不能给得过低,不能开血汗工厂,否则政府就介入了。

2.技术性型企业。还有另外一种企业是技术型企业,比如宝石加工行业,依赖于技术人员,宝石产品的品质是不依赖于生产线的,依赖于设计师及加工师傅。这样的企业的薪酬战略能不能给很低,比如 25P?当然可以,问题是给了 25P 之后,本来是花 100 万买来的钻石,加工出来就只值 500 万;而给 80P 的企业,同样是 100 万买来的钻石,就值 2000 万。所以,选择什么样的战略,由自己决定,自己买单,自己承担后果。

3.资金密集型的企业。比如说航空公司飞行员的工资基本上是百万级的,这一类企业,它的设备贵重,人员少,应该给 70P、80P 以上。如果给低了,就留不住人才,或者服务质量低下,对设备没有什么保养,致使设备的使用寿命缩短。比如宝钢,在现代化的大型的冶金企业里面,它的冷轧车间里的设备非常昂贵,里面人很少。如果企业给操作人员的工资很低,那就麻烦了,他们就不好好地保养设备,到时候更换设备花的钱更多。

4.知识密集型或技术密集型企业。比如高技术企业,像软件公司、医疗电子设备公司、医院、会计师事务所、房地产设计事务所等等,应该给到 80P 以上。因为科技就是生产力,这些企业高度依赖于高素质的人才。一个人创造的效益可能低一点,但是给到 80P 的人,可能创造的效益是给到 60P 或 50P 的人两倍到三倍。但是企业付出的薪水可能只有一倍半或两倍。从投入产出上来说,对企业更有利。所以往往有几个好处:第一,可以吸引人才;第二,可以留住人才;第三,如果企业给他们高工资,老板说话腰杆子就硬了,想做事情时,大家往往干劲比较足,比较听话。反之,如果只给 50P、25P,干活的时候他们会跟你玩,广大知识工作者来玩老板的时候,老板离完蛋也不远了。所以,对于知识密集型,以知识工作者为主的企业,应给到 80P。

当然,如果是创业期的企业,工资不一定给这么高,我们可以拉大家来入股。但企业发展壮大之后,原来入伙的人全都散伙了,本来 3 个人的公司,最后变成 3 个公司。中国的团队配合比较差,所以我们花大量的时间协调人际关系。在中国搞企业,如果能够把人搞好了,搞顺了,这个企业就战无不胜。

（三）清楚谁是你的竞争对手

另外，我们要明白谁是我们的竞争对手，谁和我们争夺人才。如果我们了解了对方，我们就针对他来制定我们的薪酬战略。但如果不了解就没法制定。

（四）调查清楚当地的人才市场的供求状况

我们还要调查清楚当地的人才市场的供求情况。对于那些紧俏的人才，我们要想得到的，就应该给很多P，紧俏的找不到的人才，2个人才5家在抢的，就得给到高一点。如果是供过于求，就给低一点。所以根据人才的供求状况，制定薪酬战略。

（五）要分析本企业的发展阶段

也就是按照发展阶段理论来说，企业处于创业期，还是发展上升期，或下坡路。不同阶段的企业，它对人才的需求情况不一样。

1.发展初期，急需三类人员。在企业发展的初期阶段，一般来讲，它最急需三类人才，一是具有强开拓能力的业务人员；二是精打细算的COO/财务经理；三是得力的招聘经理/人力资源经理。

比如某一家企业发展初期，它投资2亿美金建了一个600亩的工业园。在这个阶段，这个企业最需要的是开拓型的销售人才，还需要财务总监或一个常务副总。另外还需要各类人才，因为刚刚建立个工业园，意味着马上要招人，600亩要一批一批地招人，还需要一些基建人员。问题是企业要想吸引到这些人才，并且留住已经来的人才，它的薪酬战略该定到多少P才合适？在这个阶段，就要结构性的倾斜，保证这些人才能够到位。

在企业不同的发展阶段，都有一些我们特别急需的人才，我们要想吸引和保留这些人才，我们就要对他进行结构性倾斜。

2.小企业创业阶段。小企业创业阶段又不一样，对于一个规模比较小，又是创业阶段的小企业来说，它这时候最需要的是业务人员，这些业务人员要精干，要能够帮它开拓业务。而要想达到这一点，企业必须给它很高的提成，同时底薪又不能太高，低的底薪就可以了，因为底薪太高，企业的成本上去了。但是如果不给他高提成，他就没有动力，企业也拉不来客户。

总之，不同的企业，在各个阶段的目标和定位是不一样的，因而薪酬定位上也不一样。

（六）要盘点本企业的人力资源状况

如果我们想能够制定比较好的薪酬战略，我们就要盘点本企业的人力资源状况，看看本企业的人力资源状况有哪些问题。对于人才的盘点有几个问题：

第一，必须对人才进行描述，从他的学历、能力、态度、忠诚度等等各个方面对他进行描述。对于不同的岗位，人才描述的内容都不一样。我们要想描述人才，同样要建立一个关于岗位的人才素质的模型，或者岗位的认知能力模型，或者一个简单的入职要求。

第二，根据盘点人才的结果做薪酬战略。做薪酬战略的时候，还必须做人力资源的规划工作。人力资源规划就是让合适的人去做合适的工作岗位，同时根据企业的发展情况，规划企业未来的人才需求规划。如2009年上半年，销售部需要什么样的人，研发部需要什么样的人，工程部需要什么样的人，什么时候需要。

那么，人力资源规划由谁来做？也许有人觉得应该是人力资源部或老板，其实应该主要由各个部门的负责人来做。做完之后，由人力资源部汇总，当然要想做好这个工作，老总本身要亲自抓，要动员，甚至要做一些具体的工作。

第三，对人才盘点之后，企业会发现还有些缺口，同时又有些需求，那么我们必须要招聘。

所以要配套的有招聘规划，招聘规划当然主要是由人力资源部来做。人力资源规划做完之后，一定有一些岗位或部门发现有的岗位急需人才，但是人又很少，在市场上又很难招到，这时候我们要对他的薪酬战略定位进行调整，要调高一点。而有些岗位需求量变小了，我们就要把这些人分流出去。这个时候，我们就可以在薪酬上降低一点。也就是人力资源规划，它包含需求规划、招聘规划、薪酬规划、培训规划等等。

◆复习思考题

1. 薪酬设计有哪些功能？
2. 谈谈薪酬设计中存在的主要问题及解决之道。
3. 谈谈薪酬战略的构成。
4. 试述薪酬战略制定过程中的注意事项。

第八章　岗位薪酬设计

第一节　决定薪酬水平的三因素模型

一、决定薪酬水平的三因素

(一)决定薪酬水平的岗位/个人因素

1.岗位价值。不同的岗位,薪酬当然不一样。比如销售经理与研发经理、生产经理、采购经理、财务经理的薪酬都不一样。比如一个公司实行两级制,总经理、经理,哪一个的价值更高,看情况而定。如果是初创阶段,企业应该把重点放到销售上,销售经理的价值高,薪酬也高。当整个销售已经做得很好、很稳定了,生产成为一个难点,跟不上了,这时候企业要想把生产抓上去,就要有一个比较好的生产经理,而这一个阶段的企业或出现一些状况的企业,它的生产经理的岗位的价值就要高。当企业要上市、要融资时,需要加强财务管理,加强财务核算,加强财务控制,这个阶段的财务经理的价值就高。

2.人与岗位匹配度。不同阶段、不同企业的各个经理的价值是不一样的,甚至同一个经理在每个阶段的价值也不一样。同样,别的岗位也是一样,因此要对岗位的价值进行评估。比如在初期阶段,为什么销售经理的价值高?因为这个时候销售经理的责任比较大,贡献也较大,同时企业对销售经理的要求高。而如果公司的名气已经很大,公司的品牌已经打出去了,这个时候企业对销售经理的要求就较低,所以他的岗位价值要低一点。

事实上,岗位的价值判断要根据责任、工作难度、入职的要求等等来评判,这叫薪酬要素。总之,岗位会影响到薪酬水平,不同的岗位,不同的时期,薪酬水平不一。

另外,同一个岗位,不同的人来任职,都叫销售经理或研发经理、开发部经理、技术经理,不同的人来担当,有的人技术水平很高,有的人技术水平一般,这时候他的工资也会不同。所以,薪酬还要受到一个人和岗位匹配度的影响,也叫人岗匹配度。

3.绩效表现。现实中,很少有人岗完全匹配的情况,概率很低,多数情况之下,我们招聘一个人来或内部招聘,总觉得有一定的缺陷,但是可以凑合着用。人岗匹配不一样时,工资也会不一样的。所以,即使是同一个岗位的,同一个人来任职,他不同的阶段的绩效表现是不一样的,这个时候,他的绩效工资会不一样,所以他的总收入就受到影响。他的个人表现也会影响他的收入。

4.技能工资。另外,薪酬还受到技能水平的影响。有的单位实行技能工资,技术的高低,企业给他的待遇当然不一样。一级工程师和三级工程师的工资是有区别的。

因此,薪酬水平其实是受到了诸多因素的影响,岗位/个人因素是决定其薪酬高低的一个因素。

（二）决定薪酬水平的组织因素

1.企业效益好坏。

另外，公司的效益影响工资水平，效益好，才可能高工资。企业效益不好的时候，企业的薪酬当然不会给得很高，反过来说，如果企业效益很好，就一定会给得高吗？不一定。通常的情况下，效益好的企业工资也未必高，这得看老板的考虑。

2.所有者的价值观。薪酬高不高，还取决于决策者的价值观，有的老板想对员工好一点，薪酬就给得高，企业待遇就比较好。比如香港有个老板就对员工特别好，他花了上千万在公司里修了一个工人文化中心，在一个大楼里，有电视厅、阅览室、舞厅、乒乓球室、网球室，什么都有，这个企业给员工的待遇也很好，他赚了钱先回馈给他员工，这是他的价值观在起作用。

3.管理手段。即根据公司的需要及时调整工资方案。老板有老板的考虑，老板有老板的价值观，老板的考虑更多的是他的需求。他根据他的需求把薪酬作为一个管理的手段来用。作为公司的股东一方，他对员工最有效、最直接的掌控也就是薪酬。

作为管理手段来说，企业如何实施它的薪酬设计？

（1）通过高薪酬吸引到人才。人才流失最直接的原因往往是薪酬。可能有其他的导火索，比如与直接上司的关系搞不好，部门里有人跟领导走得很近，风气不好等等。但最主要的原因就是薪酬。而企业在吸引人才的时候，薪酬是最重要的，比如刚开始来应聘的时候，大家别的都谈得好好的，最后一谈到工资，双方都小心翼翼，扭扭捏捏的，大家都互相谦让，对方口头说其实他无所谓，工资高点低点无所谓，说无所谓的人，其实他很在意。中国人的特点就是这样的，比较内向、含蓄，尤其是对敏感的问题特别在意，越显得自己无所谓的人对钱越在乎。所以，钱在吸引人才的时候，特别重要。

（2）通过调整工资来分流人才。某超大型国企有一个特点，就是年纪大的人很多，学历低的人也多，原来它是一大片工业园，后来工业化进程，慢慢城市化了，工业园变成了市中心。这个时候，它要做别的高科技产业，成立了好多特大型集团，下面有好几个集团。这时候想把这些年龄在45岁以上、高中以下学历的人分流下去。但分流这个事企业领导不敢做，因为一提起这个事，工人就到市政府门口抗议、示威。这样的事很难办，但是不解决上边又要骂。最后企业把专家请过来，通过设计一套人力资源管理方案，把这些人分流出去。

方案里明确制定45岁以上、高中以下学历的人如何分流出去，当然还有一些职位的限定条件以及薪酬的考虑。一个是设立工龄工资，一个是设立学历工资。在设立薪酬要素的时候，可以把年龄考虑进去，比如44岁以下的分值和40岁以上的分值拉开差距，再把学历档次拉开，另外还可以考虑工龄、技能、岗位等等。有的人年龄比较大了，学历又比较低，但是他的岗位非常重要。比如国内的像平保的总裁马明哲，初中学历，年薪现在是6000万，那在设立薪酬要素的时候，就把岗位的权重加大。这样一来，那些岗位很高的，就不用分流出去。职位比较低、学历也比较低、年龄也比较大的人，最后的结果就是工资拿得很低。按照新的工资方案，他现在就退休或离休、离岗的话，还能给他一个很高的补贴，他还不如选择离开，到别的地方再找一份工作。

而对企业希望留的人，分值设高一点，比如大专以上的人学历的工资高一点，设到1000，而高中以下设立200。通过这样一些方式最后实现了分流。最后，通过做思想工作和一些其他的补偿，解决了问题。

而企业把这些人分流出去之后，要给他们一个比较好的待遇。这点很重要，因为国企里那些职位比较低、学历又比较低、年龄比较大的老员工，他的本企业不愿意要他，他到别的地方去,就业能力不强,别人也不愿意要,加上现在中国劳动力比较充裕,所以他们再就业就很难。造成这个问题的原因第一个是他们自己,第二个是社会,第三是企业。事实上,国企的改制一定会使一部分人受到损害,甚至有一定的牺牲。其实这一部分人跟着共产党,跟着国企多年,但是到了改革的时候,他们做出了一定的牺牲,这是社会发展造成的,企业也有一定的责任,他们本人也有一定责任,并不是所有学历低的人都不行。所以,这三种原因结合起来,对这些人的处理就不能够简单,把他们抛到社会上不管就会导致社会问题。

总之,我们在设立薪酬方案的时候,第一可以通过薪酬方案来达到我们的一些目的,比如分流的目的;第二在做分流方案的时候,一定要考虑到具体的企业的状况。比如这些员工离职,他有家有口的要生活,我们要有社会责任,企业要对得起他们,所以也帮他们争取一些比较好的利益。

(3)通过设立奖金、绩效薪酬、提升、补贴等激励人才。在把薪酬作为管理手段的时候,我们要注意到金钱不是万能的,薪酬这种激励方式和管理手段要结合其他一些激励方式,给他一些荣誉和没给荣誉是不一样的。给员工一定的赞美、随时的赞美,给他一些关爱,给他一些包容,让他有成就感,让他有所发展,尊重他等等。也就是说我们既要有薪酬方面的激励手段,同时要结合其他一些非薪酬、非经济的手段。这样才能够把整个薪酬设计做好。

(4)通过设立分红、股权把员工和股东拴在一起,给他戴个金手铐。通过这些管理手段,这个管理一定是有为的。通过年终工资可以提高员工的忠诚度,通过设立技能工资、技术工资,鼓励员工提高他的技能和技术。通过结构化的倾斜把关键人才留住。管理是一种手段,所以一定要有为,如果无为,那是不行的,要大胆去做,去尝试。当然在尝试之前,一定要充分地考虑,看他的工资调了之后,拿得高还是低,满意不满意,会不会走人。如果企业希望对方走人,就调低一点,如果希望留住的人,一定要给他高一点工资。

30 年前,使用薪酬这个管理手段特别管用,20 年前也很管用,但是到了今天,这个手段对现代人的激励作用明显降低了。现在很多人工资拿得高,他还要求开心,有所发展,还要一个好的氛围,要包容他等等。其实这是正常的人性要求。二三十年前,在改革开放初期的时候,只要钱给得高,就有些人拼命干,干活累死的都有,出国的人为了省钱,天天吃方便面,没有营养,最后得了肝硬化,被抬回国,甚至有下飞机两个月之内就死掉的。那个时候人的需求是不一样的,跟现在差别很大。到现在,我们更加要注意金钱的重要性,但是金钱一定要结合薪酬方式一起激励。

(三)决定薪酬水平的外部因素

1.地区。外部环境对薪酬水平也有一定的影响,不同的地区薪酬都不一样,比如北京的工资和香港的工资就差距很远,北京的工资和河北邯郸的某县的工资也不一样,和内蒙古的也不一样。

2.生活费用和物价水平的变化。生活成本的提高或降低的速度对薪酬也有影响,当生活成本变化很大的时候,薪酬也要跟着变化。通货膨胀的时候薪酬就高一点,紧缩的时候薪酬也跟着紧缩。

3.行业。在同一个地区,比如都在北京市,不同的行业薪酬也不一样。做软件的,做房地产的,做酒店的,做酒楼的,做旅游的,做建筑的,不同的行业工资也不一样。外企、民企、国企其实差别越来越小,但是也是有差别的。

4.劳动力市场供求的情况。不同的岗位,劳动力市场供求情况也影响到薪酬,水涨船高。因为薪酬是一种市场交换行为。供大于求的时候薪酬就降低,供小于求的时候薪酬就提高。

5.生产的需求急迫程度。有时，客户要货要得很急，生产必须给它赶出活。这个时候，如果是一个很大的持续半年一年时间的订单，企业对人才的需求很急迫，薪酬就给得高一点，否则人才流失企业受不了，活赶不出来，订单就泡汤。

6.法律环境。另外，法律环境对薪酬也有影响。新的《劳动合同法》的颁布，对企业现在的工资要求很规范，提了很多新的要求。

第二节　岗位评价及薪酬要素解析

一、岗位评价及薪酬要素解析

（一）岗位评价

1.岗位评价是什么。岗位的价值评估或岗位评价，就是指确定每一个岗位的价值，通俗地讲就是这个岗位值多少钱。薪酬的本质就是岗位的价值的价格。

2.岗位评价的价值是什么。评价每一个岗位的价值，是为了解决内部的公平性问题，到底给销售经理、研发经理、生产经理、财务经理多少工资，到底岗位工资哪个高一点哪个低一点，总监和员工又分别是多少。要有一个岗位的价值评价的问题。通过价值评价来确定它相对的公平性。绝对的公平是很难做到的，因为每一个人的判断标准不一样，而主观的所谓公平，它主要是一种主观上感觉。

所谓公平，是每一个人自己的主观感觉，而每一个人的主观感觉是不一样的。所以要想追求绝对的公平是不可能的。因此，确定每个岗位的价值追求基本公平就可以了。这个公平性，不仅仅是在同级别之间有公平性的问题，经理之间有公平性问题，总监之间也有，而且不同的层级之间也有所谓的公平性问题。比如如果上司比自己的工资高三倍、二倍，这个时候，如果员工知道了，他会觉得不公平，会觉得这个上司所承担的责任跟自己没有多大的差距，另外这个上司的能力、敬业度等和他没多少差别。而通过评价，他立刻就看到了自己和上司之间的差距。所以，其实内部公平，既有同级别之间的，也有不同级别之间的问题。

（二）薪酬要素

1.什么叫岗位的薪酬要素。当我们评价一个岗位的价值的时候，我们到底根据什么来评判？这是个重要概念，叫薪酬要素。所谓薪酬要素，就是对这个岗位的价值而言。也就是说凭什么说研发总监、研发经理就比财务经理要高，或者研发经理就比生产经理高？有哪些因素影响。这叫薪酬要素的概念，就是对岗位的价值评估或对岗位的价值有影响的因素，我们把它叫薪酬要素。

2.薪酬要素举例：管理岗位。不同的岗位，有的责任大，有的责任小。如果企业要融资上市，要加强财务管理，财务总监的责任就很大，他的贡献就可能较多。

不同岗位的工作难度是不一样的，有的很难，有的很简单，对入职的要求也不同。不同的岗位工作环境也不一样，如果一个很恶劣的工作环境，我们可以给员工一个单独的补贴，也可以把工作环境作为一个薪酬要素给他评价进去。

事实上，我们在确定工资的时候，既可以是显性的，给他列一个环境的补贴，也可以把他的工作环境、工作条件作为一个薪酬要素，比如去西藏。如果是井下作业、高空作业就考虑到危险情况。同样的道理，它既可以作为一个薪酬要素评价，也可以单独拿出来作为一个补贴。这些因素对岗位的评价有很大的影响。

比如管理岗位的薪酬要素有很多，在评价它的价值时就可以把这些因素拿出来作为评价。它包括岗位需要的知识水平、经验、创新能力、体力、工作压力、对企业影响、监督责任、沟通要求、工作条件优劣程度、危险性等很多要素。

3. 薪酬要素权重解析。那么，管理岗位哪一个更值钱？总经理是管理岗位，销售经理也是管理岗位，生产部经理、研发部经理、行政主任也是。这些薪酬要素是怎么来的，我们为什么选择这些作为薪酬要素，而没选择别的？

事实上，薪酬设计首先一定要基于岗位说明书，没有岗位说明书，就没有办法提炼薪酬要素，没有岗位说明书，就说不清员工的职责有多大，任职要求有多高，环境怎么样，就没法描述清楚。所以薪酬一定要基于岗位分析。

其次，薪酬设计一定要基于绩效考核。不仅薪酬基于绩效考核，不少企业发奖金、加薪时，也基于绩效考核。所以，薪酬体系的建设，要基于岗位说明书的建立，也要基于绩效考核。事实上，这三个应该是结合在一起来做、融为一体的，这个叫人力资源管理的 3P 核心，即岗位分析、绩效评估(绩效考评)、薪酬方案。

但是这样一来，问题就出来了，如果企业的工作说明书做得很粗糙的话，怎么才能够用于岗位分析？很多企业没有工作分析，没有绩效考核，他们做的薪酬和以前就不会有太本质的区别。如果要想让企业的薪酬设计有一个质的飞跃，有一个科学的体系，一定要把这三个结合起来做。

岗位评价有三大经典方法：排序法、要素记点法、归类分级法。事实上归类分级还不单纯是一个岗位评价的方法，它是一个完整的体系。

二、岗位评价三大经典方法——排序法

1. 适用范围。排序法往往适合于小公司，几个人的公司、十几个人、二十几个人，用排序法就够了。

2. 排序法步骤。

(1)工作分析——获取职位薪酬要素信息。首先对员工的工作进行分析，比如他是做什么工作的，任职条件是什么，对学历、技术、经验等等有什么要求，这是获取职位薪酬要素的重要信息。

(2)选择薪酬要素。做完工作分析之后，我们心里面也有了一些薪酬要素，比如这个岗位的责任承担得最大，岗位的贡献大或小不一样，岗位要求的难度不一样，一定是有些要素的。事实上我们也要列出几个要素出来，可以简单一点，这个要素怎么列，也要基于岗位说明书的模板，列完之后，我们综合一下。总经理工作责任最大，工作强度很高，影响很大，贡献很高等等。把这些要素列完之后再评价。

(3)对职位进行排序(评价)。比如公司里有 15 个人，15 个人中总能找到最值钱的岗位和最不值钱的岗位。剩下的 13 个岗位里面，再找最值钱的排在第二位，找到一个最不值钱排到倒数第二位。一直排完这 15 个人。

(4)选择等级参照物。我们把第一、第二、第三，一直评价到第十五名之后，剩下就是该给他们钱了。

那么，我们怎么知道总经理或股东该给多少钱，中间的部门经理该给多少钱？这时候就要做一个市场薪酬调查，类似的岗位里面，工资水平是多少，再找几个典型的岗位做薪酬调查。调查完了就会觉得很靠谱，这样进行一次、二次，甚至做第三次调查，三次调查数值可能不一

样，就取一个平均值，三个相加除以三，也可以加权平均。最后可以取平均值，也可以取一个高点值，作为该岗位的薪酬。

(5)调整排序结果。根据薪酬调查的结果，我们再对岗位重要性和价值进行重新排序，得出标准职位的重要程度顺序表，如表 8-1 所示。具体的薪酬最后老板由拍板决定。

表 8-1　薪酬调查结果

年薪：元

级别	最低值	中位值	最高值	标准职位
1	200000	250000	300000	总裁
2	160000	200000	240000	执行总裁
3	128000	160000	192000	副总裁
4	104000	130000	156000	业务总监
5	88000	110000	132000	市场总监
6	78400	98000	117600	首席顾问
7	68800	86000	103200	财务经理
8	60800	76000	91200	高级顾问
9	52800	66000	79200	顾问
10	46400	58000	69600	招聘专员
11	40000	50000	60000	市场专员
12	33600	42000	50400	网络管理员
13	28000	35000	42000	会计
14	22400	28000	33600	前台

这个排序法的优点是：简单，快捷，成本低；缺点是它只适合于小型组织。

三、要素计点法

前面提到管理岗位的薪酬要素包括知识、经验、创新能力、体力等等，我们通过对这些要素进行评价，看各个管理岗位的价值到底值多少钱，并且这个是定量的。要素计点法有以下几个步骤：

1. 赋予管理岗位不同的要素一个权重。首先，我们可以赋予管理岗位不同的要素一个权重，比如知识对于管理岗位来说是重要的，我们给它 15%的权重；经验也比较重要，给 10%的权重；创新能力是 15%的权利，因为创新在中国目前的环境之下，还没有一个统一的模式，创新尤其显得格外重要，所以创新的权重也比较高；其他的体力、注意力、集中的程度等等，占的比重小。总之，事先给每一个要素赋予一个权值，赋完了之后，加起来再反反复复地调，等于 100%。每个企业的权重是不一样的，各个企业可以根据自己的情况形成权重。

2. 赋予管理岗位不同的要素一个分值。除了权重之外，还要赋予它一个分值。比如所有的权重的满分值是 500 分，然后在具体的每一个薪酬要素上分出等级。同样的管理岗位，总经理、行政经理对知识、经验的要求也不一样，所以每一个薪酬要素要分级，我们分成 5 级，有的企业分成 7 级，也可以的。在 5 级里面，每一个级别赋予不同的分值，比如在知识这块，一级是

15 分，二级是 30 分，三级是 45 分，采取等差累加制。对于经验这块，也赋予了不同的分值，一级是 10 分，二级是 20 分。创新能力也一样。总之，我们对每一个薪酬要素事先分成 5 个级别，每一个赋予一个分值。

3. 对每一项薪酬要素事先给它一个定义。另外，对于每一项薪酬要素，我们事先要给它一个定义。比如知识要素，我们事先就可以给它一个定义。比如一级只要具备高中或职高的学历，或者是接受了相当培训能力的就可胜任。二级是需要具有中专或大专的学历，或者是受到了相当的培训。三级是需要具有大学本科的学历。四级有的需要硕士，有的需要博士，这个是对知识的评价。定义好了之后，我们再回过头来反复调分值，要核算。

对于研发或技术副总这样的管理岗位，在知识这一项，分成四级，60 分。对于经验这一块，分几个级别，第一级别是：他需要具有单一领域的或者项目的一般专业经验，一年以内的工作经验。第二级别是：具有较深入的专业经验，或者稍广泛的职务经验，具有一到两年的同岗位或者相近岗位工作经验。第三级别是：具有单一领域专家的经验。第四级别是：具有跨领域的工作经验，具有五到八年的岗位或者相近岗位的工作经验。很多人选四级。可见在创新能力这块，对他的要求还比较高，需要对现有的方法做重大改进，需要进行企业级的广泛的调查和分析，包括企业外、内部的较难攻克的，他的创新能力要达到很高程度才能够胜任技术副总这个职位。

4. 对比定义，打分。总之，事先做好定义，然后对比定义，每一个评价委员会的成员都给他打分，最后形成一个最终的分数，比如 425 分。那么，这么多人给他打分，打的分数也不一样，到底是以谁的分数为准？一般是去掉一个最高分，去掉一个最低分，然后平均处理。因为薪酬评价太敏感了，可能评价人有自己的个人考虑在里面，所以为了避免这些情况出现，或者减少这个影响，去掉一个最高分，去掉一个最低分，剩下的分数做平均处理，通常情况下做加权平均。

那么，如果选择加权平均，问题又来了，到底给谁的权重大？这又牵涉到评价委员会由谁构成的问题，对于技术副总这样的岗位，评价者应该是总经理、生产副总、市场部经理、总监或副总、财务经理、人力资源总监、专家等人员一起参加。这里面，往往有一些关键的岗位，比如董事长是个特殊岗位，可以把董事长的权重变成 3，1 分顶 3 分，而把别人的权重等比例减少，或者有的企业给董事长加权，给专家加权，这样形成最终结果。

一般来讲，评价委员会的成员有两类人：第一类人是各个岗位的评价他都参与的，比如人力资源总监或人力资源经理或薪酬专员，他都得参与。有时管理顾问公司的人也要参与。这些人往往构成一个核心委员会，有的把它叫常务委员会或工作小组、绩效小组、薪酬小组。另外一个是相关的岗位的人员。评价人员的选择很重要。选择不同的人，结果会有很大的差别，一般选择奇数，人数不要太少，太少了权重太集中，稍微地分散一点，9 个到 11 个为好，7 个也可以。评价完了之后，对于评价的结果往往还应该有个汇总和统计。

比如对财务总监的评价，有 11 个人参加评价，每一个人都给他打分，打完分数之后汇总到一张表里面，去掉一个最高分，去掉一个最低分，剩下的 9 个分里面，给他做一个加权平均，最后得出这个人的薪点值是 685 分。对其他也是一样，都先单独打分再汇总，每一个不同的岗位都有一个分数。

5. 把薪点值转化成钱。得出来的分数，还只是一个薪点值，不是钱。那么，怎样把这个薪点值转化成钱呢？就要经过计算，就要把公司要发的所有的薪酬的总额、总数加起来，作为分值相除。我们实施这个新的方案之后，往往公司发的总的薪酬额度要增加。一般来说，在准备加薪的时候，实施这个新的薪酬方案效果会好一点。因此，把总的每一个岗位的薪点值加起来作为分母，等于每一个薪点值多少钱，这个数叫薪点价值，再乘以每一个岗位的薪点值，就等于该岗位拿多少钱。

每一个岗位多少钱计算出来后，是不是可以马上作为薪酬方案来加以发放呢？不是，还需要对这个方案做一个微调或调整。由董事长为首的一批人进行调整，一个是董事长本人，另外一个是专家，可能是人力资源总监，也可能是外来的专家。这个调整有的时候是微调，有的时候是大调，如果前期董事长参与很少，跟他沟通不够的话，有可能这个调整很大，甚至完全否定都有可能。所以，整个薪酬设计的过程董事长都应该参与，所有者也应该参与。

四、职位的归类分级法

（一）案例解析

在薪酬中，我们怎样归类，怎样分级？有些企业把整个公司的所有岗位分成若干类，有管理类、技术类或研发类、销售类、工程类、行政类、操作类等。通常情况下，可以分四～五类、三到四类都可以。有的把行政和操作归到一起，叫操作类，有的还加一个技能类，都是可以的。

归类分级的好处是，从事技术工作的人他可以专心搞技术，不用削尖脑袋爬到经理或其他管理层级别，但是他的薪酬可以拿得很高，高到甚至跟高管一样，甚至首席技术专家的薪酬水平和老总拿的一样高。这就使得那些特别喜欢技术的人，能够留在企业。这叫多重职业通路。

管理序列可以分为很多类，如表 8-2 所示：

表 8-2　管理序列

职位等级	管理序列									
60										
59	总经理（A）									
58										
57	副总经理（B级）									
56		副总经理（A级）								
55		副总经理（B级）								
54			总监（A级）							
53			总监（B级）	总经助理（A级）						
52				总经理助理（B级）						
51					部门经理（A级）					
50							人力、财务部主管（A级）			

续 表

职位等级	管理序列									
49					部门经理（B级）					
48					部门经理（C级）					
47						部门副经理（A级）	人力、财务部主管（A级）			
46										
45						部门副经理（B级）	人力、财务部主管（B级）			
44						部门副经理（C级）				
43							人力、财务部主管（C级）		高级文秘	
42							人力、财务部主管（D级）	质监部管理员（A级）		
41										
40								质监部管理员（B级）	中级文秘	文员（A级）
39										
38									文秘文员（A级）	
37								质监部管理员（C级）		
36								质监部管理员（D级）		文员（C级）
35										文员（D级）

简单的可以如表 8-3 所示：

表 8-3 简单的管理序列

52	总部副总经理（A级）					
51						
50	总部副总经理（B级）					

续　表

49	总部副总经理（C 级）					
48						
47		四总部部门经理（A 级）	商务部主管（A 级）	俱乐部经理/项目经理（A 级）		
46						
45		四总部部门经理（B 级）	商务部主管（B 级）	俱乐部经理/项目经理（B 级）	四总部计调主管（A 级）	
44						票务主管（A 级）
43		四总部部门经理（C 级）	商务部主管（C 级）	俱乐部经理/项目经理（C 级）	四总部计调主管（B 级）	
42		四总部部门经理（D 级）	商务部主管（D 级）	俱乐部经理/项目经理（D 级）		票务主管（B 级）
41						
40					四总部计调主管（C 级）	票务主管（C 级）
39					四总部计调主管（D 级）	票务主管（D 级）

在表 8-3 中，第一列上写的是管理系列或管理族、管理直系。管理系下面有一个总经理 A 级，有一个总经理 B 级，还有一个副总经理，再往下，还有很多小的级别，如文秘、文员等。也就是说，在公司里面，其实所有的管理类的岗位统统都可以归到管理系列。

在管理系的后面，还有一个专业技术系列。也就是把一些能够进入专业技术系列的岗位归在一起，如 IT 主管、企划部主管或一些工程师，甚至人力资源师、专业人员、律师等等这些专业技术系列的人，只要符合本公司的技术要求，都可以把他放到专业技术系列里，如表 8-4 所示。

表 8-4　专业技术序列

50								
49		企划部主任设计师	企划部主任营销师	IT 部主任工程师	财务部主任审计师			
48						财务部主任会计师		
47								
46								
45	IT 主管（A 级）	企划部主管设计师	企划部主管营销师	IT 部主管工程师	财务部主管审计师			

续　表

44						财务部 主管会计师		
43	IT 主管 （B 级）							
42	IT 主管 （C 级）							
41		企划部 设计师	企划部 营销师	IT 部 工程师	财务部 审计师			
40						财务部 会计师		
39							统计师	
38		企划部 助理设计师	企划部 助理营销师	IT 部 助理工程师	财务部 助理审计师			
37		企划部 平面设计员	企划部 企划文案	IT 部 操作员		财务部 助理会计师		财务部资 深出纳员
36					财务部 审计员		助理 统计师	
35						财务部 会计员		
34							统计员	财务部 出纳员

另外，还有一个序列叫业务序列，包括销售业务、客服等，都可以放到业务序列里。如表 8-5 所示：

表 8-5　业务序列

44	销售主管 （A 级）						高级技工 （国外）	
43								
42	销售主管 （B 级）						高级技工 （国内）	
41								
40	销售主管 （C 级）	俱乐部管 理员（A 级）						
39	销售主管 （D 级）		销售员 （A 级）	客服管 理部文员 （A 级）	计调员 （A 级）		中级技工 （国外）	
38		俱乐部 管理员 （B 级）				服务员 （A 级）		

续　表

37			销售员（B级）	客服管理部文员（B级）	计调员（B级）		中级技工（国内）	
36		俱乐部管理员（C级）				服务员（B级）		门店营业员（A级）
35		俱乐部管理员（D级）	销售员（C级）	客服管理部文员（C级）	计调员（C级）			
34			销售员（D级）	客服管理部文员（D级）	计调员（D级）	服务员（C级）	技工（国外）	门店营业员（B级）
33						服务员（D级）		
32							技工（国内）	门店营业员（C级）
31								门店营业员（D级）

其实，所有的岗位都能够在各个表里找到自己的位置。这个表不仅把岗位归成类，还分成了级。比如管理系列里，总经理A级是59，总经理B级对应的是57。每一个岗位所处的位置有高有低，是不一样的。这个高低表示这个岗位的工资的职等的不同，分成若干等，每一个等里再分成若干级，职等与岗位挂钩。比如在管理系列里面，每一个岗位其实实施的是岗位工资，比如总经理A的岗位工资是59等，总经理B级是57等，总经理C可能是55等。副总经理分两等。副总经理A是56等，副总经理B是55等。也可以把副总经理B划成54等。如果我们希望他们之间跨度大一点，就跳一等。同样的道理，可以再设一个副总经理C等。每一个岗位在它的特定的直系里面都能找到自己的岗位的工资。

那么，我们怎么知道把总经理A等放到59等，把副总经理B放到56等？这是通过岗位评估判断的。岗位评估方法有要素记点法和排序法，结合这两种方法，通过要素记点法，给每一个岗位分成若干要素，并给它排序，给它排一个位置，排完之后再调。同样的，在技术序列里面，我们可以用类似的方法对每个岗位进行评价，最后给每一个坑里放一个萝卜，每一个岗位就一个等。我们分成60等，最高的是60等，最低的是31等。也可以把最高调为30等，最低的是1等。

还有一张表是职位等级薪点表，这张表跟前面提到的岗位归类分级表相结合，就可以得出每个岗位对应的工资。如表8-6所示：

表 8-6 岗位对应工资

单位:元/月

职位		职位级														
等	级差	1	2	3	4	5	6	7	8	9	10	11	12	13	14	15
31	100	1800	1900	2000	2100	2200	2300	2400	2500	2600	2700	2800	2900	3000	3100	3200
32	100	1900	2000	2100	2200	2300	2400	2500	2600	2700	2800	2900	3000	3100	3200	3300
33	100	2000	2100	2200	2300	2400	2500	2600	2700	2800	2900	3000	3100	3200	3300	3400
34	100	2100	2200	2300	2400	2500	2600	2700	2800	2900	3000	3100	3200	3300	3400	3500
35	100	2200	2300	2400	2500	2600	2700	2800	2900	3000	3100	3200	3300	3400	3500	3600
36	100	2300	2400	2500	2600	2700	2800	2900	3000	3100	3200	3300	3400	3500	3600	3700
37	100	2400	2500	2600	2700	2800	2900	3000	3100	3200	3300	3400	3500	3600	3700	3800
38	200	2600	2800	3000	3200	3400	3600	3800	4000	4200	4400	4600	4800	5000	5200	5400
39	200	2800	3000	3200	3400	3600	3800	4000	4200	4400	4600	4800	5000	5200	5400	5600
40	200	3000	3200	3400	3600	3800	4000	4200	4400	4600	4800	5000	5200	5400	5600	5800
41	200	3200	3400	3600	3800	4000	4200	4400	4600	4800	5000	5200	5400	5600	5800	6000
42	200	3400	3600	3800	4000	4200	4400	4600	4800	5000	5200	5400	5600	5800	6000	6200
43	200	3600	3800	4000	4200	4400	4600	4800	5000	5200	5400	5600	5800	6000	6200	6400
44	300	3900	4200	4500	4800	5100	5400	5700	6000	6300	6600	6900	7200	7500	7800	8100
45	300	4200	4500	4800	5100	5400	5700	6000	6300	6600	6900	7200	7500	7800	8100	8400
46	400	4600	5000	5400	5800	6200	6600	7000	7400	7800	8200	8600	9000	9400	9800	10200
47	400	5000	5400	5800	6200	6600	7000	7400	7800	8200	8600	9000	9400	9800	10200	10600
48	400	5400	5800	6200	6600	7000	7400	7800	8200	8600	9000	9400	9800	10200	10600	11000
49	500	5900	6400	6900	7400	7900	8400	8900	9400	9900	10400	10900	11400	11900	12400	12900

续　表

职位		职位级														
等	级差	1	2	3	4	5	6	7	8	9	10	11	12	13	14	15
50	400	6300	6700	7100	7500	7900	8300	8700	9100	9500	9900	10300	10700	11100	11500	11900
51	500	6800	7300	7800	8300	8800	9300	9800	10300	10800	11300	11800	12300	12800	13300	13800
52	500	7300	7800	8300	8800	9300	9800	10300	10800	11300	11800	12300	12800	13300	13800	14300
53	500	7800	8300	8800	9300	9800	10300	10800	11300	11800	12300	12800	13300	13800	14300	14800
54	800	8600	9400	10200	11000	11800	12600	13400	14200	15000	15800	16600	17400	18200	19000	19800
55	800	9400	10200	11000	11800	12600	13400	14200	15000	15800	16600	17400	18200	19000	19800	20600
56	900	10300	11200	12100	13000	13900	14800	15700	16600	17500	18400	19300	20200	21100	22000	22900
57	1100	11400	12500	13600	14700	15800	16900	18000	19100	20200	21300	22400	23500	24600	25700	26800
58	1200	12600	13800	15000	16200	17400	18600	19800	21000	22200	23400	24600	25800	27000	28200	29400
59	1200	13800	15000	16200	17400	18600	19800	21000	22200	23400	24600	25800	27000	28200	29400	30600
60	1500	15300	16800	18300	19800	21300	22800	24300	25800	27300	28800	30300	31800	33300	34800	36300

表 8-6 把每一个等和每一个级相对应的工资都放在一起。第一列分成 30 等,从 31 一直到 60 等,最低等是 31 等,每一等又分成若干级,分为 15 级。第一列里第一级是 1800 块钱,第二级是 1900 块钱。越往后越高,每一级高 100 元。这 100 元叫级差。用等差或等比也可以,甚至累加递进等各种各样的方式都是可以的。表 8-6 中,从 31 等到 37 等的级差是 100 块钱,再往下,38 等以后是 200 元,到 44 等的时候,级差是 300。也就是说,随着等的增高,级差越来越大。从这张表来看,最左边第一列的左上角那个 1800 块钱,在整个这个表里这个数值是最低的,为什么这个企业的最低值设的是 1800 元,而不是 1000,原因在哪里,根据什么来设?这就根据薪酬调查,还根据行业的情况或其他而定。

表 8-6 看,从上往下,薪酬越来越高。每一个等的起始薪最低,最下面的是最多的。最大的那个数是公司有可能给的最高的工资水平。最高数和最低数之间的比值是 20 多倍。当然目前在中国,最高薪酬和最低薪酬之间的比值是太大了一点,当我们的工资太悬殊的时候,会导致社会不和谐。但是问题又出现了,如果差距不大,恐怕这些关键人才又吸引不住,所以现在出台的《劳动法》,在某种程度上就是把这个基数给抬高,让它缩小差距。

我们实施归类分级法,要和我们以前实施的工资水平找一个对应点。比如 2008 年 10 月份以前实施的工资要和 2009 年 1 月 1 号开始实施新的薪酬制度相对应,要落到一个点上。实施新的薪资方案之后,大多数岗位的工资应该有一些增加,少部分应该有比较大的增加,个别的应该会减少,这时候要跟原来的对应起来。所以这个表在涉及多少钱的时候要跟它对应起来,这里面牵涉到好多技术的问题。2009 年实施新的方案之后,各个岗位所拿的薪酬点应该落到在一个中间的位置。我们实施了 15 级之后,这个级从一开始落到中间位置,我们第一个月大部分落到中间,或者是 5 级或者是 6 级或者 7 级、8 级都可以,等到下一个月,2009 年 2 月份的时候,我们实施了绩效考核,如果员工原来是 5 级的话,那么 2 月份他是拿 6 级还是 7 级、4 级,要根据他的绩效考核的结果来决定。如果连续得的是 A,可能他可以拿 6 级,如果得的是 C,可能拿 4 级。

(二)归类分级工资的管理

1. 职级的升降。每一个人的工资都会落到职级薪资表里的某一个点上。到底怎么决定职级的升降,就看员工的表现如何。

(1)根据绩效考核,可半年运用一次。如果 12 个月,他一直表现都非常好,每得一个 A 升一级,那么这个人从 5 级开始,第二个月拿到 6 级,三月份又升一级变成了 7 级,四月份 8 级。如果我们每个月都考核一次的话,就有问题了。12 个月下来,就会发现我们有些员工如果每个月都得 A 的话,到十月份的时候,他就拿到 15 级工资,如果我们只设 15 级,级别就设少了,应该变成 20 级才够用。如果我们现在一个季度考核一次,意味着这个季度考核得 A 的人,我们给他加一级,第二个季度再得 A,就增加两个级,变成 7 级了,第三个季度变成八级。如果每个季度考核一次的话,这个级数就可以不设到 15 级,设到 10 级就够了。

现在这个表是每一级加 100 块钱,如果要增大我们的激励力度,我们可以把它调到 150 块钱,这个数由公司根据情况来定。

职级的升降根据考核来定,如果是月考一次,每个月都可能有一个升,当然也可能降。如果一个季度考,每一个季度有一次升或降。如果每一年考核或每半年考,每半年或一年就有一次升或降。如果没有绩效考核,薪资管理就失去了意义。

我们通过调整级差的密度来加大激励效果,当然我们不能调到半个月一升。可以是由原来的一个季度考核调到一个月考核,这就增加了它的激励程度。

(2)企业要调控升降比例,保证大部分不升不降,小部分升,小部分降。使用这个方法要注意一点:既然我们是通过绩效考核的结果来影响收入,那么部门经理想不想让自己的下属收入高一点?如果这样的话,他就有可能给下属的绩效打分的时候打高一点。这样一来,如果所有的部门经理都给自己的下属分数打得很高,全都是A,那么大家都加工资,加到最后,公司的成本上去了,并且起不到应有的作用。所以,这个时候,公司可以通过两个方式来处理这个问题。第一个是控制加薪的总名额;第二个是打分的时候通过强制分布法来控制各个部门,不能全部都打成优,比如每一个部门打优的比例只能占20%,打良的比例是70%,打中的比例是10%。总之,通过强制分布和总额控制来控制公司成本。

员工每个月加薪的总额,应该跟公司的利润总额挂钩。一般来说,加薪的总额应该比利润增加的总额略低一点。如果加薪的总额高过利润的增长,这个企业慢慢会越来越小,最后就没有了。

2.职等。

(1)根据综合考核评定 ,能力、贡献、态度、企业使命感等的全面评估(不仅是绩效考核),可一年运用一次。

表8-2中,副总经理有两个级别,一个副总经理A,一个副总经理B,当然再增加一个级别副总经理C也可以。一开始的时候,我们可以把副总经理定在B等,这样既可以上,也可以下,这样让他不断地往上升。假设我们定在B等,一般职等的晋升是一年一次,不能每个月一次,第二年他到底应该升到A等还是降到C等,得通过绩效考核,根据绩效考核的得分来定。另外,要根据他的能力,根据他的敬业精神以及他对企业的认同程度,这几个加起来,全面的考核才能够决定这个副总经理下一年度到底是晋到A,还是退到C。那么,能不能凭他头一年的绩效结果来决定他是晋升A还是退到C?比如前一年他的绩效表现特别好,就一定给他晋升呢?不行。这个时候绩效在这里面所占的权重仅仅是一部分,甚至有的情况下占的权重还不太高,还要根据他的能力,还要考核他的忠诚度。对于现阶段的中国人来说,忠诚度是很重要的,当然忠诚度的考核是凭感觉,凭很多实例。

除了忠诚度,还要考虑他的工作态度和投入程度,但是这个跟忠诚度有时候相关联,也可以独立。还有一个特别重要的就是他的能力的考评,而能力的考评往往是建立在根据能力使用人的基础上。企业事先一定要建立每一个岗位的能力的胜任模型。如果事先没有这个,就不好考评他的能力。什么叫能力强,什么叫能力差,就变成了老板的一句话。如果老板一句话就能解决问题,就造成底下的人不注重能力,不注重业绩,就注重跟老板搞好关系。

(2)职等要严格控制,要重视能力因素的评价,适当引入心理测评技术。防止管理学中"彼得效应"。

如果副总经理从B晋升到A级,如果第三年、第四年他表现还是非常好,这个时候就要考虑让他往上升了,有可能做岗位调整。当然任用上要特别地谨慎,防止"彼得效应"出现。

彼得博士说:在等级社会中(现在社会就是等级社会),每一个人都会努力地爬到他能力所不能及的这样的一个位置。每一个人都会努力爬到他不胜任的一个位置上来。当企业要给某一个人提拔的时候,被提拔的对象自己是非常愿意被提拔的,他不会认为自己的能力不胜任,他一直要到确确实实被证明了他不胜任的时候才彻底心服口服。所以,如果我们在人员运用上不注意严格控制的话,就会出现这个问题,或者如果我们仅仅凭他的绩效来提拔的话,就会发现那些干得特别好的人,在他原来的岗位上干得很好,可是当你把他提拔到一个更高的位置上的时候,他就不胜任了。有些人当副手、当副经理的时候做得特别好，但是被老板提到经理的正职的时候，他做得很糟糕。所以职等的晋退要注意。另外，晋退之后他的工资要跟着变化。

（三）归类分级工资制度操作要点

1. 使用前提是建立绩效考核体系。在没有建立绩效考核体系之前，请不要操作此项工资制度。职能等级工资的管理是与绩效考核挂钩的，否则就失去了这套工资体系的意义。

2. 要运用工资总额的管理与调控机制。运用这个方法的同时要考虑到企业的成本，要严格控制工资成本，防止部门乱涨工资的现象。实施这套方法的目的是激励员工，使企业形成一个良好的工资规定和管理秩序，因而在使用时要注意调控，不能随便进行绩效考核，更不能随便涨工资。

3. 激励效果的加大可以选择。比如可以增加职级数，扩大振幅，也可以增加级差，即相邻职级之间的差额，还可以增加调整次数。工资到底确定为多少等多少级？在表 8-6 中，我们确定为 15 级，30 等。这个等级数目的确定跟几个因素相关：

(1)和劳动的复杂程度相关。在公司里，如果最简单的最复杂的职位之间差距越大，等和级就要设得越多。在那些高技术公司里面，等级之间的差距就拉得很大，而如果是纯粹的加工厂，一个厂长带几百个人，这样的厂在珠三角比较多，这样的厂的工资等级就拉得不大，比高技术公司小。高技术公司有技术总监，有普通工人。

(2)和劳动熟练程度相关。对劳动程度熟练要求高的企业，工资的高与低之间差别很大，就要把它的等级之间拉得大一点。当级差很小的时候，可以拉大。比如级差只有 30 块钱，我们就可以把它做得再大一点，做到 30 级。

归类分级法确定工资的级差，这里面有一个倍数的问题。最高等级工资和最低等级之间怎么确定？另外，每一个级差之间的变化既可以采用等差变化，也可以采用等比或其他方式都可以。各等级的工资，有一个术语叫系数。在 8-6 里，最低工资为 1800，随便在表里找一个其他等级的工资，都有一个数，用这个数来除以 1800，就得出工资等级系数。比如 38 等 5 级，3400÷1800；38 等的 6 级是 3600÷1800，等于 2 倍。这就是等级系数。

(3)最低等级工资标准的确定。最低等级工资标准的确定与什么相关？第一，以地区颁布的最低工资为准，不能低于法定的最低工资。第二，保证员工的生活水准达到一个比较合理的水准。要保证这么一个生活水准，应该有一个基本的工资，太低了就不合适。第三，与公司的发展状况有关。公司效益很好的时候，可以把这个数抬高一点。当然，与外部的物价变化，劳动力市场的供求变化也有关系。

（四）职位的归类分级法的特点

1. 激励性很强。因为每个人的薪资水平随绩效考评而波动。比如从 5 级到 6 级，从 7 级到 8 级，也可以降到 4 级 3 级。因为它与绩效考核挂钩，当然它与等也是挂钩的，每一年可晋可退，要晋就必须努力，所以，它的激励性很强。

2. 综合了几种不同的工资方式。这样一种工资其实是综合了几种不同的工资方式给出的。前面讲的薪资构成分为三部分，第一部分是工资，第二部分叫激励薪酬，第三部分叫福利薪酬，表 8-6 中的薪点工资其实是把这几种揉在一起。每一个直系内部是按照岗位来定薪酬的，这里实施的是岗位薪酬，当然他的岗位有一定的弹性。比如总经理可以给他 3 等，副总也可以 3 等，是有弹性的。另外，它有专业技术系列，就给专业技术人员多了一个通路。1969 年，美国一个管理学家提出来多重职业通路的概念，解决了企业专家型人才流失的问题，当这些人才不喜欢或不擅长管理，企业又想把他留住的时候，可以给他设这么一个通路，这样就解决了这个问题。另外，绩效考核也把激励性薪酬揉进来。绩效考核的结果影响员工的薪资，所以他会很努力。

(五)操作简单

这种方法其实操作起来相对比较简单，把各个岗位分成几个大系列，相当于给它划小了框架。只分成管理系列、专业技术系列、业务系列、生产系列、工程或操作系列等等。分的时候就高不就低，如果一个人既是首席科学家，又是总监，首席科学家的工资在岗位上和总经理一样高，如果给他算成总监的工资，低了，这个时候人家就不干。这时候企业权衡利弊，如果企业就是靠技术吃饭的，技术水平的高低影响企业的存亡，我们就要给技术总监、一级首席科学家、首席专家和总经理一样的待遇，只能就高不就低。所以，企业在内部评定技术等级的时候，就要把他的重要程度考虑进去。

(六)它的配套性比较好

最主要的是把薪酬考核和职业生涯发展联系在一起了。以技术系列为例，有的人，有的技术专家不愿意搞管理，而有相当一部分搞技术的人喜欢当经理，当总监，他要规划自己的职业生涯。另外企业也要指导员工做职业生涯规划。本来，职业生涯规划是个人的事，为什么公司要指导员工做职业生涯规划？其实，这是有利于公司的发展的。

比如有两个人，都特别适合做销售总监，可是公司只有一个销售总监的岗位，这就意味着其中一个人可能会离职。公司请了专家给他们分别做了职业生涯指导，做完之后，其中一个人就离开了，而事实上公司是希望他留下的。那么，这样的职业生涯指导没有起到应有的作用，反而促成他离开了。这就告诉我们：当我们给员工做职业生涯指导的时候，一定事先想清楚我们的目的，是想把那些我们希望留下的人留下来。其实，大多数人的职业生涯是可以有多条路。对于我们不想留下的人，我们一定要告诉他，他的职业生涯不只一条路。所以，当我们请专家来做设计的时候，要事先沟通好，否则这个指导就没有意义。

前面提到的职能归类分级，分成了技术系列这样的分类方式，比较适合于高技术、知识密集型企业，特别是高技术企业，它避免使一些研发人员变成不合格的经理、管理者的情况出现。

总之，常用的评价方法有三种：排序、归类分级、要素计点法。还有一个比较常用的方法，叫海氏记分法，是美国的一套评价方法，比较适合于制造业。在实际操作中，企业要综合运用各种评估方法。

◆复习思考题

1. 决定薪酬水平的因素有哪些？

2. 常见的岗位评价方法有哪些？

3. 谈谈职位的归类分级法的特点。

第九章　激励性薪酬与福利制度设计

第一节　激励性薪酬方案及其要点

一、提成方案

激励性薪酬方案包括提成方案、收益分享、员工持股、绩效薪酬、奖金设计几个方面。它都是针对不同类型的企业的，企业可以有选择地使用。

（一）提成方案的要点

当我们做提成方案的时候，往往有一个基础，可能是销售额，也可能是别的，这个基数再乘以一个系数，比如1%、2%或5%，一般以销售收入为基数。这就意味着只要员工能够把这一单生意做成，再乘以事先设定好的一个系数，就拿到相应的钱了。

1.定价控制。在实施提成方案的时候，会不会遇到业务人员或相关人员设法促成交易，哪怕价格降得再低，他都愿意做？这种情况是完全可能的，甚至有的业务员会和客户伙同起来，向公司压价，这种情况是很糟糕的。其实他压价可能是假的，他是把其中的一部分利润留给了自己，他再跟客户分。

所以，当我们采用提成方案之后，因为太强烈、太刺激了，马上成交，落袋为安，就可能会造成相关人员不择手段。要避免员工压价，企业就要控制好销售的定价。如果不控制好销售定价，业务员就可以左右价格。那么，公司怎么控制定价？有人说公司可以把价格定死。但说起来容易，实际做起来难。比如业务员说：这个客户要求我们再降2%，再降2万元钱，如果不降，估计就成交不了，现在另外一家公司提供的报价就比我们现在的报价低2万元钱。这时候上司怎么知道这个业务员说的这个价格信息到底真的还是假的，他怎么决策，是让价还是不让价，就成了个难题。公司在这个问题上，要想获得真实的定价权，必须对市场的行情非常了解，还要在薪酬方案上做文章，还应该对员工进行思想教育，要统一思想，要进行文化建设，让员工有共同的价值观，人人都为公司着想。如果企业有非常好的风气，员工想这么做都难。所以，企业文化建设很重要。

进行文化建设要有配套的制度来监管，如果上面的这种情况发生，就采取严厉的措施来制止他。除了在定价上进行控制之外，公司要掌握真正的信息。

2.必须划分业务区域。如果我们实施了提成方案，还必须给业务员界定清楚自己的业务区域。每个人都有自己的特定区域，不能交叉。比如一个人做华东区，一个人做华北区；也可以是一个人专门做政府机关，一个人做企业，另外一个做学校，做银行，都可以；也可以一个人做服务器，一个做PC机，一个做软件……总之不能交叉。要做这种提成，因为这种方案的激励性很强，大家会为了拿到提成而努力。

3. 销售经理的业绩必须与下属的挂钩。销售部经理一般下面有十几个人或几十个人。那么，销售部经理的提成怎么算？答案是既要有个人的，又要有部门的。部门经理所处理的客户和他的下面的业务员的客户最好要分开，不要重叠。一旦重叠，可能会出现部门经理为了自己的利益跟业务员抢客户，他下面业务员肯定抢不过他，并且他知道的信息比较多。所以，这时候要界定清楚。

销售部经理既要有自己的提成，同时，每一个业务经理的下属做得好不好，与他有很大的关系。他作为业务经理，既要把自己的客户做好，同时还要把他下属的团队带好，同时培训、指导、招聘、淘汰人员，甚至陪员工谈客户。要想实现这一点，就要把他下属的总的业绩和他个人的收入挂钩。

还有一个情况，如果每个人仅仅考虑自己的提成，员工之间如果我做我的提成，你做你的提成，容易造成业务员之间单打独斗，互不分享信息，不分享经验，别人的客户他不愿意接待，甚至对方的电话也不帮接，甚至相互封锁信息，拆别人的台。

4. 设置集体提成。为了避免这种情况出现，企业就要有个人提成，同时最好还要有个集体提成。比如员工做的一单里面，他可以从总提成(10%)中拿到6%，剩下的4%的提成企业进行再次分配，大家一起来分享。当然，如果企业原来已经进行了完全的个人提成，而没有做集体分成，这时候再来做集体提成的话，可能会有一定的问题，所以这个需要慢慢来。比如，原来那些做业务特别棒的，1年做100万，做得差的人才做30万，让那个做100万的人拿出他的提成给大家分享，他就不愿意。所以这个问题慢慢来。

5. 业务部门以外的其他部门也要有提成。业务部门可以提成，那技术部门、工程部门、销售助理或其他部门是否应该也可以得到提成。其实，只要对这单生意的促成有直接帮助的部门，都应该有一定的提成比例。当然这个比例是不同的，如何确定这个比例其实也是一个难题，公司也在不断地博弈。

6. 第一单的提成比例和后续订单的提成比例处理好。一般来讲，第一单的订单比例要高，像保险公司的保险订单，第一单，第一次交保费，它的提成比例很高，23%、25%、27%，第二单只有9%，第三单只有6%，5年之后，只有2%。为什么这样呢，那是因为第一单，也就是在开拓这个客户的时候，付出很多。为了鼓励开拓客户，要给得高一点。后续的第二单、第三单，主要的工作是由服务部门来做，而业务部门做的工作少了，所以他第一单的比例高，后面比例低。当然，第一单高后面低，在很多情况之下是不成立的，比如做元器件销售的，它把电子元器件、集成电路等卖给电视机厂、笔记本电脑厂，这些企业采购的第一批元器件，往往是试探性采购，它先看看这个企业行不行，质量情况好不好，工作准时不准时。第二次它再试探一次，可能试探了几次之后，它发现这个工厂还不错，品质可靠，交货准时，价格公道，然后才慢慢地扩大它的比例。这样的订单，能不能第一次的比例很高，以后的比例就降低了？这样做是不行的，业务员不干！因为他好不容易千辛万苦地开拓出一个客户，可是第一次只做了5000元钱，提成才一点点。第二次基数大的时候，提成比例却降下来，他当然不同意。为了让这个业务员把这个客户稳定下来，所以第一单的提成比例和后面的提成比例应该在相当一段时间之内相等，下一步再根据情况需要决定。如果希望深挖这个客户，比如除了元器件交易之外，还要做别的设备，这个时候可以深度挖掘，再来调整比例。这时候元器件的比例可以适当调低，但是深度挖掘后，其他的比例要加高。

所以，第一单的提成比例和后续的提成比例是根据我们的需求情况来决定的。

7.提成比例可以采取累进递增,定期归零。我们在进行提成的时候,也可以采取一些累进的递进制,比如在一个季度之内或一年之内,业务员做的销售额越高,提成越高。比如100万之内提成增加1%;100万到200万之间,提成增加5%;200万到500万之间,提成增加2%。这样的目的是鼓励他在短期内往上冲,一年之后再归零。

8.公司客户和个人开发的客户的提成比例。在企业里面,一定有一些客户是公司开发的,比如公司做了大量的广告、宣传、展览,其他客户过来找我们做买卖。还有一些客户是业务人员自己去开拓的。这两类客户的提成比例哪个高点?当然是个人开发的要放高一点,目的在于鼓励业务员不要待在家里守着电话,要主动出击,所以给个人的比例要高。那么,提成可以高到什么程度?假设个人的比例是5%的话,公司客户要低一点,但不能太低,如果太低会导致业务员不管公司的客户。其实,那些主动找上门的客户,往往成交的可能性要高很多,如果我们把这个比例拉得太大,业务员就容易处于一个两难的境地,可能会放弃掉一些容易成交的肥肉,而去啃那些骨头。而公司既希望啃骨头,也希望吃肉。所以这个时候,我们一定要明白它的比例,这个比例可能一下子不会太合理,但是在实施过程中可以不断地调整。

(二)销售人员激励

提成方案影响最大的部门无疑是我们的销售部门或业务部门。对于销售公司来说,提成方案的好坏对整个公司的影响非常大。很多企业的销售方案一般是底薪加提成,底薪就是固定薪资,又有底薪又有提成叫复合计划。有的提成比例是底薪很高,比如底薪占70%,提成只占总收入的20%,其他的是10%,另外一个方案是底薪只占20%,提成占80%。而什么情况之下底薪占70%,什么情况之下提成占80%,这还得视企业的情况而定。当客户源比较稳定,底薪就要很高,或者公司的品牌很大,很响亮,品牌影响力很大,也可以采取这种办法。也就是业务的成交高度依赖于公司,不依赖于个人的情况之下,固定薪酬的比例就要高一点,提成比例可以小一点。如果成交高度依赖于个人去拼的,提成的比例就要给高,甚至占80%。

(三)应该给多少底薪合适

那么,底薪到底应该给多少?底薪是给800还是8000?这就涉及提成的配套问题,要考虑底薪和提成加起来的总和,还要考虑到我们的薪酬定位。如果我们要把我们的薪酬定到90P的话,我们就测算一下,这些优秀的员工的底薪和提成加起来在当地应该是处于一个什么地位。到底底薪是多少,提成比例怎么算,最后综合考虑当地的水平,根据我们的薪酬战略和当地的水平而定。

(四)提成太高存在的问题

当然,如果提成太高也有些缺点,提成很高,对能力要求也很高,员工的压力就很大,当员工压力很大的时候,在人员的稳定性上就会有一定影响,这是一个缺点。

另外,员工提成很高的时候,他除了觉得压力大,他还会觉得这些钱都是他自己挣的,他在这个企业干也行,在别的地方干也行,他的忠诚度和跟其他人的配合度上就会受到影响。因此,个人的提成比例随着公司的发展,应该逐渐地调整。

如果提成很高,意味着底薪很低,在招聘人才的时候,就有难度。甚至在内部的人员调配上也都有困难,比如原来一个人拿着8000元的薪水,现在给他调到另外一个岗位上,这个岗位现在是2000元的底薪,他的提成加底薪加起来能不能拿到8000元,还是个问题,所以这个时候他往往不愿意调过来。

如果这个时候我们必须把他调过来,比如企业原来是卖酒的,现在开始卖烟,又卖烟又卖酒。原来卖酒的业务员每月能够固定拿到8000元以上，我们把这些人调过来卖烟，是个新的业务，那么他的薪水怎么给？原来是2000块钱的底薪，6000块钱的提成。当他卖烟的时候，如果还是一开始给他2000块钱的底薪，6000块钱的提成，他肯定不接受。他卖烟他得去找客户，一切都是新的开拓。这时候应该头两个月高底薪，比如第一个月7500的底薪，第二个月给他7000块钱底薪，第三个月给他6500的底薪，半年之后，底薪慢慢降下来，最后跟原来一样。因为是你把这些优秀的人调过来，要给他充分的开拓市场的时间。因而我们在做这些方案的时候，有很多因素要考虑进去。

二、收益分享计划

案例

某工厂是做生产的，这个工厂有9道工序，第一道工序生产出来的东西是卖给第二道工序的，第二道工序卖给第三道工序，一直卖到第九道工序，第九道工序生产出来的东西再卖给客户。这个企业的特点是它的原材料是覆铜板，它的主要利润是受它的成品率的影响或废品率的影响。这个企业原来的废品率很高，是17%的废品率。

现在这个企业要提高它的成品率，它找一些行业里比较优秀的企业(对方的成品率是93%)，把它作为基准。比如内部达到94%的成品率，超过一个点(如果3亿的话，就300万了)，它把超过的这一部分留给这个工序，留下来的比率可以按照三七开或四六开分享利益。比如公司拿三，部门拿七，或公司拿七，部门拿三。而如果它的成品率只有92%，亏了1个百分点，亏了300万，同样，按照同样的比例，亏损部分由公司和部门一起承担。这样一来，任何一道工序的成品率对这个部门的收益影响都大，就导致整个公司都想办法提高成品率。因此，不到一年的时间，它的成品率迅速地从83%飙升到97%。这样，员工获利了，老板也开心了，这是双赢的方案。

在企业里面，往往可以用收益分享的办法达到降低成本或提高成品率的目的。如果不分享，成品率超过的93%的部分不分享，全部归老板，就调动不了员工的积极性。

上面提高的这个企业，搞得特别成功，员工的向心力很强，他的总经理说他永远都不会离开这个企业，因为收入非常高，而且企业还有其他的措施，公司经常组织高层去世界各地开会，而且在2002年的时候，该公司还采取了一些非常有效的激励措施，即根据岗位和贡献的不同，给大家配一辆风度车，一个副总配了一辆宝马车，这个宝马车是公司买单，挂的是自己的私家牌，费用自己出。这几个措施加起来，使得这些员工都舍不得离开这个企业。

收益分享计划步骤有以下几步：

1. 确定计划的总体目标。首先我们要确定计划的总体目标，在前面这个案例里面，它的总目标是降低废品率。所以企业一定要确定自己的目标，目标一定要清晰，否则员工就没有努力的方面，最后的分享收益也不明确，这个计划就形同虚设。

2. 定义具体的绩效测量标准。目标清晰了之后，企业要有具体的衡量标准，企业可以找一个标杆企业或比较好的企业作为参照。这个很重要，比如上面的企业选了成吕率93%作为参照，没选90%，因为这个选择对企业的影响太大了。如果选择90%，最后收益最大的是员工。如果选择96%，不容易实现。为什么选择93%，因为这是行业里做得比较优秀的企业，所以选企业样板的时候要选比较优秀的企业。

3.确定基金规模。确定成品率93%的目标之后，要核算基金规模。如果超过了1%，企业是3亿的销售收入的话，1%意味着300万。给每一个部门分钱，要核算好。如果只有一点点钱，大家很努力，只拿三五百块钱，员工就没有干劲。所以，一定要小步快跑，多来几次，不能一下子就到位，因为猫吃饱了就不捉老鼠了，所以我们要让他有个盼头，胡萝卜加大棒。

4.决定采用何种方法在雇员内部分配收益额。最后确定规模，根据前面几点，到底是三七开，还是四六开、五五开、二八开，还是倒过来，我们一定要事先核算好。在核算的时候，还有一个重要的考虑因素，要结合企业的薪酬定位，到底是想给他一个90P，还是85P？如果我们做得很棒的时候，他们一定能够实现85P，如果做得很棒，还实行50P，大家就不跟你玩了。

三、雇员持股

（一）什么情况下，实行雇员持股？

收益分享更适合于生产类的公司，高技术类公司往往比较适合于长期的激励。长期的激励方式有员工持股、股权、期权等等，用这些金手铐一边铐住了员工，一边铐住了公司股东，把两方面的人铐在一起，谁也跑不了。当出现以下情况时，应实行雇员持股：

1.激励员工，实现“利益一致化”。当企业要想激励员工，让他们为企业卖力的时候，就得让员工的利益与企业的利益一致化，把员工的利益与企业的利益捆绑在一起，让员工有主人翁的精神，这样就可以调动他们的积极性。

2.原有出资者，不愿继续经营，雇员买下。原来的出资者在企业发展到一定阶段后，由于种种原因，他不愿意再继续经营，想出让自己的股份，这种情况下，雇员可以出钱购买他出让的股份，这是雇员持股的一种。

3.关闭一个分公司（子公司），由雇员收购。有的企业出于某种目的，对业务情况进行重组，这时候就关闭一个分公司，而这时候员工有意向的话，可以出资收购，这时候也是雇员持股。

4.公司濒临倒闭，由雇员收购公司股份。公司濒临倒闭，原来的老板无力经营或没有资金再投入进去，这种情况下，雇员如果有意向的话，可以联合出资收购公司的股份，再注入资金，这个公司就成了一家员工控股的公司。

5.家族公司因无人继承，不愿让其他公司兼并，把公司卖给雇员。有的时候有些家族企业老板膝下无人继承，他自己又年老力衰或无力经营，但是他又不愿意自己多年辛辛苦苦经营的企业落入其他公司的手里，与其被别人兼并，不如卖给雇员。

6.由于员工没干劲，公司业绩不好。有的企业是员工干活没劲，公司业绩不好，很难调动员工的积极性，这个时候公司就出让一部分股份卖给员工，从而达到激励员工的目的，调动员工的积极性，把员工的业绩搞上去。

员工持股是骨干持股还是全员持股？一般来讲，高新技术企业往往是全员持股，制造业一般是骨干持股。有一手机设计公司，现在手机变化实在是太快了，深圳是中国手机变化最快的地方，中国是世界手机变化最快的地方。手机变化快意味着设计人员要不断地出新，稍微慢一点，就跟不上时代了，这对设计公司是很大的挑战，设计公司里大部分都是技术人员，它若是100多人的公司，一年的利润有将近3000万，它就采取骨干持股。

（二）如何实施员工持股

员工持股的时候，要考虑持股的比例，要结合《公司法》及中国的实际情况而定。《公司法》

对有限责任公司有规定，在有限责任公司这个阶段是绝对控股。比如说兄弟两人或老板一人开的公司，一般情况之下，员工持股的比例不要超过30%，因为三分之二以上叫控股，如果要投票进行决议的话，这时候老板就可以控制全部的东西，这是比较安全一点。如果不这样做，拿出来49%给5个人，兄弟两个是一伙的，他们5个人可能是另外一伙，这5个人有可能达成共识，跟公司产生一些抗衡意见，这时候想通过任何决议，就不好通过。如果公司的技术掌握在这5个人手里，没掌握在我这个51%的人手里可能会给公司造成很大的伤害。所以，一般情况下，在有限责任公司这个阶段，建议不要超过30%，给他30%以内，比较安全、好操作。

（三）员工持股要考虑的主要问题

1.持股方式。员工持股的时候，是以什么方式进行？是增资扩股的方式，还是由原来的股东转让？第一次持股的时候，转让是没问题的，但是以后再融资，用增资扩股可能更好一点。

2.转让价格。如果要转让的话，转让的价格一般是按照净资产来核算，按照净资产计算要打折。如果不打折，比如按1∶1，100%卖给员工，当员工拿到这个股份之后，它就变成一个普通股了，这时候他可以主张好多权力，比如知情权，当他成为普通股东的时候，作为股东他有知情权，他要看企业所有的东西，都应该看到，如果企业不让看，他可以到法院，通过法院传票的形式，法院可以强制执行看。作为原始股东、老板，让员工持股，是不希望惹这些麻烦事的。而如果打了折之后，比如打6折或5折卖给他，这个时候在转让合同里面，可以做一些约定，比如员工是可以持股，但是对他的知情权老板做了一定的限定，这是可以的。

除了知情权之外，员工持股之后，当他离开公司的时候，这个员工股如果不让他持，他是普通股，他不一定同意，他会继续持股。如果继续持股，员工走了之后还是股东，慢慢地留下来的股东比例越来越小。而且假如他把他的股份转让给另外一个很恨老板的人，折腾老板，那企业将很麻烦。但是如果老板给他一个很低的折扣，6折或5折卖给他，就可以约定：公司有优先购买权。所以，出于这种考虑，往往要打个折，规定员工离开的时候，必须无条件地转让给原股东。

3.员工出钱。员工什么时候交钱也是问题，是马上交钱，还是分几次，是让他一次交清，还是从工资里面扣，公司给他一个无息贷款。

4.考虑受限股。另外，持股的时候，还要考虑到受限股，就是达到某个绩效之后，才能持股。还有工作多长时间之后，才能持股，或者到了某一个级别之后，才能持股。就是说，持股的时候要有一些条件。第一，职位情况，什么职位才可以持股；第二，绩效表现情况，达到什么绩效情况才可以持股；第三，在公司工作了多长时间。可以把这三个做一些总和，当然还可以加一些其他企业认为重要的条件，这些都可以作为员工持股的东西使用。

另外，在员工持股的过程中，一定要做员工持股意愿调查。如果员工持股愿望不强烈或不想持股，持股方案就没有作用。老板把方案的初步想法拿出来之后，总觉得这些员工会特别高兴，但是调查发现，往往有一些人根本不是这样，有的人是没有这么多钱，有的人是担心持股之后对他有伤害，有的人觉得激励力度不大，有的人是怀疑以后的收益，有的人是对老板不信任。所以，这还要靠文化建设，做员工思想工作。整个公司如果值得不信任的话，就没法持股。

为什么在中国有的老板真的很诚意地拿出股份来让员工持股，而员工居然还不相信！因为中国确实有一些老板在员工持股的问题上玩弄员工，员工持股方案都公布了，合同也签了，公证都做了，工商注册没变更，文件都发了，但是只差没交钱，并不是真正没交钱，而是公司当时规定的时候口头说了不发年终奖，直接把年终奖作为大家的股份。到时候真正上市了，一切都弄好了，公司开始不认账，因为员工没交钱，这是比较恶劣的情况。另外有些情况是方案有了，但是弄到一半，没公证，最后也不了了之。故事听多了，大家就不相信了，这是老板的原因。也有员工的原因，有些员工太贪婪，有个100多人的公司，做手机的，一年有3000多万的利润，12个人持股。其中有两个年轻人，一个26岁，一个27岁，公司持股方案做完之后，估计当年他们的收入有六七十万，这两个人中竟然有一个人对方案不满，他觉得给少了，他说他到别的地方干，可能拿到一百多万。他自恃太高，自以为自己很值钱，这样的人确实是有的。

四、绩效薪酬

绩效薪酬对各个企业都可以适用。绩效薪酬是根据雇员个人或(和)组织的绩效而增发的奖励性薪酬。发绩效工资时既要与他个人的绩效挂钩，也要与他的部门挂钩，甚至还要与公司的总体效益挂钩。

(一)收入比

绩效工资可能包含着其他的一些激励性工资，这个比值到底是2∶8，还是3∶7、4∶6、5∶5、6∶4，还是其他？其实这个比例应该视不同的部门而定。一般，销售部门、研发部门的比例要高一些，因为这样的岗位往往员工的个人能力、个人的努力程度，对项目的成功与否起的作用非常大。所以，他们的个人提成与个人的激励工资比较高。

那么，财务部门、人力资源部门的固定工资的比例要不要高一些？这些部门与具体的某一个订单的成功联系不大，与某一个项目的成功关系也不大。但是这些部门也要激励，要给绩效工资。这些部门的激励应该跟公司的总利润或总销售额挂钩。因为财务部门、行政部门、人力资源部门具体对某一件事影响不大，但是对整个公司的总体运作的效率影响很大，所以把他们的收入和公司的总利润挂起钩来，其实在引导他们日常工作时都得考虑到公司的利润。长此以往，他就对所有影响到公司的效率的事，对流程的改善，对一些费用的控制很注意。

(二)激励性薪酬方案的实施要点

1.有清晰、明确的战略目标。公司一定要有一个清晰的、明确的战略目标，这个战略目标指导公司的行动。战略目标决定了总经理的绩效指标和考核指标。

2.重视什么就考核什么。在各个岗位的职责里，包括总经理的职责里，一定要考核企业重视的东西，企业重视什么就考核什么，不重视的东西放一边。

3.将考评结果与薪酬挂钩。考评的结果要与薪酬挂钩，这就叫绩效薪酬。否则考核就形同虚设，失去原来的意义，调动不了员工的积极性，造成人力、物力的浪费。

4.绩效薪酬范围应该拉开距离。薪酬的范围要足够宽，有的企业把薪酬分成四五级或若干等。如果这个等级不够宽的话，再变成20级对，如果觉得100元的级差不够，变成150元。

5.绩效薪酬的实施必须要充分地沟通。绩效薪酬的实施必须要充分地沟通、沟通、再沟通，并且要通过培训，要让大家掌握这个技巧。绩效考核是绩效薪酬的一个基础，而绩效考核绝对不是人力资源部的事，也不是老总的事，是一个全员工程，另外也是一个一把手工程。

6.组织文化支持。另外，实施绩效的企业的氛围要好，大家认同这个方案，如果不认同、氛围不好，绩效薪酬就很难实施下去。所以，企业要宣传和推广这个事情，要让员工在心里认同这个方案。

7.积累一定经验后再推广。一定要先积累一定的经验，比如先在某一些部门、某一些地区实施，再来推广。也可以先试运行一段时间。一般来说试运行要分成3个阶段，每个阶段3个月，一共9个月的试运行。在第一阶段试运行的时候，考评的结果可以不运用，是为了让大家熟悉系统。第二个阶段，适当地运用；第三个阶段，增加运用比例；最后，在每一个阶段总结前一阶段的问题，然后再改。

改进主要是在几个方面：指标的改进、权重的改进、考评结果运用的改进。这几个方面改进也分三个阶段的试运行，否则一般会出问题。

8.对困难问题做好准备。对出现的各种各样的问题，要做好充分的准备，绩效薪酬的基础是绩效考核，绩效考核现在最容易出现的一个比较普遍的大问题，是老总和各个部门的经理不参加，尤其是一些所谓的强势部门的经理和总监们认为绩效考核不关他们的事，比如销售部门、研发部门认为是人力资源部的事，这是一个比较头疼的问题。如果他们不参加、不支持，这个问题很难做。所以大家对诸如此类的问题要做好充分的准备，比如培训、统一思想。

五、奖金设计

奖金其实是一个非常重要的问题，也是一个很核心的问题。奖金比前面的绩效要灵活得多。

（一）奖金设计项目

奖金可以是五花八门，有考评奖、项目奖、年终奖、全勤奖、特别贡献奖、创新奖、伯乐奖、坚持原则奖、压力奖、优秀服务奖、节约奖、质量奖、人际关系和奖等，诸如此类的各种各样的奖很多。比如：

考评奖金：根据（如每月）考评结果发放。

项目奖金：完成一项任务时发放项目奖金。

年终奖：根据全年业绩情况发放该奖金。

全勤奖：奖励全勤的员工。

特别贡献奖：针对特定的事情，及时奖励。

……

（二）设立奖励要注意的问题

奖金最重要的是要体现公司的战略方向和战略意图，以及价值取向。公司重视什么，就考核什么；主张什么，就考核什么；鼓励什么，就考核什么。如果公司主张节约，就设节约奖。如果主张吸引人才，可以设一个伯乐奖。如果主张创新技术改造，设一个创新奖。也就是把公司的价值主张变成员工的行动。

但是我们有时候不是很明确公司的价值主张，我们到底主张什么，这是一个比较复杂的问题。其实这跟企业的文化建设有关。价值主张有很多表述，我们的使命是价值主张，我们的方针、我们的口号也是价值主张，是我们文化建设的灵魂，根据这来制定我们的制度。比如我们主张安全，我们就要设安全奖励；我们主张品质，就要设品质奖；我们主张标准化，就要设标准化奖；我们主张共同发展，我们就要设配合奖，让员工和公司共同发展，让客户和我们共同发展。

（三）奖金设计实操指导

问题是，如果我们主张品质，这个品质奖怎么设？比如在公司设一个品质奖，不管对设计部门、生产部门、工程部门或其他部门都设品质奖，这样的品质奖在操作的时候不好操作。所以当我们设置品质奖的时候，一定要结合每一个岗位或每一个部门的具体的工作职责。比如我们设立笼统的品质奖，就不如对生产插件的工人设无差错奖，10 万个里面一个差错都没有的，给 1000 元。如果是 5 万个中一个差错都没有，给他 500 元。这样的品质奖，远远胜过笼统的品质奖。再比如对焊接工人的焊接，如果设个品质奖，远远不如给他设一个无虚焊奖。如果是1万个无虚焊，或10万个里面有5个虚焊点，就给他一等奖，如果有10个虚焊点，二等奖，有11个到20个之间，给三等奖。诸如此类的，在奖金设计的时候，一定要结合他的具体的工作。

（四）设立奖励要注意的问题

1.红包与黑包要结合。或者叫明奖和暗奖结合，所谓红包就是拿得出来的，放得到台面的，黑包是台下的东西。

2.奖惩要适度。如果奖太高，就容易出现问题。如果一个拿300元工资的工人，给他奖2000元的奖金，他就会很开心，也会请客，有些请客是为了平息别人的嫉妒或愤怒，防止别人给他穿小鞋。所以奖惩都要适度，并且要把经济上的奖励和精神上的奖励要结合起来，否则效果就很差。

3.特人特奖与公平性薪酬。有些特人我们要公开，就是要特奖，不要不拿出来，这样做一方面可以起到激励他本人的作用，也可以带动其他人的积极性。吸引这样的人，就要特奖。另外，奖励还要及时，过很久才奖，就失去原本的作用。

4.怎么降薪。通常情况下，是不可以降薪的，这里说的降薪，不是固定拿的工资，一般情况下固定工资不能降，但是并不是绝对的不能降的。

有一家公司，连续亏损，公司决定全员降薪10%，在降薪之前他们来征求我的意见，我劝他们不要降，如果要降的话，建议三个老总的薪水降10%，别人不降。因为公司亏损的原因是老总的决策失误造成的，这是主要原因。但是第二天他们还是决定全员降薪。结果不到一个礼拜的时间，它的中层管理人员，有七八个要辞职。

所以，我们在降薪的时候，要做到以下几点：

第一，一定要从上到下来实施，也许三个老总薪水一降，其他人也来请求主动降薪帮公司渡过难关。或者更玩命地干。

第二，要与业绩挂钩，同时，要与业绩挂钩，凭什么他降下来，没道理的，业绩好的不仅不降，可能还会升一点点。业绩亏损了，他们还要加薪，有可能的。

第三，充分沟通，如果真要降，要充分地沟通，要大家认同。

第四，要循序渐进，不能一下子降10%，否则大家受不了，大家要养孩子，要交房租，要交各种各样的费用，降太多，大家没法活。所以要循序渐进。

第二节　福利制度设计

在市场竞争日趋激烈的今天，企业的发展越来越依赖于员工的主动性和创造性，人才的竞争已成为企业竞争的关键，人力资源是第一资源的观念在企业管理中得到了突出体现。由于福利在“笼络人心”方面有时甚至比工资更能激励员工，因此，越来越多的企业将提供更具竞争力的员工福利作为企业人力资源管理战略中的重要环节。我国的企业福利逐渐从收入的必要补充向员工的激励手段转变，我们应该把握好企业福利的发展走向，使福利作为企业的成本投入取得其应有的回报。

福利不仅是建立现代企业制度的基本保障，也是衡量企业管理水平的标志。对于员工来说，福利是一种“保健因素”，完善的福利制度虽然不能对其产生直接激励作用，但可以减少员工的不满意，提高员工对本职工作的专注度，改善工作态度。此外，福利在稳定员工工作情绪、提高员工创新能力、减少员工流动率等过程中可以起到独特的作用。

弹性福利又称自助餐式的福利计划，因为它“提供了一份福利项目的菜单给员工选择，每一个弹性福利制所提供的选项都不一样”。这种福利模式打破了长期以来福利固定化、均一化、僵硬化的形式，创新了福利制度。

除弹性福利外，福利货币化和福利外包管理也成为当前各大企业经常采用的福利实施模式，然而比较起来，它们无论在使用范围和专业人力资源管理人员的认可程度上都远远不及弹性福利。但无论采用哪种形式的福利制度，目的都是为了最大程度上减少员工对工作的不满意，保障工作的正常、有效进行。

一、我国企业福利制度的发展现状

（一）我国企业福利制度的现状

改革开放以来，我国企业的福利发生了巨大的变化，福利在劳动者收入中所占比重迅速降低。现阶段我国企业提供的福利主要有法定福利和企业补充福利，其中法定福利包括社会保险项目（养老保险、医疗保险、失业保险、工伤保险和生育保险）和法定假期，企业补充福利主要有企业年金、人寿保险、住房补贴、实物福利等。

目前，福利仍是我国企业管理中相对薄弱的环节，福利在工资中所占的比例较低，占员工年度工资总额的6%～10%。企业员工平均法定福利与非法定福利的比例悬殊，国家强制规定的福利占据了很大比例。由于受多年计划经济的影响，多数企业在福利管理方面依然是大锅饭形式，激励效果并不理想。这现种象的出现也是由于企业在福利设计方面存在误区。

（二）产生企业福利设计方面误区的原因

1. 固守公平性原则，缺乏激励性。我国企业在福利设计上多存在平均化倾向，企业福利被认为是普惠性的，并不与绩效挂钩，久而久之员工认为福利就是企业付出的薪酬的一部分，是企业必须做的，因而感受不到企业的关怀，并导致企业福利成本攀升，更无法实现福利应有的作用。另外，企业的每一位员工都享受同样的福利待遇，没有差别更谈不上激励。这既增加了企业的成本，又无益于调动员工的积极性。

2. 福利项目单一，忽视员工的不同需求。我国企业现行的福利制度大多是由企业单方面制定的，通常企业提供什么样的福利员工便接受什么样的福利，福利项目完全由企业决定，员工的参与度很低。这种模式的选择能使制定的计划符合企业的利益、简化制定过程、提高决策的效率，但是，由于缺乏员工的参与，员工无法表达自己的意愿。员工的年龄结构、文化层次、收入层次不同，对福利的需求也必定不同，因此设计的福利项目可能与员工的需求不太相符，导致员工对企业的管理不满意，降低工作积极性。企业付出了大量成本却没有达到预期的效果。

3. 漠视员工福利，劳资矛盾激化。许多企业除了遵守对员工的法定福利外，对补充福利并不积极，甚至由于劳资双方信息与话语权的不对称，在法定福利的执行方面也是能省则省，员工利益得不到根本的保证。特别是在一些制造企业，由于没有重视员工福利，在出现工伤后也不负责任，直接损害员工利益，激化劳资矛盾，同时也让其他员工对企业丧失信心。近年来，劳资争议案件呈大幅上升趋势，社会影响大，处理不好往往影响到劳资关系的和谐，甚至会导致矛盾激化，造成不良的社会影响。

二、弹性福利

传统企业所提供的福利是固定的，企业提供的福利并非适用于每一个员工。在这种情况下，可能企业支付的福利成本很高，但提供的福利对有的员工没有价值，福利的功能不能很好发挥。当今的管理理论已发展到以员工为中心的人本管理阶段，在人本管理思想的指导下，福利制度也应该去适应人、尊重人、满足人、激励人，因此企业必须针对不同员工的需求以及在不同阶段的需求，不断丰富福利的发放形式。20世纪70年代发达国家的一些企业就开始针对员工不同的需求提供不同的福利内容，弹性福利计划（Flexible-Benefit Plan）逐渐兴起并成为了福利管理发展的一个趋势。

（一）弹性福利

弹性福利计划通常是由企业提供一份列有各种福利项目的“菜单”，员工可以从中选择所需要的福利，组合自己的“福利套餐”。当然，员工的选择也并不是完全自由的，企业还会根据员工的工资、工作年限、家庭情况等因素设定每一个员工所拥有的福利限额，同时福利清单所列出的福利项目都会附一个金额，员工只能在自己的限额内选择自己需要的福利。弹性福利的类型主要有附加型弹性福利、核心加选择型弹性福利、套餐型员工福利、弹性支用账户和选高择低型，企业可以根据自己的实际情况和不同需要加以选择。

（二）弹性福利计划实施的优点

弹性福利计划的实施具有显著的优点。首先，由于每个员工个人的情况不同，他们的需求可能也是不同的。例如，年轻的员工可能更喜欢以货币的方式支付福利，有孩子的员工可能希望企业提供儿童照顾的津贴，而年龄大的员工又可能特别关注养老保险和医疗保险。而弹性福利计划的实施，则充分考虑了员工个人的需求，使他们可以根据自己的需求来选择福利项目，这样就满足了员工的不同需求，从而提高了福利计划的适应性，这是弹性福利计划最大的优点。其次，由员工自行选择所需要的福利项目，企业就可以不再提供那些员工不需要的福利，这有助于节约福利成本。再次，这种模式的实施通常会给出每个员工的福利限额和每项福利的金额，这样就会促使员工更加注意自己的选择，从而有助于进行福利成本控制，同时还会使员工真实感觉到企业给自己提供了福利。

弹性福利计划既有效控制了企业福利成本，又照顾到了员工对福利项目的个性化需求，可以说是一个双赢的管理模式。也正因为如此，弹性福利制正在被越来越多的企业关注和采纳。弹性福利计划也是存在一些问题的。首先，它造成了管理的复杂。由于员工的需求是不同的，因此自由选择大大增加了企业具体实施福利的种类，从而增加了统计、核算和管理的工作量，这会增加福利的管理成本。其次，这种模式的实施可能存在“逆向选择”的倾向，员工可能为了享受的金额最大化而选择了自己并不是最需要的福利项目。再次，由员工自己选择可能还会出现非理性的情况，员工可能只照顾眼前利益或者考虑不周，从而过早地用完了自己的限额，这样当他再需要其他的福利项目时，就可能无法购买或者需要透支。最后，允许员工自由选择，可能会造成福利项目实施的不统一，这样就会减少统一性模式所具有的规模效应。

（三）弹性福利计划设计遵循的原则

1.设计要符合企业的支付能力。要通盘考虑企业的整体支付能力，弹性福利在增加员工的选择权的同时，也增加了企业对福利成本的控制难度。因此，实施弹性福利计划要根据企业的实际情况确定弹性福利的方案，保障计划的顺利运转。

2.做好充分的需求调查，调动员工参与积极性。弹性福利设计的出发点是满足员工的多样化需求，因此在福利项目组合的设计上，要最大限度地征求员工的意见，根据员工的需求变化不断调整和更新福利内容，形成一种良性互动，提高员工对福利设计的关注度，最大限度地发挥福利的作用。

3.清晰界定不同项目间的关系。例如，要弄清楚一笔奖金和一天的额外休假或者一定量的实物之间的换算关系，并且这种估算要当作企业的管理成本来计算。只有在估值的时候客观反映福利项目的价值，才不会使很多福利项目无人选择，造成设计上的浪费。

4.完善我国企业福利制度的途径。提升福利在薪酬体系中的作用。提升福利的作用必须做到有针对性，最重要的莫过于认识到福利的本质是只起保健作用，达到这一目标的关键是“投其所好”：把福利当作是满足员工因工作而无法解决的一些问题的手段。

三、企业福利制度与员工激励机制

福利制度在一般意义上可以认为是政府为使全体公民免遭经济生活风险而制定的规划及措施。较早的福利制度规定见于1601年英国的“伊丽莎白救贫法”，规定对凡有劳动能力，愿意工作但为经济环境所困者，均实行社会救济。比较系统的福利制度始建于19世纪80年代德国所建立的一系列社会保险制度，保障的范围扩展到疾病、生育、工业伤害、残废、老年和死亡等项目。当今典型的社会福利制度当属丹麦、瑞典等北欧国家，其福利制度除包括上述各项社会保险和社会救济之外，还扩展到儿童抚养、免费义务教育、卫生健康保健、失业补贴、住房补贴、食品补贴等各个方面，形成了所谓“从摇篮到坟墓”的社会福利制度体系。现代企业中的福利制度是针对企业内员工的一系列有关安全健康、生活保障、社会保险及退休养老等方面的措施与规定。从福利性质来看，它可以分两类，一类是政府立法规定应由企业实施的福利项目，另一类是企业根据自身情况有选择性地提供给职工的福利项目。从福利内容来看，它可以分为健康与安全福利、非工作时间报酬和为员工提供的服务等三类。

（一）健康与安全福利

安全与健康方面的福利主要包括：各类保险，如人寿保险、意外死亡与肢体伤残保险、住院、外科和孕妇保险、其他医疗保险、失业保险、附加失业保险等；以及退休养老金计划、解雇费、保健组织、社会安全、劳动保护等。

1.各类保险。保险几乎是整个福利系统构成的最基本的组成部分，因为它保护工人避免因死亡、事故或疾病引起的收入损失。各类保险性的福利措施，是指各组织根据世代互助原则，按风险分担方式，由多数人分别缴少数经费（可由组织补贴一部分），解决少数人所发生的重大困难，以保障员工生活之措施。所谓世代互助原则，指参加保险员工所缴的经费，不但用以互助已经参加保险的其他员工，也用以互助将来参加保险的人员，其互助是世代交替的；所谓风险分担方式，指少数人所遇到的风险（即重大困难），如由少数人自己解决，将可能是力所不及，因此必须将此风险分给众人来负担，每人承担一点，自然容易解决。至于员工的何种困难应列入保险范围，参加保险的员工需缴费多少，及对发生的重大困难需解决至何种程度，均须在保险制度中详加规定，以便遵循实施。

一般来说，保险制度最主要的是规定保险项目、保险费及保险给付。保险项目也称保险事故，通常包括保险人本人的生育、疾病、伤害、残废、养老、死亡以及参加保险人眷属的丧葬等。当时参加保险的员工发生此种事故时，可依规定申请保险给付。保险费系定期交付的保险费用，通常由员工及其任职机关共同负担，并规定分摊比例。保险给付，即参加保险人发生保险项目的事故时，可向承担机关领取给付，保险给付以支付现金为原则，但对疾病、生育等保险项目的事故，则以免费医疗代替保险现金给付。

各类保险中，许多是政府法定必须为职工投保的。如医疗保险、失业保险及养老保险等，其他某些保险项目，如人寿保险等，则可由企业根据自己的支付能力及激励策略自主决定是否投保，以及投保额的高低。如在美国，附加失业保险在汽车、钢铁、橡胶、平板玻璃和农业设备等行业中十分普遍；各州的劳保金也有所不同，在那些劳工组织很强的州，伤残福利较高等。此外，在美国还有些企业为职工提供集体人寿保险与意外死亡和伤残保险。集体人寿保险是一种可以逐年延续的定期保险，即，每人每次保险一年。

实际的保险金额的差别很大，但根据经验，一般的做法都是使它大约等于两年的收入额。这一金额为死亡雇员的配偶向另一种生活方式的过渡提供了合理的经济依靠。意外死亡和伤残保险为意外死亡提供一种补充的、一次性的报酬，并为意外肢体伤残和丧失视力的人提供一系列福利。它有点类似于中国实施的各类抚恤金制度。长期伤残计划适用于伤残二年或二年以上的雇员，其数额通常在雇员基本工资的50%—75%之间，并持续到雇员开始领取退休金为止，但若考虑雇主的其他一系列损失与支付，长期伤残计划的成本极高。

2.退休及养老金计划。退休制度及养老金计划属于养老性的福利措施。它指各级组织对年事已高和身体病残，难以胜任职务的员工，准予退休并依其任职年限给予退休金，以维护晚年生活，且对其身心健康妥加照护的措施。退休金及养老金的来源，通常由企业根据国家相关法令统筹规划，由职工个人、企业或政府共同负担。退休制度中，各国对退休年龄的规定有不同。中国一般男性60岁，女性55岁为法定退休年龄。但对担任具有危险及重体力等特殊职务者，其退休年龄可予适当降低，另外，若年龄已满法定退休年龄，但本人身体健康，业务上仍有留任的需要，当事人也愿继续任职时，可酌予以延长退休年限。

随着医疗保健水平的提高，世界老龄化趋势的加重，不少国家已提高了法定退休年龄。对退休人员除了发给退休金外，还须对其身心健康和精神生活妥加照护。员工退休后，由于身体机能的衰退、生活圈子的缩小，稳定性收入的减少，加上精神上易产生被忽视的感觉，从而引起生活上、精神上多方面的困扰，因而需要给予妥善的照护。对退休人员的照护，包括身体健康、物质生活及精神生活等方面，其中特别值得重视的是对退休人员精神生活的照护。养老金是对那些已经从单位退休并有资格享受这种福利待遇的雇员（或其受赡养人）定期支付的一笔款项。

在美国，自从1948年在内陆钢铁公司的诉讼案中，国家劳工关系委员会裁定养老金必须强制通过劳资谈判来确定后，雇主们为了履行支付养老金的义务而积蓄起来的款项，已经成为国家最大的预算外资金来源之一，成为国内资金市场上一股巨大的资金来源。为了确保符合计划条件的工人在公司倒闭的情况下也能获得他们应得的福利，政府有关组织创建了养老金福利担保公司。这个机构所起的作用类似于一个保险公司，每年从受到制约的有关公司提取保险金。每个公司都可以解除给那些有资格获得养老金的雇员提供养老金福利的义务。但是，它必须交出自己生产的30%让养老金福利担保公司分配给那些因此而受到影响的雇员。因此，作为退休者，大多数工人都可能最终获得几乎全部许诺的福利。养老金计划的实施过程：通常是每年都把养老金象征性地积蓄起来，由受托管理人和公司外的财政机关负责管理，这些机构通常是保险公司。为了刺激雇主的执行并维护这种计划，政府对养老金本身以及利用养老金而获得的收入实行延迟税收政策。只在退休者真正拿到这笔钱时才纳税。根据惯例，多数大型公司的计划都是“规定福利”计划。在这个计划中，雇主许诺付给退休者规定的养老金，其数量通常用退休前工资的某个百分比来表示。最普遍的计算公式是退休前5年平均工资的5%（“最终平均工资”）乘以受雇年限。确定最终平均工资时，公司可能仅仅依据基本工资或者把基本工资与奖金和其他报偿加总起来。

在美国还有一种新型的养老计划，即“固定贡献”计划。这种计划包括股票奖金计划、储蓄计划、利润分成计划以及各种类型的雇员股票所有制计划。固定贡献计划规定了雇主对养老基金的固定贡献比例。将来福利的多少取决于这项基金的增长速度。这种计划对雇主们有极大的吸引力，因为公司对雇员欠下的福利再也不会比已经贡献出去的多，目前许多公司都在转向这种计划。但是由于能够获得的实际福利总数取决于对公司所贡献的这些钱进行再投资的收益，因此雇员们无法精确地知道他们的退休金到底会是多少。

除了各类保险及养老金计划，企业有选择性地为员工提供的福利还有解雇费、保健组织等。解雇费并不是法律上的要求，有些公司给那些主动退职而不是事先给予解雇通知的雇员提供一定的解雇费，高级经理人员的平均解雇费大约与其三个月的工资相等。保健组织指一种有组织的保健系统，它为那些按照预付款计划自愿注册的雇员提供家庭服务保障。其侧重点是医疗保健，即通过预防使雇员保持健康，其目的是以保证人们不生病来控制医疗成本。

（二）非工作时间报酬

非工作时间报酬所包括的福利有，带薪长假、代替带薪长假的奖金、病假补偿、探亲假或丧假补偿及其他假期补偿等。

(1)带薪长假。人们普遍认为休假对于员工的健康是必要的。各行业、地区及组织对带薪休假均有不同的规定，有的员工也许要工作七年、十五年或二十年，才有资格相应获得三四周或六周的带薪长假。美国目前出现了一种新的福利，即允许员工“购买”额外一周的假期，其代价是一周的薪资。这种假期购买计划适合那些工作时间并未达到获得长假期要求的有关员工，同时它也照顾了那些需要延长假期以照顾年事已高之父母的员工。

(2)带薪假日。通常员工能期望每年获得 10 天以上的带薪假日，这类福利受到法定或传统节假日的影响，在美国及其他一些西方国家，如新年、纪念日、独立日、劳动节、感恩节及圣诞节等，在中国，如元旦、劳动节、国庆节及中秋节等，各国情况不尽相同。许多企业也允许员工按自己的需要每年申请 2—3 天的休假。

(3)病假补偿。雇员因病或因伤而不能工作时，他可以通过几种途径获得补偿。许多企业允许员工每年有一定数量的病假，有时未被使用的病假可以累计并得到延期。若为长期伤残，雇员可通过集体人寿保险得到补偿；若为工伤，雇员还可从工伤补偿保险中获得补偿。在雇员因其他某些原因需离开工作时，如探望父母，亲属赴丧，企业也可给予一定的福利补偿。

（三）为员工提供的服务

越来越多的企业正从人本管理的角度出发，为员工创造一个家庭般的温馨友好的工作环境，在职工工作之余，提供各项生活服务，以协调员工工作与家庭的需要，使员工切实感到企业如家。

企业可制定相应的服务计划，甚至为员工开通 24 小时服务热线，帮助员工解决他们的个人问题，或至少避免问题转变成危机从而影响到工作生产能力。这类服务计划主要包括各类咨询服务、教育帮助计划、关怀老幼及其他一些服务等。

1.咨询服务。为雇员提供咨询服务是上述计划的重要部分。成功的企业组织期望经理们在指导下属的同时提供某些必要的咨询，某些雇员可能有些问题需要专业的咨询服务。在员工有关酗酒、吸毒的指控，或出现感情危机或困难以及家庭经济困难时，企业可提供必要的诊断、咨询，以及对策建议等。大部分组织都会引荐员工去外面的一些咨询服务，如家庭咨询服务、婚姻咨询公司等，或直接让其求助于本企业中相应领域的专家，如企业心理医生或咨询师等。

2.教育扶助计划。随着知识更新的加快，企业要生存发展，除了创新人才的引进，还必须注重现有人力资源的继续教育或技能培训。因而，有关文献经常提到雇员的教育扶助计划。其根本目的是帮助员工在组织中取得知识技能训练，并帮助他们掌握其工作所属领域的最新进展。通常企业可代为支付全部或部分学费、书费及其他相关费用，如食宿费、交通费等。

3. 照料儿童或长者。随着妇女就业的增加，产生了如何照料家庭儿童的问题。过去若父母均工作，则由其自己安排，或雇保姆，或上幼儿园，或去学前班等。如今有的企业提供这方面的福利，包括资金补助、弹性工时、家事请假或就地办儿童照料中心等。就地或就近的儿童照料中心是最实在、最出名的令人满意的解决办法。毫无疑问，照料长者的责任会影响员工工作效率，如，带父亲或母亲上医院，由于担心而注意力不集中，工作时间却忙于安排照料事项。另外紧急事件的发生，邻居或亲属打来电话扰乱工作日计划安排等都可能影响工作效率。实力雄厚的大企业可以权衡因这类照料长者而造成的企业生产率的损失与企业为员工提供照料长者方面的福利费用，必要时企业组织可为雇员提供长者照料咨询、辅导服务，打印相关材料，特别的弹性工时以及请假安排等。企业也可组织集中各位雇员的长者一起举办活动，丰富他们的晚年生活，让员工免除后顾之忧。

4. 其他福利或服务。企业还可有选择地为职工提供其他许多服务，如，配发工作服、免费或低于成本价的食品供应、本公司产品购买折扣（或购货补助）、旧设备购买折扣、公司体育锻炼设施、健康服务、金融服务、信用联合会、股票购买计划、储蓄和短期储蓄计划、班车、交通和停车补助、搬家和工作调转补助、礼物赠送、节日奖金等等。此外，和薪金一样，企业往往也应为高级管理者提供某些特别的福利待遇，比如为“关键经理”购买特别的人寿保单，支付相当数额的离职或解雇费、签订有保证的退休金增补协议等。各项福利对于创造一个家庭式的企业工作环境，提高员工工作效率将有极大的推动作用，但大多数企业未必能为每一位职工实施所有福利计划，可以根据本企业的实际情况，如企业特点、资金实力等，灵活设计各项福利计划，同时允许员工也根据其实际情况有选择地接受其中某几项福利。

在市场竞争越来越激烈的今天，无论是什么类型的企业都必须重视对员工福利的管理，福利在传统上被视为报酬中的重要元素，雇主的观点是金钱的给付就是付予员工的实质成本，但员工则希望得到更多的金钱酬劳或更多非金钱的福利。弹性福利制度是一个比较新的观念，在美国被越来越多的企业采用，这足以证明其是一个既被资方喜爱亦受劳方欢迎的制度。一位希望塑造更好企业文化的雇主，必须注重把福利与报酬和工作环境提升到一样的地位，企业组织必须正视福利制度的问题，顺应时代的潮流，从一个全新的角度思考员工福利的问题。综观国内外的著名企业，他们的成功无一例外的都有一个制度化的、配套措施齐全的福利体系做支撑，能够在关键时刻起到消除员工不满意、提升企业士气的作用。兵法有云：兵马未动，粮草先行。这句话用在企业管理中，正好为福利管理做了完美的注解。

◆复习思考题

1. 谈谈激励性薪酬方案的实施要点。
2. 员工收益分享计划如何实施？
3. 谈谈弹性福利计划实施的优缺点。
4. 试述弹性福利计划设计应该遵循的原则。

第十章　薪酬设计应用实例

案例一　E公司的薪酬福利制度

一、总则

为加强E公司对工资报酬的管理，完善公司的薪资管理体系，便于工资报酬趋于合理分配和财务部门编制员工的薪酬福利表册，保障员工的生活，增强公司的凝聚力，建立稳定的员工队伍，吸引高素质的人才，激发员工的工作积极性，特制订本制度。

（一）适用范围

适用于全体员工。

（二）薪资构成

工资＝基本工资＋职务津贴＋加班工资＋奖金＋年功工资

1.基本工资

（1）基本工资是参照行业内同类职位标准制定的。为保证企业薪酬福利具备竞争力，人事部负责每年调查一次员工薪资水平，并如实反馈调查结果以便薪酬结构调整。

（2）新入职员工也可依据以往工作经历和能力而调整基本薪资。

2.加班工资：按相关规定对确因工作需要而延长工作时间的员工支付相应的报酬。

3.奖金

（1）全勤奖：为奖励员工按时出勤而设定的奖金。

（2）绩效奖金：根据员工职责履行状况，经考核确认后，依照确定的标准按月通过隐秘形式支付。该奖金作为员工绩效考核的基础和标准，具有特定的浮动性，与公司的经营利润、员工的业绩和贡献直接关联。

（3）年终双薪：企业按员工的基本工资为发放年终双薪的标准。

（4）员工双薪的系数与绩效考核挂钩。服务满12个月的员工，全年考核成绩均在合格以上，系数为1.1，成绩均在良好以上系数为1.2，成绩均在优以上系数为1.5。年终双薪计算方式如下：

年终双薪＝基本薪资×相对应的系数

（5）全年考核成绩在合格以下，年终双薪＝基本薪资×年平均系数

（6）服务未满一年者，年终双薪计算方式如下：

年终双薪＝基本薪资÷12个月×实际出勤月×考核系数

（7）试用期未满者不享受年终双薪，可予以实际出勤每日80元发放。

(8)中途离职者、兼职员工、工作中有重大过失者均不享受年薪。

4.年功工资:年功工资是根据员工参加工作的年限,按照一定的标准支付给员工的工资。它是用来体现员工逐年积累的劳动贡献的一种工资形式。它有助鼓励员工长期在本企业工作并多做贡献,同时,又可用于适当调节新老员工的工资关系。

5.业务部薪酬结构

(1)开发组采用佣金制,即无底薪高提成制。

(2)大客户组采用薪资结构:

工资=基本工资+奖金+提成

(3)业务部所有人员不享受年终双薪。

6.总经理工资的50%按月发放,另50%按劳动合同要求在次年的春节前发放。

月工资=基本工资+全勤奖+加班费

年薪=月工资+奖金

7.企业可根据每年销售净利润调整年终双薪。

注:部分员工工资与标准有差异,部门负责人可根据工作能力及工作态度调整;凡入职的新员工试用薪资按标准薪资的80%发放。

表10-1 公司薪酬比例配置表

职务	基本工资	津贴奖	全勤奖	加班费	绩效工资	年薪
总经理	26%	10%	3%	10%	/	另50%以业绩完成比例发放
副总经理	30%	6%	4%	5%	15%	
业务经理	25%	5%	3%	17%	50%	/
业务员	30%	/	6%	14%	50%	/
市场主管/商务主管	40%	10%	5%	20%	25%	/
市场/商务员工	40%	/	3%	30%	27%	/
财务经理	35%	8%	4%	23%	30%	/
财务员工	40%	/	3%	30%	27%	/
人事部主管	40%	10%	5%	20%	25%	/
人事部员工	40%	/	3%	30%	27%	/

二、加薪、晋升办法

(一)为能够准确反映员工工作绩效及其各方面表现,以使员工更好地为公司服务,特制定此办法。

(二)除总经理室及业务经理以外的员工,均适用本制度。

(三)加薪缘由

1.稳住人才:公司工资水平与市场水平差距太大,为达到留住人才而寻求平衡的一种方法。

2.为企业创造显著效益者。

3.按《绩效考核办法》达到加薪条件的员工予以加薪。

4.特别加薪：新员工短期内有出色的业绩表现，经总经理批准后，予以加薪。

（四）加薪细则

1. 员工为企业服务满一年，且绩效成绩达到加薪条件。

2. 人力资源部根据《绩效考核办法》，每年统计并上报加薪名单。

3. 员工加薪以基本工资的10%为准。

4.坚持加薪的保密性，整个加薪过程及结果都要作为公司的高度机密，不能泄露，以免影响员工情绪。

（五）晋升条件

1.为企业服务满一年，且绩效成绩达到晋升条件。

2.对企业有突出贡献者，经总经理特批后予以晋升。

三、福利

为吸引和留住优秀的人才、提高员工工作的积极性，体现公司关心，重视员工精神，特制定本办法。

（一）福利项目

1.法定节假日及年假：员工依法享受法定假期及年假，公司可根据工作需要调整休假时间。

2.病假、事假：均参照《员工手册》办法执行。

3.婚假、丧假、产假：均遵法执行，婚假需在登记后三个月内使用。

4.社会保险：公司为员工依法购买社会保险。

5.节假日津贴：遇传统节日，为体现公司人文关怀给予的补贴，标准如下表10-2所示：

表 10-2 节假日补贴表

节日补贴	春节	五一劳动节	国庆节
管理层	800	500	500
员　工	500	300	300

6.晚上因工作需要延长时间到20:00，均可提供免费工作晚餐。费用标准10元/个。

7.公司为员工组织各种文化体育、联谊和旅游活动，以丰富员工的业余生活。

8.公司定期为员工组织生日庆会。

9.员工服务满一年后结婚、生育，公司均有补助金。补助标准200元。未满一年者不享受补助金。

四、薪资标准

1.薪资标准是根据本公司岗位工作的技术高低、责任大小、劳动强度、劳动条件等因素来确定。采用一岗数薪制不仅体现出不同岗位之间的劳动差别，且体现出同一岗位内部不同劳动者的劳动差别，并使之在劳动报酬上得到反映。具体标准如表10-3所示：

表 10-3 岗位薪资表

单位:元/月

部门	项目	基本工资	津贴费	全勤奖	加班工资	绩效工资
总经理室	总经理	4000	1500	500	1500	
	副总经理	3000	600	400	500	1500
外贸部	业务经理	1500	300	200	1000	3000
	业务员	1000		100	500	1800
市场部	市场主管	1600	400	200	800	1000
	平面设计员	1400		100	1050	950
	市场文员	1000		100	750	650
商务部	商务主管	1800	450	200	925	1125
	商务文员	1200		100	900	810
财务部	财务经理	2625	600	300	1725	2250
	会计	1400		100	1050	950
	出纳	1200		100	900	810
	财务文员	1000		100	750	650
人事部	人事主管	2000	550	200	1000	1250
	网管	1400		100	1050	950
	人事专员	1400		100	1050	950
	前台文员	1000		100	750	650

案例二　IBM 公司如何建立高绩效的薪酬文化

IBM 公司有令人羡慕的名声,通常被认为是力量、成功和道德的化身。这与他们坚持贯彻道德规范,注重职场作风有着直接的联系.公司一再强调,每个职员的行为要符合高标准的道德规范,现在如此,将来也是如此。IBM 的座右铭是:负你应负的责任;公司的名誉在你的手中;必须按道德办事;公平竞争;合乎道德;追求卓越;从商业实践和法律知识中寻找答案;慎重处理信息;不要自夸;不要欺骗;公平待人;不做场外交易;严格守密等。而要使员工行为真正得到这样的规范,则必须在企业内形成浓厚的企业文化,以引导员工和指导他们的行为模式。为此,IBM 采取了一套独特而有效的薪酬管理体系,以促进企业文化的形成。

IBM 的薪金管理非常独特和有效,能够通过薪金管理达到奖励进步、督促平庸的目的,IBM 将这种管理已经发展成为高绩效文化(High Performance Culture),下面,让我们来解读 IBM 高绩效文化的精髓。

案例内容:

(1)IBM 的工资与福利项目有如下内容:

①基本月薪:是对员工基本价值、工作表现及贡献的认同。

②综合补贴:对员工生活方面基本需要的现金支持。

③春节奖金:农历新年之前发放,使员工过一个富足的新年。

④休假津贴:为员工报销休假期间的费用。

⑤浮动奖金:当公司完成既定的效益目标时发放,以鼓励员工的贡献。

⑥销售奖金:销售及技术支持人员在完成销售任务后的奖励。

⑦奖励计划:员工由于努力工作或有突出贡献时的奖励。

⑧住房资助计划:公司提取一定数额资金存入员工个人账户,以资助员工购房,使员工能在尽可能短的时间内用自己的能力解决住房问题。

⑧医疗保险计划:员工医疗及年度体检的费用由公司解决。

⑨退休金计划:积极参加社会养老统筹计划,为员工提供晚年生活保障。

⑪其他保险:包括人寿保险、人身意外保险、出差意外保险等多种项目,关心员工每时每刻的安全。

⑫休假制度:鼓励员工在工作之余充分休息,在法定假日之外,还有带薪年假、探亲假、婚假、丧假等。

⑬员工俱乐部:公司为员工组织各种集体活动,以加强团队精神,提高士气,营造大家庭气氛,包括各种文娱、体育活动、大型晚会、集体旅游等。

可是,虽然IBM的薪金构成包含了以上诸多因素,但里面却没有学历工资和工龄工资。在IBM,学历是一块很好的敲门砖,但绝不会是获得更好待遇的凭证。IBM员工的薪金跟员工的岗位、职务、工作表现和工作业绩有直接关系,工作时间长短和学历高低与薪金没有必然联系。

(2)IBM公司的薪酬发放方式:

IBM公司采取了与个人承诺计划结果相结合的方式。

在IBM,每一个员工工资的涨幅,会有一个关键的参考指标,这就是个人业务承诺计划——PBC。只要你是IBM的员工,就会有个人业务承诺计划,制定承诺计划是一个互动的过程,你和你的直属经理坐下来共同商讨这个计划怎么做得切合实际。几经修改,你其实和老板立下了一个一年期的军令状,老板非常清楚你一年的工作及重点,你自己对一年的工作也非常明白,剩下的就是执行。到了年终,直属经理会在你的军令状上打分,直属经理当然也有个人业务承诺计划,上头的经理会给他打分,大家谁也不特殊,都按这个规则走。IBM的每一个经理都掌握着一定范围的打分权力,他可以分配他领导的那个Team(组)的工资增长额度,他有权力决定将额度如何分给这些人,具体到每一个人给多少。IBM在奖励优秀员工时,是在履行自己所称的高绩效文化。

(3)IBM的个人业绩评估计划从三个方面来考察员工工作的情况:

第一是Win,制胜。胜利是第一位的,首先你必须完成你在PBC里面制定的计划,无论过程多么艰辛,到达目的地最重要。第二是Executive,执行。执行是一个过程量,它反映了员工的素质,执行是非常重要的一个过程监控量。最后是Team,团队精神。在IBM埋头做事不行,必须合作。IBM是非常成熟的矩阵结构管理模式,一件事会牵涉到很多部门,有时候会从全球的同事那里获得帮助,所以团队意识应该成为第一意识,工作中随时准备与人合作。

(4)IBM公司还为员工就薪酬福利待遇问题提供了多种双向沟通的途径:

如果员工自我感觉良好,但次年初却并没有在工资卡上看到自己应该得到的奖励,会有不止一条途径给你,让你提出个人看法,包括直接到人力资源部去查自己的奖励情况。IBM的文化中特别强调 Two Way Communication——双向沟通，不存在单向的命令和无处申述的情况。IBM 至少有四条制度化的通道给你提供申述的机会。

①高层管理人员面谈（Executive Interview）。员工可以借助“与高层管理人员面谈”制度，与高层经理进行正式的谈话。这个高层经理的职位通常会比你的直属经理的职位高，也可能是你的经理的经理或是不同部门管理人员。员工可以选择任何个人感兴趣的事情来讨论。这种面谈是保密的，由员工自由选择。面谈的内容可以包括个人对问题的倾向意见，自己所关心的问题。你反映的这些情况公司将会交直接有关的部门处理。所面谈的问题将会分类集中处理，不暴露面谈者身份。

②员工意见调查（Employee Opinion Survey）。这条路径不是直接面对你的收入问题，而且这条通道会定期开通。IBM 通过对员工进行征询，可以了解员工对公司管理阶层、福利待遇、工资待遇等方面有价值的意见，使之协助公司营造一个更加完美的工作环境。很少看到 IBM 经理态度恶劣的情况，恐怕跟这条通道关系密切。

③直言不讳（Speakup）。在 IBM，一个普通员工的意见完全有可能被送到总裁郭士纳的信箱里。“Speakup”就是一条直通通道，可以使员工在毫不牵涉其直属经理的情况下获得高层领导对你关心的问题的答复。没有经过员工同意，“Speakup”的员工身份只有一个人知道，那就是负责整个“Speakup”的协调员，所以不必担心畅所欲言过后会带来危险。

④申诉（Opendoor），IBM 称其为“门户开放”政策。这是一个非常悠久的 IBM 民主制度，IBM 总裁郭士纳刚上台就一改 IBM 老臣的作风，他经常反向执行 Opendoor；直接跑到下属的办公室问某件事做得怎么样了。IBM 用 Opendoor 来尊重每一个员工的意见。员工如果有关于工作或公司方面的意见，应该首先与自己的直属经理恳谈。与自己的经理恳谈是解决问题的捷径，如果有解决不了的问题，或者你认为你的工资涨幅问题不便于和直属经理讨论，你可以通过 Opendoor 向各事业单位主管、公司的人事经理、总经理或任何总部代表申述，你的申述会得到上级的调查和执行。

即使是到了离职面谈的阶段，IBM 也不放弃解决薪酬方面问题的努力。

⑤IBM 的薪金保密制度：

IBM 的薪金是背靠背保密的，薪金没有上下限，工资涨幅也不定，没有降薪的情况。如果你觉得工资实在不能满足你的要求，那只有走人。如果因为工资问题要辞职，IBM 不会让你的烦恼没有表达的机会，人力资源部会非常惋惜地挽留你，而且跟你谈心。IBM 会根据情况，看员工的真实要求是什么，一是看他的薪金要求是否合理，是否有 PBC 执行不力的情况，如果是公司不合理，IBM 会进行改善，公司对待优秀员工非常重视。第二种情况是看员工提出辞职是以增资为目的，还是有别的原因，通过交谈和调查，IBM 会让每一个辞职者有一种好的心态离开 IBM。

为了使自己的薪资有竞争力，IBM 专门委托咨询公司对整个人力市场的待遇进行非常详细的了解，公司员工的工资涨幅会根据市场的情况有一个调整，使自己的工资有良好的竞争力。

◆案例分析

企业文化不是空洞的口号，也不是对时髦潮流的追赶，它是针对企业员工和企业发展的真正需要，树立起的一种对于达到企业目标和个人目标都有指导作用的价值观，一种对待工作、对待工作中人与人之间的关系、对待组织与内外部环境关系等的方法与准则以及由此而形成的企业全体成员的行为模式表现。IBM公司的薪资福利政策充分体现出公司以人为本的经营理念，成为公司企业文化最有说服力的注解。IBM公司要使自己继续成为力量、成功和道德的化身，就只有在公司范围内推行追求卓越的企业文化。IBM公司的薪资福利政策在这一企业文化与价值观的驱动下，采取了大量别出心裁和有效的方式，营造了公司高绩效的文化氛围。

(1)IBM公司的全面薪酬项目真正为员工考虑到了方方面面的需求。公司除为员工提供基本薪酬外，还设置了各式各样的补贴、资助、奖励计划、保险福利项目以及员工俱乐部等。尽管投资巨大，但公司仍支付全面的保险费用，以此来表示公司对员工每时每刻安全的关心，此外春节奖金、休假津贴、住房资助计划等的提供反映了公司对员工深切的人性化关怀，不仅解决了员工的后顾之忧，更主要的是，公司以这种体贴的关怀传达了公司对员工的重视与期望。全面的薪酬项目实际上代表着公司将员工作为一个全面的人来看待，因此员工必然会深深感受到来自公司的尊重，这就使得员工的安全、自尊、交际以及自我实现的需要都能在公司里找到很好的结合点：那就是努力为公司的使命实现而贡献自己的智慧与力量，因为在实现这一过程的同时也能实现自身的各种需要。

(2)IBM公司的薪酬福利待遇虽然十分优厚，但公司的人工成本却仍然得到了极为有效的控制。这是因为，虽然薪酬项目很多，但其发放却是以员工的工作业绩的优劣为依据的，不仅没有工龄工资，也不存在学历工资。根据人工成本的含义，公司的薪酬支付项目或总量虽然可能要比其他公司更多，但由于支付是以业绩为前提，即每一单位的薪酬投入是以更多的产出或利润的增加为前提的，因此人工成本的增长速度始终要小于公司经济利润的增长，从而使得总人工成本得到了有效的控制。这一机制在公司主要是通过个人承诺制度来实施的。IBM的个人业绩评估计划从制胜(Win)、执行(Executive)、团队精神(Team)三个方面来考察员工工作的情况。这就在确保公司工作任务达成的基础上，引导员工行为朝着企业文化所倡导的方向实现良性的发展。

(3)IBM公司的双向沟通方案，体现出了对公司员工的高度尊重和尽力创造员工对企业文化进行评价、传播与沟通的最大自由空间。无论是与高层管理人员面谈、员工意见调查、直言不讳通道，还是申诉政策，都体现出企业真正对员工工作与生活的关心，并想尽办法为企业与员工实现共同发展，在观点、思想领域取得一致看法而创造切实的途径。这些举措真正促进了企业文化的形成、推广与完善，并且大大提高了员工对企业的归属感，真正将员工的智力资源引为己用。

(4)IBM公司的薪酬政策有意识地关注了维持薪酬体系的适应性，并及时进行调整。比如，IBM公司专门委托咨询公司对整个人力市场的待遇进行非常详细的了解，并随之会根据市场的情况对公司员工的工资涨幅进行调整，以保持公司工资的外部公平性。此外IBM公司的人力资源部门会真诚地挽留因工资问题提出辞职申请的员工，并与其进行谈心，让员工的烦恼有表达的机会，确保每个离职的员工以良好的心态离开。这样不仅可以通过离职员工扩大公司在市场的良好声誉，同时也让公司了解薪酬政策的功能与其局限性，并根据所了解的信息进一步来调整薪酬体系，使它能适应公司环境的变化和促进企业文化的发展。

当然，对于IBM公司而言，它是一个发展成熟和有着独特企业文化的大型知名企业，公司的员工素质与技术水平都是劳动力市场上的佼佼者，公司在招聘期间就能筛选到与公司文化价值观相一致的候选者；此外，它有雄厚的资金实力来支持其薪酬体系对企业文化的引导，这是因为人性化的薪酬政策虽然不一定要增加员工的现金收入，却往往会增大企业的总体货币支出。这些特殊的条件也限制了不具备这些条件的企业必须从自身条件和实际情况出发，以薪酬政策的文化功能为导向建立适合自身的薪酬体系。

案例三　W公司薪酬福利制度

员工薪酬福利待遇规定

第一章　总则

第一条　定义

工资是综合其从事的工作所负责任和能力、本公司的支付能力以及社会生活水平、物价等因素而决定。自员工正式聘用之日起，公司根据相关法律法规及公司的薪酬制度为员工（含在职员工、实习生、劳务制员工）支付薪酬；并按相关规定及公司政策为员工提供相应福利。

第二条　人员范围

指合同制在职员工；实习生、劳务制员工除特殊说明外不含在内。

第二章　薪酬组成

第三条　固定薪酬

3.1　构成：在职员工月固定薪酬由基本工资及津贴组成，津贴由房贴、其他津贴组成。

3.2　试用期：员工试用期间的基本工资原则上为90%。

3.3　计算方式：以员工当月全勤为基础。若当月有非正常请假，扣除工资计算公式为：（基本工资＋津贴）/21.75×请假天数。国家法定假日将视作出勤。

3.4　发薪日期：每月28日发放工资，若遇法定节假日或公司休息日时，支付日提前到距法定节假日或休息日最近的一个工作日。工资汇入公司指定银行开设的员工个人账户中。

3.5　加班工资：加班工资的计算将按国家规定，但对于已申请不定工时的工种只有在国家法定假日加班才享受加班工资待遇。

第四条　浮动薪酬

根据公司考核目标及员工在工作岗位绩效表现而定，参见公司绩效考核方法。

第三章　薪资中扣除的情况及说明

第五条　公司代扣代缴的情况及方式

5.1　社会保险金（养老保险金、医疗保险金、失业保险金、生育保险金）：按照国家规定需个人负担部分，由公司代扣。

5.2　住房公积金：按照国家规定个人负担部分，由公司代扣。

个人所得税：按照国家规定需上缴部分，由公司代扣代缴。

5.3　工会会员会费、在册党员党费，由公司代扣。

5.4　受本人委托缴纳的其他费用，法律法规规定可从员工工资中扣除的其他费用（如法院判决、裁定中要求代扣的抚养费、赡养费等）。

第六条　其他扣除情况及方式

6.1　病假：员工可享受每年5天的带薪病假，请病假当月需及时向行政人事部行政助理提供医院的病假单。如当年病假超过5天，按照国家有关规定执行。

6.1.1　连续病假天数在6个月以内的，按本人的连续工龄计算该病假工资，具体如下：

(1)连续工龄不满两年者,病假工资为本人工资的60%;

(2)连续工龄满两年不满四年者,病假期间工资为本人工资的70%;

(3)连续工龄满四年不满六年者,病假期间工资为本人工资的80%;

(4)连续工龄满六年不满八年者,病假期间工资为本人工资的90%;

(5)连续工龄满八年及八年以上者,病假期间工资为本人工资的100%。

6.1.2　连续病假天数在6个月以上的,按如下比例发放疾病救济费:

(1)连续工龄不满一年者,疾病救济费为本人工资的40%;

(2)连续工龄满一年不满三年者,疾病救济费为本人工资的50%;

(3)连续工龄满三年及三年以上者,疾病救济费为本人工资的60%。

6.2　产假:按照各地生育保险政策规定,对符合生育规定的职工,社保基金将支付相应的生育津贴和生育医疗补贴。公司将支付员工生育期间工资与生育津贴之间的差额;不符合国家生育规定的职工,生育期间将不享有工资、生育津贴及生育补贴,并将接受规定进行罚款。

6.3　哺乳假:女职工生育后,具有合格医院出具的证明,由本人提出申请,经公司批准,可请哺乳假六个半月,最多不超过一年,六个半月假期间,其工资按本人工资的80%发放;六个半月至一年哺乳假期间,其工资按本人工资的70%发放。

6.4　事假:按事假天数扣除工资,扣除比例为100%;一个月内擅自迟到、早退3次,视作一天事假。

6.5　旷工:按事假天数扣除工资,扣除比例为100%。

6.6　其他情况:因违反公司规定对公司财物造成的损失,或保管使用不当、蓄意破坏公司财物所需进行的赔偿,参见公司相关管理规定。

第四章　福利待遇

第七条　社会保险

7.1　公司依法为在职员工办理相应的社会保险,含基本养老金、医疗保险金、失业金、工伤保险及生育保险,以提供基本的福利保障。

7.2　参保上海市小城镇保险的员工每年度可享有补充医疗金和补充养老金各一份,详见附件一《参保上海市小城镇员工补充养老金及补充医疗金》。

第八条　住房公积金

公司根据国家规定及公司所在地的地方政策为在职员工缴纳住房公积金。

第九条　公共交通保险

在职正式员工、实习生可享受最高赔付额度40万元的公共交通险一份。

第十条　交通费补贴

10.1　公司员工因工作需要产生其他交通费用,按照职务级别和工作性质,每月实行交通费用定额补贴,额度如下:

岗位/职务	额度(元/月)
一级经理、一级副经理、市场体系销售总监(含区域总监、行业总监)、主任工程师	500
二级经理、二级副经理、高级工程师、市场体系客户代表	300
其他员工	150

10.2　市场体系客户代表名单，每月由行政人事部审核提供。

10.3　由行政人事部操作，按照额度在员工当月工资中发放。

第十一条　通信费补贴

11.1　公司员工因工作需要产生其他通信费用，按照职务级别和工作性质，每月实行通信费定额补贴，额度如下：

岗位/职务	额度(元/月)
公司领导	实报实销
一级经理、一级副经理、市场体系销售总监(含区域总监、行业总监)	400
市场体系客户代表	300
二级经理、二级副经理、主任工程师、高级工程师、项目经理(研发、实施)	200
其他员工(正式员工、长期劳务员工)	100

11.2　市场体系客户代表、项目经理名单，由行政人事部提供。

11.3　公司所在地(北京、上海、广州)采用发放通信充值卡的形式，由行政人事部于次月5日前购买并组织发放。

11.4　其他地区员工直接计入当月工资，可另外加计10%，作为个人所得税的补贴，于当月工资内计发。

第十二条　餐贴

12.1　公司员工、实习生及长期劳务人员每月都可享受250元/月的餐贴。

12.2　由行政人事部操作，上海、广州员工将充值园区餐卡，其他地区员工将在当月工资中发放。

第十三条　员工子女福利

13.1　独生子女员工可报销额度50元/月的托儿所、幼儿园托费，报销时间至子女学龄，具体报销流程请见《财务报销管理办法》。

13.2　公司员工凭独生子女证每年6月可一次性领取奖励费用50元。

第五章　其他

第十四条　本规定的各类福利政策，若遇政府规定发生变化，公司的政策将做相应的调整。

第十五条　本规定解释权归公司行政人事部，自办公会议通过之日起开始实施。

◆复习思考题

1. 请评价E公司的薪酬福利制度。
2. IBM公司如何建立高绩效的薪酬文化。
3. 谈谈W公司薪酬福利制度的特点。

参 考 文 献

[1] 顾琴轩. 绩效管理[M]. 上海:上海交通大学出版社, 2005.
[2] 赵曙明. 绩效管理与评估[M]. 北京:高等教育出版社,2009.
[3] 陈朝晖. 超越标杆:绩效改进的新思维[J]. 企业经济,2008(2):38-39.
[4] Freed R. David. Strategic Management[M]. 北京:清华大学出版社,2010.
[5] Moclellnd. D. C. quide to job competence sessment[M]. 北京:中国人民大学出版社,2009.
[6] 刘学民. 管理应该管行为[M]. 北京:经济管理出版社,2008.
[7] 方振邦. 战略性绩效管理[M]. 北京:中国人民大学出版社,2007.
[8] 刘昕. 薪酬管理[M]. 北京:中国人民大学出版社,2009.
[9] 熊苹. 中小企业绩效管理现状及对策[J]. 商业时代,2011(7):37-38.
[10] 谢康. 企业激励机制与绩效评估设计[M]. 广州:中山大学出版社,2009.
[11] 储企华. 现代企业绩效管理[M]. 上海:文汇出版社,2010.
[12] 郑晓明. 现代企业人力资源管理导论[M]. 北京:机械工业出版社,2002.
[13] Levine, Hermine Zagat. Performance Management Strategy. Compensation & Benefits Review, 2000.
[14] 方振邦. 绩效管理[M]. 北京:中国人民大学出版社,2003.
[15] 付亚和,许玉林. 绩效管理[M]. 上海:复旦大学出版社,2003.
[16] 王丽娟,何妍. 绩效管理[M]. 北京:清华大学出版社,2009.
[17] 冯虹. 现代人力资源管理[M]. 北京:经济管理出版社,2006.
[18] 王琪延. 企业人力资源管理[M]. 北京:中国市场出版社,2010.
[19] 孙海法. 现代企业的人力资源管理[M]. 广州:中山大学出版社,2010.
[20] 赵国军. 薪酬管理方案设计与实施[M]. 北京:化学工业出版社,2009.
[21] 周斌. 现代薪酬管理[M]. 成都:西南财经大学出版社,2006.
[22] 乔治·T. 米尔科维奇,纽曼. 薪酬管理[M]. 北京:中国人民大学出版社, 2008.
[23] 约瑟夫·J. 马尔托奇奥. 战略薪酬:人力资源管理方法[M]. 周眉,译. 2 版. 北京:社会科学文献出版社,2002.
[24] 理查德·I. 亨德森. 知识型企业薪酬管理[M]. 何训,译. 北京:中国人民大学出版社,2008.
[25] 乔治·伯兰德,斯科特·斯内尔. 人力资源管理[M]. 张广宁,译. 15 版. 大连:东北财经大学出版社,2011.
[26] 李燕荣. 薪酬与福利管理[M]. 天津:天津大学出版社,2008.
[27] 董克用. 人力资源管理概论[M]. 北京:中国人民大学出版社,2011.
[28] 董福荣. 薪酬管理[M]. 北京:机械工业出版社,2009.
[29] 文跃然. 薪酬管理原理[M]. 北京:中国人民大学出版社,2009.

[30] 彭剑锋. 人力资源管理管理[M]. 上海：复旦大学出版社，2009.
[31] 曾湘泉. 人力资源管理[M]. 北京：中国人民大学出版社，2009.
[32] 孙玉斌. 薪酬设计与薪酬管理[M]. 北京：电子工业出版社，2010.
[33] 奚玉芹. 企业薪酬与绩效管理体系设计[M]. 北京：机械工业出版社，2004.
[34] 赵曙明. 人力资源管理研究[M]. 北京：中国人民大学出版社，2001.
[35] 贾晓辉. 人力资源：人力资源管理理论与实务[M]. 北京：中国国际广播出版社，2004.
[36] 杨东龙. 如何评估和考核员工绩效——Performance appraisal[M]. 北京：中国经济出版社，2001.
[37] 马西斯. 人力资源管理精要——Human Resource management Essential perspectives[M]. 北京：机械工业出版社，2004.
[38] 赵曼. 人力资源开发与管理[M]. 北京：中国劳动社会保障出版社，2002.
[39] 张德. 人力资源开发与管理案例精选[M]. 北京：清华大学出版社，2002.
[40] 安鸿章. 现代企业人力资源管理[M]. 北京：中国劳动社会保障出版社，2003.
[41] 陈远敦，陈全明. 人力资源开发与管理[M]. 北京：中国统计出版社，2014.
[42] 陈芳. 绩效管理[M]. 北京：海天出版社，2002.
[43] 马达克斯. 有效的绩效评估[M]. 3 版. 南京：中山大学出版社，2001.
[44] R. 维恩 · 蒙迪，罗伯特 · M. 诺埃. 人力资源管理[M]. 葛新权，等，译. 北京：经济出版社，1998.
[45] 李智. 薪酬管理与绩效考核[M]. 北京：中国人民大学出版社，2013.